Cómo comenzó este libr

Todo empezó cuando era un adolescente de 14 años. Fue en esa etapa cuando me volví anarquista, principalmente debido a los problemas familiares que vivía. Las constantes discusiones en casa y las imposiciones de la autoridad me llevaron a desarrollar un profundo rechazo hacia las leyes, las religiones (Sigo rechazando las religiones cada cual tiene su forma de ser y yo soy ateo) y, en general, cualquier forma de autoridad. Recuerdo que en esos días me refugiaba en mi habitación, escuchando bandas de punk, y eso me ayudaba a sentirme mucho mejor. Era una persona muy rebelde; tanto así que incluso una vez me escapé de la casa mientras vivía en Estados Unidos.

Uno de los episodios que más marcó mi juventud fue cuando mis abuelos se enteraron de que yo era ateo. Ellos no querían aceptarlo y decidieron llevarme al psicólogo, creyendo que algo estaba mal conmigo. Sin embargo, el psicólogo no pudo cambiar mi manera de pensar. Algo que siempre me ha molestado profundamente es que, mientras viva bajo el techo de mi familia, debo seguir sus reglas, aunque estas vayan en contra de mi libertad personal. Esto no tiene sentido para mí, porque ellos me trajeron al mundo, pero yo soy una persona distinta y tengo derecho a tener mis propias creencias y libertades individuales.

Cuando era anarquista, odiaba casi todo lo relacionado con el sistema. Era un ateo materialista y, en muchas ocasiones, me volvía problemático en redes sociales. Sin embargo, todo comenzó a cambiar cuando tuve una discusión con algunos amigos. Ellos sabían que yo era anarquista, pero me señalaron algo que no había considerado: yo defendía la propiedad privada. Me dijeron que eso me convertía en un anarco-capitalista. Al principio, no tenía idea de lo que significaba ese término.

Fue entonces cuando recordé a Javier Milei, a quien conocía desde los 14 años por sus ideas liberales. Descubrí que también era anarco-capitalista, y eso despertó mi curiosidad. Comencé a investigar, a ver videos, a leer sobre el tema y a conocer a otros anarco-capitalistas. Cuanto más aprendía, más claro tenía que esta filosofía era la correcta. Me di cuenta de que el Estado es una institución violenta que se enriquece a través de los impuestos de las personas. Además, las guerras son un asesinato masivo financiado con esos mismos impuestos, y muchas leyes no son más que imposiciones culturales o arbitrarias de los gobiernos.

Uno de mis mayores ídolos es Murray Rothbard, el primer anarco-capitalista. Lo admiro por su inteligencia y por haber creado una filosofía tan coherente. Tambien me volvi anarco capitalista cuando me vi el canal de ancapia en youtube un canal que toca varios temas y debates sobre lo que es el anarco capitalismo y como funciona. Cuando me volví anarco-capitalista, dejé de ser tan rebelde en algunos aspectos y me convertí en una persona con metas claras.

Un hecho curioso que también contribuyó a mi aversión hacia el Estado fue cuando vi la serie de los Locos Addams de los años 60. Descubrí que Gómez Addams era rico y no necesitaba trabajar porque vivía de las acciones. Esto me llevó a investigar sobre el mercado de valores y las criptomonedas. Pero mi entusiasmo inicial se convirtió en frustración cuando vi cómo los Estados intervenían y cobraban impuestos excesivos. Por ejemplo, si inviertes en la bolsa de España, los impuestos son tan altos que, de 5,000 dólares, podrías quedarte solo con 2,000.

Así fue como comenzó mi lucha contra el Estado y el camino que me llevó a escribir este libro. Quiero compartir mi perspectiva sobre el anarco-capitalismo y responder muchas de las preguntas y críticas que surgen sobre esta filosofía. Espero que este libro sirva como una guía para quienes buscan entender cómo podría funcionar una sociedad basada en la libertad absoluta y el respeto a la propiedad privada. En este libro veran como resuelvo muchas de las dudas y problemas de el Anarco Capitalismo.

Asi que sin mas rodeos y de forma clara y corta comenzaremos con un breve resumen sobre que es el Anarco Capitalismo y como podemos mejorarlo y desmentir mitos. Antes de comenzar quiero darles una breve explicacion muy resumida y directa de porque las demas ideologias fracasan tanto en lo etico como en lo moral.

Por qué todas las ideologías han fracasado (excepto el anarco-capitalismo)

Antes de explicar qué es el anarco-capitalismo, es importante entender por qué todas las ideologías anteriores han fracasado. A lo largo de la historia, hemos visto cómo diferentes sistemas han llevado a la opresión, el estancamiento económico y el colapso de las sociedades. A continuación, un breve análisis de por qué cada una de estas ideologías ha fallado.

1. Comunismo

Promete igualdad, pero termina en miseria y dictadura. La falta de propiedad privada elimina los incentivos para producir, lo que lleva a escasez, corrupción y represión estatal. Ejemplo: la URSS y Corea del Norte.

2. Fascismo

Fomenta el estatismo y el nacionalismo extremo, lo que destruye la libertad individual. Controla la economía mediante corporativismo, resultando en represión política y guerra. Ejemplo: la Italia de Mussolini.

3. Sindicalismo y falangismo

Se basan en la idea de que los trabajadores deben controlar la economía, pero terminan creando burocracias corruptas que sofocan la innovación. Ejemplo: la España franquista y el peronismo en Argentina.

4. Capitalismo tradicional

Si bien ha generado riqueza, su problema es que depende de la intervención estatal y de regulaciones que benefician a ciertos grupos, creando monopolios y corrupción. Ejemplo: el capitalismo de amiguetes en EE.UU.

5. Monarquía

Concentra el poder en una familia y limita el desarrollo de la sociedad. No hay incentivos para la innovación ni para mejorar la vida de los ciudadanos. Ejemplo: la decadencia de las monarquías europeas.

6. Esclavitud

Es inmoral e ineficiente. Sociedades basadas en la esclavitud terminan colapsando porque los esclavos no tienen incentivos para producir ni innovar. Ejemplo: el Sur esclavista de EE.UU.

7. Nazismo

Mezcla el socialismo con el racismo estatal. Su sistema de economía planificada genera crisis y su política de exterminio destruye la estabilidad interna. Ejemplo: la Alemania de Hitler.

8. Imperialismo

Se basa en la conquista y el saqueo, lo que genera conflictos constantes y dependencia de territorios ajenos. A largo plazo, es insostenible. Ejemplo: la caída del Imperio Romano.

9. Socialismo

Busca redistribuir la riqueza, pero al hacerlo destruye los incentivos para producir. Su excesivo gasto público y control estatal llevan a crisis económicas. Ejemplo: Venezuela.

10. Anarquismo tradicional

Si bien rechaza el Estado, no propone un sistema económico funcional, lo que lleva al caos y la violencia. Sin propiedad privada bien definida, no puede sostenerse. Ejemplo: la Revolución Española de 1936.

¿Por qué el anarco-capitalismo no fracasa?

Después de ver el fracaso de estas ideologías, es evidente que el problema central es el **Estado y la coerción**. El anarco-capitalismo es la única ideología que permite la **máxima libertad individual, la propiedad privada y un mercado completamente libre**, eliminando los incentivos para la corrupción y la opresión.

¿El socialismo hizo que los pobres vivieran mejor?

Uno de los mitos más comunes es que el socialismo ha sido más exitoso que el capitalismo porque ha mejorado la calidad de vida de los pobres. Sin embargo, cuando analizamos la historia y los datos, vemos que este argumento no se sostiene.

1. El capitalismo ha sacado a más personas de la pobreza que cualquier otro sistema

- Según el Banco Mundial, **más de 1,000 millones de personas han salido de la pobreza extrema desde 1990**, gracias al crecimiento económico impulsado por el capitalismo, especialmente en países como China e India.
- En contraste, los países que han aplicado modelos socialistas han experimentado **crisis económicas, inflación descontrolada y pobreza masiva**.

2. El socialismo destruye la productividad y genera pobreza

- En la Unión Soviética, la falta de incentivos para trabajar y producir llevó a **escasez de alimentos, productos básicos y colapso económico**.
- En Venezuela, el socialismo del siglo XXI llevó al país de ser uno de los más ricos de América Latina a tener **hiperinflación, hambre y millones de refugiados**.
- En Cuba, el socialismo ha mantenido a la población en **racionamiento de alimentos y bajos salarios**, mientras que la élite del gobierno vive con privilegios.

3. Los países capitalistas tienen mejor calidad de vida para los pobres

- Países con economías de libre mercado, como **Estados Unidos, Suiza y Singapur**, ofrecen **mayores salarios, mejor acceso a tecnología y mayores oportunidades para los pobres**.
- La evidencia muestra que en economías capitalistas, incluso los más pobres tienen **mayor acceso a bienes y servicios que en economías socialistas**.

Conclusión

El socialismo no ha hecho que los pobres vivan mejor; al contrario, ha llevado a miseria, represión y crisis económicas. El capitalismo ha sido el único sistema que ha **permitido el crecimiento económico sostenido, la innovación y la mejora en la calidad de vida para todos, incluyendo los más pobres**.

Aunque comúnmente se percibe a los países nórdicos como modelos de socialdemocracia ejemplar, es importante reconocer que esta imagen idealizada no refleja completamente la realidad. En particular, Finlandia ha sido objeto de críticas por políticas que generan desigualdad, especialmente hacia los inmigrantes. A pesar de que estos llegan con la intención de trabajar y contribuir al país, a menudo se enfrentan a barreras significativas para acceder a beneficios y oportunidades, lo que los coloca en una posición de vulnerabilidad. Además, Finlandia ha sido señalada por prácticas transfóbicas; hasta hace poco, las personas transgénero que deseaban someterse a una cirugía de reasignación de género debían enfrentar requisitos de esterilización, una política que ha sido ampliamente condenada por organizaciones de derechos humanos. Suecia, por su parte, ha sido criticada por la discriminación hacia migrantes de la UE, especialmente aquellos de origen romaní, quienes a menudo viven en condiciones precarias y enfrentan obstáculos para acceder a servicios básicos. Estas situaciones evidencian que, aunque los países nórdicos han logrado avances significativos en diversas áreas, también enfrentan desafíos en términos de igualdad y derechos humanos. Es esencial reconocer estas complejidades y no idealizar estos modelos sin un análisis crítico.

-1 Si el Anarco-Capitalismo es Tan Bueno, ¿Por Qué Nadie lo Aplica?

La ausencia de un sistema anarco-capitalista a gran escala no se debe a su ineficacia, sino a la resistencia de las élites políticas y económicas que se benefician del estatismo. Los gobiernos y organismos globales no lo recomiendan porque su existencia depende del control sobre la economía y la población. Implementar el anarco-capitalismo significaría eliminar los impuestos, las regulaciones estatales y los privilegios de las grandes corporaciones que dependen del gobierno para obtener subsidios y monopolios legales. Además, la mayoría de las personas ha sido educada en la idea de que el Estado es necesario para la seguridad y el bienestar, lo que hace que muchos rechacen alternativas sin haberlas analizado. Sin embargo, hay ejemplos de sociedades que han funcionado con principios anarco-capitalistas, como algunos periodos en la Islandia medieval o la Somalia sin Estado de los años 90, que desafían la idea de que el gobierno es indispensable para la prosperidad.

0 . El Anarco-Capitalismo: Un Análisis Profundo

El anarco-capitalismo es una corriente filosófica y política que combina las ideas del anarquismo y el capitalismo. A diferencia de otras formas de anarquismo que buscan la abolición del mercado y la propiedad privada, el anarco-capitalismo sostiene que un sistema completamente libre de gobierno y de coerción es compatible con una economía de mercado basada en la propiedad privada y el intercambio voluntario.

En su núcleo, el anarco-capitalismo aboga por una sociedad sin un Estado coercitivo, donde todas las funciones que tradicionalmente han sido ejercidas por el gobierno, como la justicia, la defensa y la infraestructura, sean realizadas por individuos y empresas en un mercado libre. Según los defensores de esta ideología, el Estado es visto como una institución ilegítima que viola los derechos de los individuos al imponer impuestos, regulaciones y leyes de manera coercitiva. En cambio, el anarco-capitalismo postula que la única manera legítima de organizar la sociedad es mediante acuerdos voluntarios entre individuos y organizaciones privadas.

Fundamentos del Anarco-Capitalismo

El principio básico del anarco-capitalismo es el derecho a la propiedad privada. Este derecho, según los anarco-capitalistas, es la base de la libertad individual. La propiedad no solo se refiere a bienes materiales, sino también a la autodeterminación y a la capacidad de un individuo para controlar su propia vida sin la interferencia del Estado o de otros individuos. En un sistema anarco-capitalista, todas las interacciones humanas serían voluntarias, basadas en el principio de la no agresión, que sostiene que la iniciación de la fuerza o el fraude contra otros es moralmente incorrecta.

Los anarco-capitalistas creen que el mercado libre es el mejor mecanismo para coordinar las actividades humanas. La competencia en un mercado libre, sin restricciones impuestas por el Estado, permite la innovación, la eficiencia y la creación de riqueza. Según esta visión, los problemas sociales como la pobreza, la inseguridad o la falta de acceso a servicios básicos se resolverían de manera más efectiva a través de la competencia y la cooperación voluntaria que a través de la intervención estatal.

El Rol del Mercado en el Anarco-Capitalismo

En un sistema anarco-capitalista, el mercado es visto como la institución encargada de proporcionar los servicios que comúnmente son gestionados por el Estado, tales como la defensa, la justicia y la infraestructura. La seguridad privada y los tribunales privados serían ejemplos de cómo las necesidades de protección y resolución de conflictos podrían ser atendidas por empresas que compiten entre sí para ofrecer los mejores servicios.

El derecho a la propiedad privada sería garantizado a través de contratos voluntarios y arbitrajes privados. Las personas tendrían el derecho de vender, comprar y usar su propiedad de la manera que deseen, sin que el gobierno intervenga para restringir sus acciones o imponer regulaciones sobre la manera en que operan en el mercado. Además, los recursos naturales y las infraestructuras como las carreteras o los sistemas de energía podrían ser propiedad privada, gestionados y mantenidos por entidades privadas.

Críticas al Estado y la Coerción

Los anarco-capitalistas sostienen que el Estado es inherentemente coercitivo, ya que depende de la fuerza para imponer su autoridad. Según figuras clave del movimiento como Murray Rothbard, el Estado es una institución monopolística que utiliza el poder para extraer recursos a través de impuestos y regula a las personas sin su consentimiento. En este sentido, el anarco-capitalismo no solo busca la abolición del gobierno, sino también la creación de una sociedad en la que la única fuerza que opere sea la voluntad de las personas.

La crítica al sistema estatal también se extiende a los problemas que los anarco-capitalistas perciben como derivados de la intervención estatal. La inflación, las crisis económicas, la falta de incentivos para la eficiencia y el control centralizado de recursos son ejemplos de cómo el Estado, según esta perspectiva, distorsiona el funcionamiento de la economía y la libertad individual.

La Viabilidad del Anarco-Capitalismo

Una de las principales preguntas sobre el anarco-capitalismo es su viabilidad en un mundo real. ¿Es posible crear una sociedad en la que no haya un gobierno central que regule las actividades de los individuos? Los defensores del anarco-capitalismo argumentan que, en un mundo sin el Estado, las funciones sociales esenciales como la protección, la justicia y la resolución de disputas pueden ser mucho más eficientes y equitativas a través de contratos privados y organizaciones descentralizadas. Creen que los individuos, al actuar en su propio interés dentro de un sistema de mercado libre, encontrarían soluciones a los problemas sociales y económicos sin la necesidad de un poder central que los imponga.

Los críticos, por otro lado, afirman que la ausencia de un Estado podría conducir a una concentración de poder en manos de empresas privadas, lo que podría resultar en nuevas formas de opresión y explotación. Además, algunos sugieren que el desmantelamiento del Estado podría generar un vacío de poder que podría ser aprovechado por actores violentos o criminales, lo que pondría en peligro la seguridad de los individuos.

Otra cosa seria que en un sistema anarco-capitalista, la propiedad privada se respetaría, pero eso no significa que los actos delictivos o las amenazas a la seguridad puedan ser ignorados. Por ejemplo si alguien estuviese cometiendo un crimen como esconder cadáveres en su propiedad, las comunidades podrían actuar de la siguiente manera:

1. **Investigación privada**: Dado que no habría un gobierno central encargado de hacer cumplir las leyes, las personas y comunidades podrían contratar empresas privadas especializadas en investigación y seguridad. Estas empresas tendrían la capacidad de realizar investigaciones basadas en pruebas y hechos concretos. Si hay rumores o señales de actividades ilegales, estas empresas podrían ser contratadas para investigar la propiedad de manera profesional.
2. **Sistemas de justicia privada**: En ausencia de un sistema judicial estatal, podrían existir **tribunales privados** o arbitrajes donde se resuelvan disputas y se juzguen casos criminales. Estos tribunales estarían formados por individuos o empresas con la capacidad de impartir justicia, basándose en contratos previamente establecidos entre las partes.

3. **Protección de la propiedad**: Si una persona contrata una empresa privada para investigar su propiedad, estas investigaciones no violarían la propiedad privada de la persona sin un acuerdo previo o un indicio legítimo de delito. El sistema funcionaría mediante contratos claros que definirían el alcance y las condiciones de tales intervenciones.
4. **Confianza en la reputación**: En un sistema anarco-capitalista, la **reputación** de las empresas privadas de seguridad e investigación sería crucial. Las comunidades confiarían en estas empresas debido a su historial, transparencia y responsabilidad. Las personas no querrían contratar empresas que violen derechos de propiedad sin causa justificada, ya que perderían confianza y negocio.

En resumen, aunque la propiedad privada sería respetada, las personas y comunidades tendrían la capacidad de tomar acciones privadas y contratar empresas especializadas para investigar y abordar delitos, sin depender de un sistema estatal. En el caso de un crimen tan grave como el que mencione, el sistema de justicia privada podría intervenir para proteger a la sociedad y mantener el orden dentro de los límites del respeto por la propiedad.

Conclusión

El anarco-capitalismo representa una propuesta radical para reorganizar la sociedad, que pone en duda la necesidad de un Estado central y plantea la posibilidad de una economía y un sistema social completamente basados en principios de libre mercado y propiedad privada. Aunque es un sistema controversial, sigue siendo una corriente de pensamiento influyente en los debates sobre la libertad individual, el poder estatal y la organización social.

Al final, la viabilidad del anarco-capitalismo depende de cómo se resuelvan los desafíos inherentes a su implementación, como la protección de derechos sin una autoridad central y la creación de instituciones que puedan garantizar la justicia y la equidad en un mercado sin regulaciones. Sin embargo, los anarco-capitalistas creen que, en última instancia, un mundo sin el Estado es no solo posible, sino que representaría la forma más pura de libertad para los individuos. Bien apartir de ahora veran una critica y luego se viene lo bueno.

1 Una Critica a la onu y su agenda 2030.

1. Falta de intervención en dictaduras

- **Historia de inacción**: La ONU ha sido criticada por su falta de intervención o ineficacia frente a dictaduras y violaciones de derechos humanos. Puedes mencionar casos específicos, como el genocidio en Ruanda en 1994 o la crisis en Siria, donde la ONU fue acusada de no actuar a tiempo o no poder frenar la violencia y los abusos.
- **Inmunidad para ciertos gobiernos**: Algunas naciones con regímenes autoritarios han logrado evitar sanciones o intervenciones debido a su influencia política en la ONU. La **parálisis** del Consejo de Seguridad debido al poder de veto de países como Rusia y China es otro punto clave. Esto demuestra cómo las dinámicas de poder globales a menudo pueden obstaculizar la acción efectiva de la organización.

2. Acusaciones de autoritarismo en la Agenda 2030

- **Agenda 2030 como herramienta de control**: La Agenda 2030 de la ONU, con sus 17 Objetivos de Desarrollo Sostenible (ODS), es vista por algunos como un intento de implementar un control global sobre las políticas de los países. Puedes argumentar que la imposición de objetivos globales y la presión hacia los gobiernos nacionales para que los implementen puede verse como una forma de centralización del poder y una violación de la soberanía de las naciones.
- **Críticas a la sostenibilidad y a la "justicia social"**: Algunos críticos del concepto de desarrollo sostenible en la Agenda 2030 lo ven como una agenda económica y política que favorece a grandes corporaciones y actores globales en detrimento de las libertades individuales y el libre mercado. La **intervención estatal** para cumplir con estos objetivos también puede ser interpretada como una forma de aumentar el poder del gobierno en la economía y la vida de las personas, lo que es incompatible con los principios anarco-capitalistas de no intervención y autonomía individual.

3. Pérdida de soberanía nacional y control global

- **Erosión de la soberanía**: Un punto clave de la crítica anarco-capitalista a las organizaciones globales es que socavan la soberanía de las naciones.

Las naciones pueden verse obligadas a ceder su autonomía en decisiones clave (como en economía, salud, educación y medio ambiente) a entidades internacionales. Esto contradice la idea de que las personas deben tener el control absoluto sobre su propio país, sin la interferencia de actores externos que dictan políticas.

- **La ONU y sus organismos**: Puedes resaltar cómo organismos como la **OMC** (Organización Mundial del Comercio) y el **FMI** (Fondo Monetario Internacional) también ejercen presión sobre los países para cumplir con políticas económicas globales, lo que podría verse como una forma de neocolonialismo económico que favorece a las grandes potencias y corporaciones multinacionales, más que a las personas comunes.

4. Contradicciones internas y problemas de liderazgo

- **Desigualdad interna**: Aunque la ONU se presenta como una organización que promueve la paz, la igualdad y la justicia social, hay críticas sobre la **inequidad interna** dentro de sus propios órganos de toma de decisiones, especialmente el **Consejo de Seguridad**, que está dominado por las grandes potencias con derecho a veto, lo que limita la efectividad de la organización.
- **Hipocresía en la lucha por la paz**: La ONU a menudo se presenta como una organización dedicada a la paz y la resolución de conflictos, pero su capacidad para frenar guerras y dictaduras ha sido cuestionada repetidamente. Esto puede percibirse como una **farsa** si la organización no es capaz de evitar la violencia a nivel global.

5. Aumento del autoritarismo global

- **Centralización del poder**: Desde una perspectiva anarco-capitalista, la tendencia hacia la centralización del poder global bajo instituciones como la ONU y la implementación de políticas globales (como la Agenda 2030) puede verse como un movimiento hacia un sistema **totalitario** que quita el poder a los individuos y lo entrega a una élite global. Esto contrasta con la visión de **autonomía individual** y **descentralización del poder** que promueve el anarco-capitalismo.
- **Tecnología y vigilancia**: Un tema relevante en las críticas a las organizaciones globales es el aumento de la **vigilancia y el control**

social a través de tecnologías como la recopilación masiva de datos, lo cual podría usarse para **monitorear y controlar a la población** bajo la excusa de cumplir con los ODS, como la seguridad alimentaria, el control ambiental y la "justicia social".

6. Conclusión crítica

- **Alternativa anarco-capitalista**: Al final, puedes concluir que el enfoque de la ONU y otras organizaciones globales es un claro ejemplo de cómo las **instituciones centralizadas** no solo fracasan en proteger los derechos humanos, sino que también sirven para aumentar la **influencia autoritaria**. En lugar de crear más control y dependencia estatal y global, la solución sería promover sistemas que operen a nivel **local y descentralizado**, como los que defiende el **anarco-capitalismo**, donde el control de los recursos y decisiones queda en manos de los individuos y las comunidades.

Crítica a las ONG

Las ONGs, aunque frecuentemente se presentan como entidades altruistas que luchan por el bienestar de los más necesitados, a menudo son instrumentos de control y dependencia. En muchos casos, las ONGs dependen de fondos públicos o de grandes corporaciones que tienen intereses ocultos, lo que las convierte en actores que, en lugar de empoderar a las comunidades, perpetúan sistemas de asistencia que dependen del Estado o de grandes poderes económicos. Además, su modelo de intervención a menudo desestima la autonomía local y no promueve la verdadera autosuficiencia, sino que fomenta una mentalidad de dependencia. Desde una perspectiva anarco-capitalista, la verdadera solución está en descentralizar el poder, empoderar a los individuos y permitir que las soluciones surjan de la libre interacción de las personas, sin la intervención de organizaciones que, aunque bien intencionadas, a menudo sirven para mantener el status quo.

2. El Capitalismo: ¿Un Fenómeno Antinatural?

Una de las críticas más frecuentes al anarco-capitalismo es la idea de que un sistema de libre mercado sin un Estado centralizado podría llevar a un caos económico y social. Se argumenta que sin el control y las regulaciones impuestas por un gobierno, los intereses corporativos prevalecerían, y las empresas, en su búsqueda del máximo beneficio, destruirían recursos naturales y explotarían a los trabajadores. De acuerdo con este pensamiento, el capitalismo es inherentemente anti-natural, ya que favorece la acumulación de riqueza en manos de unos pocos, mientras deja a muchos otros en la miseria.

Sin embargo, el anarco-capitalismo ofrece una visión diferente. Lejos de ver al capitalismo como un mal intrínseco, los defensores del anarco-capitalismo lo consideran un sistema eficiente que, bajo las condiciones adecuadas, puede promover la cooperación voluntaria y el bienestar general. Para desmantelar esta visión negativa del capitalismo, podemos examinar cómo ciertos períodos históricos y cómo los principios del anarco-capitalismo podrían transformar la economía hacia un modelo más equilibrado y ético.

La Época Victoriana: Un Ejemplo Histórico

La época victoriana es un período que se asocia frecuentemente con los excesos del capitalismo. Durante este tiempo, especialmente en el Reino Unido, la Revolución Industrial llevó a una rápida expansión de la industria, pero también provocó condiciones laborales terribles, pobreza y una explotación implacable de los recursos naturales. Los sindicatos y los movimientos sociales de la época lucharon por la mejora de las condiciones de trabajo, la reducción de las horas laborales y mejores salarios. Sin embargo, el Estado jugó un papel crucial en regular y, en muchos casos, consolidar el poder de las grandes corporaciones, permitiéndoles mantener un sistema que perpetuaba la desigualdad.

En contraste, los principios anarco-capitalistas sugieren que si el mercado hubiera sido completamente libre de las distorsiones estatales (como los monopolios protegidos por el gobierno o las regulaciones que favorecen a grandes corporaciones sobre pequeñas empresas), el capitalismo podría haber evolucionado de manera diferente. Las fuerzas del mercado habrían incentivado la competencia no solo en términos de precios, sino también en cuestiones como las condiciones laborales, el cuidado del medio ambiente y la innovación tecnológica.

La Competencia en un Mercado Anarco-Capitalista

Una de las principales fortalezas del anarco-capitalismo es la idea de que la competencia no solo ocurre en términos de bienes y servicios, sino también en las áreas de responsabilidad social y ambiental. En un mercado libre sin el control del Estado, las empresas competirían no solo por ofrecer los productos más baratos o innovadores, sino también por demostrar que son las mejores en cuanto a prácticas éticas, sostenibilidad ambiental y justicia social. Esto cambiaría el enfoque actual de muchos modelos capitalistas tradicionales, que priorizan las ganancias inmediatas sobre la protección del medio ambiente o el bienestar de los trabajadores.

Imagina un escenario en el que las empresas compiten por ofrecer la mejor solución a problemas ambientales como la contaminación, el cambio climático o la conservación de recursos naturales. Si no existiera un Estado que pudiera otorgar monopolios o imponer regulaciones ineficaces, las empresas tendrían que buscar constantemente la forma de mejorar sus prácticas para atraer a los consumidores que valoran la sostenibilidad. En este contexto, los consumidores serían los que ejercen el poder, eligiendo aquellas compañías que operan de manera más responsable, lo que fomentaría una mayor innovación en el campo ambiental.

Por ejemplo, las empresas podrían competir por ofrecer las mejores tecnologías de energías renovables, métodos de producción más limpios o prácticas de reciclaje más eficientes. En lugar de depender de un gobierno que establezca estándares de emisión, la competencia entre empresas podría llevar a la creación de soluciones más rápidas y eficientes, mientras que las empresas menos responsables serían gradualmente marginadas por los consumidores conscientes y las presiones del mercado.

Eliminación de los Monopolios y el Poder Centralizado

Uno de los mayores problemas del capitalismo en su forma actual es la tendencia hacia los monopolios, que son posibles debido a las intervenciones estatales. En un sistema anarco-capitalista, no habría un Estado que pudiera proteger o crear monopolios. Las empresas tendrían que mantenerse competitivas o enfrentarse a la competencia de nuevos actores que entrarían al mercado sin restricciones. Esto evitaría la concentración de poder en manos de unas pocas corporaciones y abriría el campo para pequeñas empresas que pudieran ofrecer mejores productos y servicios.

La eliminación de los monopolios también significaría que los precios podrían bajar y la innovación podría florecer, ya que las empresas no tendrían la seguridad de que su dominio del mercado sería protegido por el gobierno. La competencia real, sin barreras regulatorias impuestas por el Estado, crearían un entorno económico mucho más dinámico y saludable.

Conclusión: Capitalismo y Responsabilidad en el Anarco-Capitalismo

El anarco-capitalismo no ve al capitalismo como un fenómeno anti-natural, sino como un sistema que, en ausencia de intervenciones estatales, podría operar de una manera más ética, justa y sostenible. La competencia en un mercado libre no solo se centraría en la maximización de las ganancias, sino también en la responsabilidad social y ambiental, lo que beneficiaría tanto a los consumidores como al planeta. A través de un mercado completamente libre de coerción, las empresas competirían por ser las mejores en términos de ética empresarial, sostenibilidad y justicia social, asegurando que el capitalismo no sea solo un sistema económico eficiente, sino también un sistema responsable.

Este enfoque permitiría que las ideas de cooperación voluntaria y libertad individual se convirtieran en los motores que impulsaran una sociedad más equitativa, justa y respetuosa con el medio ambiente, demostrando que el capitalismo, lejos de ser un fenómeno anti-natural, puede ser un sistema que, con las condiciones adecuadas, promueve la prosperidad y la responsabilidad. Ahora se destrozara el siguiente argumento.

3. El Anarco-Capitalismo: ¿Una Ideología Esclavista?

Uno de los argumentos más controvertidos contra el anarco-capitalismo es la acusación de que esta ideología permitiría la esclavitud o la violación de derechos humanos. Los críticos sostienen que, al eliminar el Estado, se dejaría un vacío legal en el cual las corporaciones y los individuos más poderosos podrían explotar y someter a otros sin restricciones. Se argumenta que sin la intervención de un gobierno para garantizar los derechos humanos, el anarco-capitalismo podría facilitar la creación de un sistema esclavista, especialmente en un entorno donde las minorías y grupos desfavorecidos estuvieran desprotegidos.

Sin embargo, los defensores del anarco-capitalismo sostienen que este argumento es erróneo y carece de base, ya que, en realidad, el sistema anarco-capitalista se construye sobre el principio fundamental de la propiedad privada y el derecho a la libertad individual. Para comprender cómo el anarco-capitalismo sería incompatible con la esclavitud, debemos analizar cómo se resolverían estos problemas dentro de un sistema sin un Estado coercitivo y cómo la tecnología podría ser un factor clave para garantizar la igualdad y la libertad.

El Derecho a la Propiedad y la Libertad Individual

En primer lugar, es fundamental entender que el anarco-capitalismo está basado en el principio de que todas las personas son dueñas de sí mismas y tienen el derecho de disponer de su vida, libertad y propiedad como deseen, siempre y cuando no interfieran con los derechos de los demás. Este principio es radicalmente opuesto a cualquier forma de esclavitud, ya que la esclavitud implica la privación de la propiedad más básica: el propio ser humano. Bajo el anarco-capitalismo, no sería posible justificar la esclavitud de una persona, ya que esto violaría el principio fundamental de que todo individuo tiene derecho a su libertad y autonomía.

Además, el sistema de contratos voluntarios que predica el anarco-capitalismo hace que cualquier intento de esclavizar a un individuo sea ilegal por naturaleza. Cualquier acuerdo forzado en el que una persona se vea obligada a trabajar contra su voluntad sería un acto de agresión y violación de los derechos de propiedad del individuo. Las sociedades anarco-capitalistas se basarían en la resolución de disputas a través de tribunales privados, y cualquier intento de esclavitud o explotación laboral sería sancionado por estos tribunales, ya que se consideraría un delito de agresión contra los derechos de la persona afectada.

El Riesgo de Sociedades Racistas y Violación de Derechos Humanos

Un argumento común contra el anarco-capitalismo es que, en ausencia de un gobierno que garantice la igualdad de derechos para todas las personas, podría surgir una sociedad racista o discriminatoria que buscara implementar la esclavitud o la segregación. Sin embargo, este argumento pasa por alto el hecho de que, en un sistema anarco-capitalista, los derechos de propiedad y los derechos humanos están interrelacionados. La discriminación racial o la esclavitud no serían posibles sin la violación de los derechos de propiedad y la libertad individual, y eso sería inevitablemente denunciado y corregido por el mercado.

Si una sociedad intentara implementar prácticas de esclavitud o segregación, los individuos y las empresas que se opusieran a estas prácticas podrían unirse y formar alianzas comerciales para crear alternativas que desafiaran esas prácticas. Las empresas que operaran bajo principios de igualdad y libertad atraerían a clientes y empleados comprometidos con estos valores, mientras que las empresas que implementaran la esclavitud se verían marginadas y boicoteadas.

En este sentido, el mercado libre actuaría como un filtro natural contra las ideologías extremistas, ya que el capital y la demanda se orientarían hacia aquellos que respetaran los derechos fundamentales de todas las personas. La competencia de ideas y negocios fomentaría la creación de alternativas basadas en la igualdad, la libertad y el respeto mutuo.

¿Qué Sucedería Si Aún Ocurriera Esclavitud en un Mundo Anarco-Capitalista?

Aunque en una sociedad ideal anarco-capitalista la esclavitud no sería posible, se podría argumentar que en un escenario donde un grupo minoritario intentara implementar prácticas esclavistas, no duraría mucho. Los sistemas de competencia y cooperación voluntaria que caracterizan el anarco-capitalismo garantizarían que aquellos que intentaran imponer la esclavitud se enfrentaran a la resistencia económica, legal y social.

Además, la existencia de tribunales privados que resuelvan disputas permitiría que las personas o empresas afectadas por tales prácticas buscaran justicia rápidamente, sin depender de una estructura estatal. Estos tribunales serían completamente independientes y basados en el principio de no agresión, por lo que cualquier práctica esclavista sería rápidamente desmantelada a través de decisiones legales y comerciales.

El Papel de la Tecnología: El Fin de la Esclavitud

La tecnología jugaría un papel crucial en la prevención de la esclavitud en un mundo anarco-capitalista. Con la automatización y el desarrollo de tecnologías como los bots y robots industriales, el trabajo humano en muchas áreas se reduciría considerablemente. Las empresas que necesiten mano de obra para tareas repetitivas o peligrosas recurrirían a la inteligencia artificial y máquinas autónomas para realizar esas labores, eliminando la necesidad de esclavitud o trabajo forzado.

Además, la tecnología permitiría una transparencia total en las prácticas empresariales, ya que los consumidores y trabajadores podrían fácilmente acceder a información sobre cómo se tratan a los empleados, el impacto ambiental y las políticas laborales de las empresas. Esta transparencia ayudaría a identificar rápidamente cualquier violación de derechos humanos, y las empresas que no respetaran los principios éticos se verían rápidamente desplazadas del mercado por alternativas más responsables.

Conclusión: El Anarco-Capitalismo y la Libertad

El anarco-capitalismo, lejos de ser una ideología esclavista, es un sistema profundamente comprometido con la libertad individual y la propiedad privada. En lugar de permitir que se ejerzan prácticas de esclavitud o discriminación, el sistema de competencia libre y los principios de resolución de disputas garantizarían que cualquier intento de imposición de la esclavitud sería rápidamente desmantelado.

Además, la tecnología jugaría un papel fundamental en eliminar la necesidad de trabajo forzado y en crear un entorno donde los derechos humanos sean respetados, y las empresas que respeten la libertad y la igualdad prevalezcan. Por lo tanto, en un mundo anarco-capitalista, la esclavitud no solo sería moralmente inaceptable, sino que sería prácticamente inviable gracias a la competencia, la cooperación voluntaria y los avances tecnológicos.

4. La Justicia Privada en el Anarco-Capitalismo: ¿Sería Peor que la del Estado?

Uno de los principales temores que muchas personas tienen respecto al anarco-capitalismo es la idea de que, sin un Estado centralizado que regule la ley y el orden, la justicia sería aún más desigual y podría ser fácilmente manipulada por aquellos con poder. Un argumento común que se presenta es que en una sociedad sin Estado, como una familia donde ocurra abuso hacia una menor, las personas con más poder (como la familia abusiva) podrían crear su propio sistema de justicia que solo beneficie a los opresores, empeorando aún más la situación de la víctima.

Este argumento, aunque comprensible desde una perspectiva de desconfianza en los sistemas de justicia alternativos, se puede desmontar al entender cómo funcionaría la justicia privada en el anarco-capitalismo y cómo el mercado libre y las sociedades voluntarias ofrecerían soluciones efectivas para estos problemas. Aquí desglosamos cómo la justicia privada sería un sistema más eficiente y justo que el Estado en este contexto.

La Justicia Privada No Permite la Violación de Derechos

En primer lugar, es importante entender que el principio central del anarco-capitalismo es el derecho a la propiedad privada y el respeto a la libertad individual. Esto implica que ningún ser humano tiene el derecho de agredir, robar o esclavizar a otro, ya que eso violaría el principio fundamental de no agresión. En un sistema anarco-capitalista, las personas tienen derecho a defenderse de la agresión de manera proporcional y buscar compensación por los daños sufridos.

Cuando hablamos de abusos como el de una familia que agrede a una menor, el sistema de justicia privada no sería simplemente una cuestión de crear "tribunales" dentro de esa familia. Los tribunales privados que operan en el anarco-capitalismo están independientes y basados en principios de no agresión y justicia retributiva. Es decir, cualquier agresión o abuso sería considerado un crimen que debe ser reparado, y el agresor sería juzgado por un tribunal que no tiene interés personal en la resolución, sino que busca restaurar el orden y la justicia.

Estos tribunales privados estarían comprometidos con la resolución imparcial de los conflictos y no tolerarían ningún tipo de violación de derechos. La justicia privada, en lugar de ser peor que la estatal, sería más eficiente y justa porque estaría diseñada para proteger a los individuos de la agresión, sin los sesgos y la burocracia que a menudo encontramos en los sistemas estatales.

La Libertad de Movimiento: Una Salida Realista para la Víctima

El argumento de que una víctima como una menor en la situación mencionada no tendría opciones fuera de la familia abusiva es, en realidad, incorrecto en el contexto del anarco-capitalismo. En una sociedad sin Estado, la libertad de movimiento es un principio fundamental. Esto significa que no existe ningún mecanismo estatal que restrinja a las personas de irse a otro lugar si su seguridad está en peligro.

Si una menor está siendo abusada por su familia, podría irse de la casa en cualquier momento y buscar refugio en otro lugar. En un sistema donde la competencia y las alternativas son la norma, existen sociedades voluntarias que podrían ofrecer refugio y protección. Estas sociedades voluntarias serían más accesibles y diversas sin la intervención del Estado, permitiendo que las víctimas puedan encontrar ayuda rápidamente.

Además, el aumento de la diversidad de opciones y el fortalecimiento de redes sociales voluntarias es un resultado directo de un entorno sin un Estado. En un sistema anarco-capitalista, surgirían organizaciones y redes dedicadas a la protección de los derechos humanos y la defensa de las víctimas de abuso. Estas organizaciones operarían de manera independiente y ofrecerían alternativas accesibles y efectivas para las personas que busquen escapar de situaciones de abuso.

Por ejemplo, en lugar de depender de un sistema estatal que puede estar alejado o ser ineficaz, las víctimas de abuso podrían recurrir a organizaciones privadas de ayuda, que serían mucho más especializadas y comprometidas con el bienestar individual. Estas organizaciones no solo ofrecerían refugio, sino que también tendrían la capacidad de brindar asistencia legal y apoyo psicológico, asegurando que la víctima pueda reconstruir su vida en un entorno seguro.

El Mercado de Justicia: Competencia y Transparencia

Uno de los aspectos más importantes de un sistema anarco-capitalista es que las instituciones de justicia son privadas y competitivas, lo que fomenta una mayor transparencia y eficacia. Si una víctima de abuso no estuviera satisfecha con la resolución de un tribunal privado o con la ayuda de una sociedad voluntaria, podría buscar alternativas. Los tribunales privados estarían sujetos a la competencia entre ellos, lo que significaría que las víctimas podrían cambiar de proveedor de justicia si no están siendo bien atendidas.

El mercado de la justicia en un sistema anarco-capitalista funcionaría de manera similar a otros sectores. Las personas tendrían la capacidad de comparar servicios, elegir entre distintas opciones de resolución de conflictos, y elegir las que mejor se alineen con sus necesidades y valores. Esta competencia aumentaría la calidad de la justicia, ya que los tribunales y las organizaciones voluntarias tendrían que ganarse la confianza de la gente para sobrevivir en el mercado.

Soluciones frente al Abuso: ¿Cómo Garantizar la Protección de los Derechos Humanos?

El sistema anarco-capitalista no solo garantizaría la posibilidad de que una víctima busque justicia o escape de su opresor, sino que también ofrecería herramientas para prevenir los abusos desde el principio. La responsabilidad individual, el empoderamiento de las comunidades y la competencia en la oferta de servicios de protección son soluciones clave en este sistema.

Además, la tecnología también jugaría un papel importante en la prevención y detección de abusos. Las plataformas de denuncia digital, los registros de actividad y las redes sociales pueden actuar como mecanismos de transparencia y responsabilidad para evitar que situaciones de abuso permanezcan ocultas.

Conclusión: La Justicia Privada No Es Peor, Es Más Eficaz

En resumen, la justicia privada en el anarco-capitalismo no solo resolvería de manera efectiva los conflictos y las violaciones de derechos, sino que también ofrecería más opciones para las víctimas, mayor competencia en la resolución de disputas, y alternativas voluntarias para aquellos que buscan ayuda. Lejos de crear un sistema de justicia peor, el anarco-capitalismo proporcionaría un sistema más dinámico, transparente y respetuoso de los derechos humanos, lo que haría imposible que abusos como el que mencionas perduraran en el tiempo.

5. El Monopolio de la Violencia y el Poder de los Ricos: ¿Es una Amenaza Real en el Anarco-Capitalismo?

Un temor común que se presenta en contra del anarco-capitalismo es la posibilidad de que una persona o grupo extremadamente rico logre acumular tanto poder que termine controlando las empresas de justicia privada, la seguridad, e incluso las leyes mismas, creando así un monopolio de la violencia y haciendo que las reglas del juego siempre estén a su favor. Esta preocupación también se extiende a la posibilidad de que una mafia o un grupo criminal pueda adquirir suficiente poder para convertirse en una especie de "Estado" privado. En otras palabras, algunas personas temen que, sin un gobierno central que regule el mercado, el poder y la violencia terminen concentrándose en las manos de unos pocos, lo que podría resultar en una especie de despotismo o tiranía privada.

Sin embargo, este escenario no es tan probable ni factible dentro del contexto del anarco-capitalismo debido a varios factores fundamentales que aseguran que el poder se mantenga descentralizado, competitivo y vigilado por la libertad de elección. A continuación, exploramos cómo estas amenazas pueden ser evitadas en un sistema basado en el mercado libre y la competencia.

La Competencia y el Mercado: No Hay Lugar para Monopolios

El primer factor que impide la creación de un monopolio de la violencia es la competencia inherente a un sistema anarco-capitalista. El mercado libre no solo se aplica a bienes y servicios tradicionales, sino que también se extiende a áreas como la justicia privada y la seguridad. En un mercado competitivo, ninguna empresa, por más rica que sea, podrá monopolizar la provisión de justicia o seguridad sin enfrentar competencia constante de otras empresas que ofrezcan mejores servicios, precios más bajos o incluso modelos de justicia más justos.

Si un individuo o grupo intentara comprar todas las empresas de justicia privada o seguridad y corromperlas para crear un monopolio que favorezca sus intereses, lo primero que ocurriría es que surgirían otras empresas que ofrecerían alternativas más atractivas y efectivas para los consumidores. En una sociedad sin un gobierno central, los individuos tienen el poder de elegir y podrían cambiar fácilmente de proveedor si sienten que están siendo explotados o injustamente tratados. Esta competencia constante sería un freno natural contra cualquier intento de monopolio, ya que las empresas que actúan de manera deshonesta perderían rápidamente clientes y su influencia disminuiría.

La Diversidad de Opciones y la Descentralización del Poder

En lugar de un único sistema de justicia o seguridad centralizado, en un sistema anarco-capitalista existirían muchas opciones diferentes, tanto en términos de proveedores de servicios como de estructuras organizativas. Estos servicios no estarían controlados por un único ente o individuo, sino que serían descentralizados y basados en la demanda de los consumidores.

Si una empresa o grupo de individuos lograra acumular demasiado poder en una sola área, las sociedades voluntarias, como las asociaciones comunitarias y las organizaciones de defensa de derechos, podrían unirse y organizarse para contrarrestar ese poder. Estas comunidades tendrían la libertad de crear sus propias alternativas a las fuerzas de seguridad o las entidades de justicia que intenten dominar el mercado. A través de alianzas y redes de apoyo, las sociedades voluntarias podrían colaborar entre ellas para asegurarse de que ningún grupo o individuo logre monopolizar la violencia.

El Mercado de la Fuerza: Incentivos para Mantener el Orden

En el anarco-capitalismo, la fuerza o violencia legítima se utiliza solo como un medio para defender los derechos de los individuos y la propiedad privada. Las empresas que ofrecen servicios de seguridad o justicia están incentivadas a mantener el orden de manera justa y transparente para ganar la confianza del público. Si alguna de estas empresas comenzara a comportarse de manera deshonesta o injusta, perdería a sus clientes, lo que afectaría directamente su rentabilidad.

Si, por ejemplo, una mafia lograra infiltrarse en las empresas de seguridad y comenzara a usar la violencia para crear un sistema de "protección" basado en la extorsión o el abuso, las víctimas de esta situación podrían buscar la ayuda de otras organizaciones de justicia privada. La competencia y la diversificación de opciones en el mercado de la justicia y la seguridad serían barreras poderosas para la consolidación de un monopolio de la violencia, ya que las empresas tendrían que actuar dentro de un marco de responsabilidad y transparencia para mantenerse competitivas.

La Tecnología: Evitar la Concentración de Poder

La tecnología jugaría un papel crucial para evitar la concentración de poder en manos de unos pocos en el sistema anarco-capitalista. Por ejemplo, la blockchain y otras tecnologías descentralizadas podrían utilizarse para garantizar la transparencia en los procesos judiciales y de seguridad, permitiendo que cualquier intento de manipulación o abuso sea detectado de inmediato. Estas tecnologías también podrían facilitar el acceso a la justicia, eliminando barreras y reduciendo las oportunidades de que ciertos actores puedan influir en el sistema a su favor.

Además, la automatización de muchos trabajos y servicios, como el uso de robots y bots para la seguridad o la ejecución de contratos, disminuiría aún más las oportunidades para que un grupo poderoso se apropie del sistema. En lugar de depender de agentes humanos susceptibles de corrupción o coacción, los sistemas automatizados serían más objetivos y transparentes, lo que reduciría las posibilidades de que un monopolio privado de la violencia tuviera éxito.

El Crecimiento de una Mafia: Imposibilidad de que se Convierta en un Estado

En cuanto a la preocupación de que una mafia pueda crecer hasta convertirse en un "estado", es importante recordar que un estado es un monopolio de la violencia que ejerce poder sobre todos los individuos dentro de un territorio determinado. En el anarco-capitalismo, no existe un territorio fijo ni una población obligada a someterse a las leyes de un poder central. En lugar de eso, cada individuo tiene la libertad de elegir a qué proveedores de servicios desea someterse.

Si una mafia intentara consolidarse y convertirse en un poder dominante, las comunidades que no quisieran estar bajo su control tendrían la libertad de separarse y formar nuevas alianzas con otros proveedores de justicia o seguridad. Además, las redes internacionales de seguridad y justicia privada podrían crear frenos adicionales a este tipo de concentración de poder, ya que las mafias o grupos criminales no tendrían la capacidad de controlar un sistema global descentralizado.

Conclusión: El Poder Descentralizado y la Competencia Son Barreras Eficaces

En conclusión, aunque la posibilidad de un monopolio de la violencia o el poder de un grupo rico o una mafia es una preocupación válida, el sistema anarco-capitalista está diseñado para evitar que esto ocurra mediante la competencia, la descentralización del poder y el uso de tecnología. La libertad de elección, la transparencia del mercado y el empoderamiento de las comunidades serían los factores que impiden que una élite o un grupo de poder logren dominar la sociedad. En lugar de crear un monopolio de la violencia, el anarco-capitalismo crea un entorno dinámico en el que los individuos siempre tienen el poder de buscar alternativas y asegurar su propia protección. Ahora les compatrire un argumento que esta afavor de el Anarco Capitalismo .

6. Libertad de Elección y la Imposibilidad de Imponer Ideologías: Una Realidad en el Anarco-Capitalismo

En un sistema anarco-capitalista, una de las características más notables es la total libertad de elección. En este sistema, cada individuo tiene la autonomía para vivir según sus propios valores, principios e ideologías sin ser forzado a seguir las creencias o leyes de un gobierno centralizado. A diferencia de los sistemas tradicionales, donde el poder es impuesto por una élite gobernante o un Estado, el anarco-capitalismo garantiza que la voluntariedad sea el principio rector en todas las interacciones humanas.

En los sistemas de gobierno tradicionales, ya sea una monarquía, una dictadura socialista, una socialdemocracia o cualquier otro tipo de Estado, todos los ciudadanos están sujetos a las leyes impuestas por un régimen, y sus libertades individuales se ven restringidas por la necesidad de cumplir con las leyes que dictan los gobernantes. Por ejemplo:

Monarquía: En una monarquía, las decisiones del rey o la familia real son las que dictan el curso de la vida de los ciudadanos. Los súbditos deben obedecer a la autoridad del monarca, bajo la amenaza de represalias, sin importar si están de acuerdo con las políticas o la ideología del rey. Aquí, la libertad individual es limitada, ya que las personas no tienen la posibilidad de elegir sus propios líderes o influir en las decisiones del Estado.

Dictadura socialista: En una dictadura socialista, los ciudadanos no tienen la libertad de poseer propiedad privada, ya que todo está controlado por el Estado. Las decisiones sobre lo que se produce, cómo se distribuye y cómo se vive la vida diaria están completamente controladas por un régimen centralizado. Cualquier intento de rebelarse contra el sistema o de no seguir las políticas estatales puede resultar en represión, encarcelamiento o incluso la muerte. Las libertades individuales, como la propiedad privada y la libre expresión, están severamente restringidas.

Socialdemocracia: Aunque más democrática que las formas anteriores de gobierno, una socialdemocracia aún impone ciertas restricciones a las libertades individuales. Por ejemplo, los ciudadanos no pueden evitar el pago de impuestos, que son obligatorios para financiar el Estado y sus políticas públicas. Además, los ciudadanos deben seguir las leyes y regulaciones impuestas por un gobierno centralizado, lo que puede llevar a restricciones en la libre competencia, la propiedad privada y la expresión.

Sistema tradicional de gobierno: En los sistemas estatales convencionales, a lo largo de la historia, el poder de intervención estatal tiende a crecer con el tiempo, ya sea a través de leyes, regulaciones y la creación de burocracia. Este proceso de expansión del Estado inevitablemente lleva a la pérdida de libertades individuales, ya que el gobierno puede intervenir cada vez más en la vida de las personas, limitando su capacidad de tomar decisiones libres. Además, estos sistemas suelen enfrentar conflictos bélicos o guerras como resultado de la competencia entre diferentes grupos de poder, lo que aumenta aún más la intervención estatal y la opresión de la población.

El Anarco-Capitalismo: La Libertad sin Coacción

En un sistema anarco-capitalista, esta dinámica cambia radicalmente. La libertad individual es el principio fundamental. Cada persona tiene la libertad de elegir cómo vivir su vida, qué ideologías seguir, con quién asociarse y qué valores promover, siempre y cuando no infrinja los derechos de otros. En el anarco-capitalismo, la coacción está prohibida. Nadie tiene el derecho de imponer su ideología o estilo de vida a los demás. Así, una persona puede ser liberal, conservadora, atea, religiosa, o cualquier otra ideología, y vivir de acuerdo con ella sin temor a represalias o la necesidad de ajustarse a una visión ajena de la vida.

La Voluntariedad de las Relaciones Sociales y el Mercado

La voluntariedad es la clave en el sistema anarco-capitalista. En este contexto, las relaciones sociales y económicas no son obligadas ni forzadas. Las personas son libres de asociarse o separarse según sus intereses y preferencias. En lugar de un gobierno central que impone reglas, las interacciones se basan en acuerdos mutuos, contratos libres y mercados abiertos.

Por ejemplo, si una persona desea vivir de acuerdo con una ideología o religión específica, puede formar comunidades o asociaciones basadas en esos principios sin tener que enfrentarse a la persecución del Estado. Los intercambios económicos y sociales en una sociedad anarco-capitalista se realizan en función de acuerdos voluntarios, en los que ambas partes se benefician sin la intervención coercitiva de un gobierno central.

La Imposibilidad de Imponer Ideologías

En un sistema sin un Estado central, la imposición de ideologías o formas de vida es imposible porque no existe un poder coercitivo para obligar a los individuos a seguir una determinada corriente de pensamiento. En lugar de ello, la diversidad es el elemento que predomina. La pluralidad de ideas, religiones y enfoques de vida es fomentada y respetada, ya que los individuos tienen la libertad de elegir lo que les convenga y rechazar lo que no les atraiga.

De esta manera, el anarco-capitalismo no solo protege la libertad de expresión, sino que también crea un espacio donde la competencia de ideas es constante. Las personas pueden vivir según sus propios valores y, al mismo tiempo, interactuar de manera respetuosa con aquellos que tienen opiniones diferentes, ya que no hay un poder central que dicte qué está bien o mal, qué ideología debe prevalecer o qué valores deben ser aceptados por todos.

Comparación con los Estados Tradicionales

En contraste, los sistemas de gobierno tradicionales tienden a uniformizar a la población bajo una única ideología o conjunto de normas. En una monarquía, el poder está concentrado en una figura autoritaria. En una dictadura socialista, el control del Estado sobre las vidas individuales es total. En una socialdemocracia, el gobierno puede limitar las opciones individuales mediante impuestos y regulaciones. En todos estos sistemas, la libertad personal está restringida de alguna manera, ya sea por la opresión, la falta de propiedad privada o la intervención en las decisiones individuales.

Por lo tanto, la verdadera libertad solo puede existir en un sistema donde el gobierno no intervenga, como el anarco-capitalismo, donde la vida de cada individuo está determinada por su propia voluntad.

7. Por qué los Anarco-Capitalistas Ven los Impuestos y las Patentes Como Algo Malo

Los impuestos son, para los anarco-capitalistas, una de las formas más claras de coacción por parte del Estado. Si bien los impuestos son presentados como una herramienta para financiar servicios públicos y ayudar a las personas, en la práctica, los anarco-capitalistas creen que el sistema impositivo es profundamente injusto y corrupto. A continuación, se exponen las razones clave por las cuales los anarco-capitalistas rechazan los impuestos:

1. El Uso del Dinero Público para Enriquecer al Estado

Los impuestos no solo financian los servicios públicos como salud, educación o infraestructuras, sino que también permiten que el Estado se vuelva más grande y poderoso, acumulando riqueza que puede utilizar para fortalecer sus fuerzas armadas o para expandir su control sobre la población. En este sentido, los impuestos permiten que el Estado se financie a sí mismo y a sus intereses, en lugar de ayudar de manera genuina a la población.

En lugar de usar los recursos para promover el bienestar social, los gobiernos suelen redirigir el dinero de los impuestos hacia gastos militares, la expansión de la burocracia estatal o el pago de deudas, lo cual no necesariamente beneficia a las personas que lo aportan. Este mal uso de los impuestos crea una distribución desigual de los recursos y contribuye a la perpetuación de sistemas de poder coercitivos.

2. El Efecto Perjudicial de las Ayudas Gubernamentales

Aunque los sistemas de bienestar social pueden parecer positivos para aquellos que enfrentan dificultades económicas, desde la perspectiva anarco-capitalista, estas ayudas crean una dependencia del Estado. En lugar de promover la autosuficiencia, las ayudas gubernamentales fomentan la idea de que la gente necesita al Estado para sobrevivir, lo cual reduce la iniciativa individual. Muchas personas que reciben ayudas pueden optar por no trabajar o limitar su capacidad de generar ingresos por miedo a perder los beneficios del Estado, lo que refuerza la pobreza estructural.

Además, a medida que una persona comienza a acumular capital, puede enfrentarse a la amenaza de perder sus ayudas, lo que incentiva un ciclo de pobreza autoimpuesta. Este ciclo no solo beneficia al Estado (que sigue cobrando impuestos) sino que también mantiene a las personas en una posición económica precaria, sin que puedan avanzar o ser completamente libres para tomar sus decisiones económicas.

3. Dependencia de la Jubilación y el Estado

Otro punto importante es el sistema de pensiones. En un sistema anarco-capitalista, los individuos no dependerían del Estado para su jubilación, sino que serían responsables de sus propias inversiones y ahorros. El sistema actual, en el que las personas pagan impuestos para financiar pensiones a través del Estado, crea una falsa sensación de seguridad y disminuye la responsabilidad individual. Las personas deberían ser incentivadas a planificar y ahorrar para su futuro, en lugar de depender de las promesas del gobierno que, a menudo, no pueden garantizarse de manera sostenible.

4. Las Patentes y su Impacto en la Innovación

Otro aspecto crítico para los anarco-capitalistas es el sistema de patentes. Las patentes, lejos de fomentar la innovación, a menudo la retrasan. Las empresas que poseen patentes pueden monopolizar ideas y tecnologías, lo que impide que otras empresas puedan aprovechar esos avances para mejorar los productos o servicios. Este monopolio sobre el conocimiento no beneficia a la sociedad, sino que crea barreras artificiales para el progreso.

En el pasado, antes de la creación de las patentes, la innovación se impulsaba por la competencia abierta, donde las empresas se copiaban entre sí y trataban de mejorar lo que ya existía. Esta dinámica provocaba un avance más rápido de la tecnología, ya que las empresas competían por ser las mejores, lo que llevaba a mejores productos y servicios para el consumidor. Las patentes, por otro lado, impiden este proceso al dar a las empresas el derecho exclusivo sobre ciertas ideas o invenciones, lo que ralentiza el progreso.

5. La Piratería Como Forma de Acceso y Justicia Social

La piratería, en este contexto, no es vista como un crimen en el sentido tradicional, sino como una respuesta a la desigualdad económica y a las limitaciones impuestas por los derechos de propiedad intelectual. Los anarco-capitalistas consideran que la piratería es una forma de distribución justa de bienes y servicios, especialmente cuando se trata de productos culturales como música, películas, videojuegos y software. La razón principal de esta perspectiva es la inaccesibilidad de muchos de estos productos para las personas de bajos recursos.

Por ejemplo, muchos videojuegos retro hoy en día son extremadamente difíciles de conseguir, pero gracias a la piratería, las personas pueden acceder a ellos de manera gratuita. Además, muchas personas no tienen los recursos suficientes para pagar suscripciones a servicios como Netflix, Spotify o incluso comprar videojuegos o programas de software, por lo que la piratería se convierte en una alternativa válida para quienes desean disfrutar de contenido de calidad sin tener que depender de un modelo de negocio centralizado que beneficia principalmente a las grandes corporaciones.

La Piratería Como Forma de Resistencia al Monopolio Cultural

El sistema de propiedad intelectual favorece a las grandes empresas que tienen los recursos para controlar el mercado. La piratería, desde el punto de vista anarco-capitalista, es una resistencia a esta concentración de poder. En lugar de ser vista como un robo, se percibe como una forma de igualdad de acceso, permitiendo que las personas disfruten de lo que de otra manera podría estar fuera de su alcance.

En conclusión, los impuestos, las patentes y la piratería son vistos de manera muy diferente en la ideología anarco-capitalista. Los impuestos son considerados como una forma de coacción estatal, las patentes son vistas como un obstáculo para la innovación libre y la piratería es interpretada como una respuesta a la desigualdad de acceso a productos culturales y tecnológicos. En un sistema sin Estado, la idea es permitir una mayor libertad económica y un entorno de competencia sin barreras artificiales, en el que las personas puedan tomar sus propias decisiones sin la intervención de una autoridad coercitiva.

7. El Mercado Como Regulador Natural de la Calidad de los Alimentos

En un sistema anarco-capitalista, el mercado funciona como un mecanismo de control natural. Las empresas, para mantenerse competitivas, deben ofrecer productos de calidad que satisfagan a los consumidores. Si una empresa produce alimentos inseguros o dañinos, los consumidores rápidamente tomarán medidas para evitar esos productos, lo que afectaría negativamente a las ventas de la empresa.

El boicot y la mala reputación serían poderosos incentivos para que las empresas no engañen a los consumidores, ya que la información sobre productos peligrosos se difundiría rápidamente a través de redes sociales, reseñas de consumidores y otras plataformas de información. La competencia entre empresas crearía un entorno donde la calidad y la seguridad serían una prioridad para mantenerse en el mercado.

2. La Existencia de Agencias Voluntarias de Certificación

En lugar de un organismo estatal que regule la seguridad alimentaria, en un sistema anarco-capitalista podrían existir agencias voluntarias de certificación que evalúan la seguridad de los productos alimenticios. Estas agencias funcionarían de manera similar a laboratorios independientes de pruebas, pero su misión sería garantizar la calidad y seguridad de los productos, sin la coerción de un Estado.

Estas agencias no tendrían el poder para imponer sanciones, pero su credibilidad y reputación serían fundamentales. Las empresas que deseen ganar la confianza del consumidor buscarían obtener la certificación de estas agencias, ya que esta validación sería una señal de calidad que atraerá más clientes. El sistema de reputación y competencia garantizaría que las agencias no se corrompan, ya que cualquier intento de manipular los resultados de las certificaciones sería rápidamente descubierto por los consumidores y competidores, afectando directamente su credibilidad.

3. Mecanismos de Responsabilidad y Contratos Voluntarios

En un sistema anarco-capitalista, los consumidores tienen el derecho de demandar a las empresas que vendan productos inseguros. Las compañías de seguros y los sistemas legales voluntarios jugarían un papel crucial en la resolución de disputas entre consumidores y productores. Si un cliente sufre daños debido a un producto defectuoso o peligroso, podría demandar a la empresa responsable en tribunales privados, en lugar de depender de la intervención de un sistema judicial estatal.

Además, las empresas de seguros también podrían ofrecer pólizas que cubran los riesgos de consumo de ciertos productos, incentivando a las empresas a mantener altos estándares de calidad para evitar la responsabilidad legal y las pérdidas financieras. Las cláusulas de contratos voluntarios entre productores y consumidores también podrían incluir garantías de calidad, estableciendo estándares claros y transparentes que ambas partes acuerden cumplir.

4. Evitar la Corrupción de las Agencias Voluntarias

Una preocupación común en torno a las agencias voluntarias de certificación es la posibilidad de que una empresa poderosa pueda sobornar a estas agencias para que certifiquen productos peligrosos como seguros. Sin embargo, este tipo de corrupción sería mucho menos probable en un sistema anarco-capitalista que en un sistema estatal debido a varios factores:

Competencia: Existen múltiples agencias de certificación, lo que dificulta que una empresa logre manipular todas. Si una agencia es descubierta siendo corrupta, otra agencia competidora podría aprovechar la oportunidad para ganar la confianza del consumidor, aumentando su reputación.

Transparencia y Vigilancia del Mercado: En un entorno sin Estado, las personas tienen mayor acceso a la información gracias a internet y las plataformas sociales. Si una agencia es percibida como corrupta o manipulada, esto sería rápidamente expuesto, lo que dañaría su credibilidad y la de las empresas involucradas.

Reputación y Confianza: Las agencias de certificación se basarían en la confianza del consumidor para su supervivencia. Si una agencia se ve comprometida por el soborno de una empresa, perdería clientes y credibilidad, lo que resultaría en su fracaso comercial. Las agencias que operan con integridad serían preferidas por las empresas y los consumidores.

5. La Tecnología Como Herramienta para Mejorar la Seguridad Alimentaria

La tecnología juega un papel crucial en la mejora de la seguridad alimentaria en un sistema anarco-capitalista. Herramientas como sensores inteligentes, blockchain para el seguimiento de productos desde su origen hasta el consumidor final, y sistemas de pruebas automatizadas ayudarían a garantizar que los productos alimenticios cumplan con los estándares de calidad y seguridad.

Por ejemplo, la tecnología blockchain podría ser utilizada para rastrear el origen de los productos alimenticios y garantizar que hayan pasado por los controles de calidad necesarios. Los consumidores podrían escanear códigos QR en los envases para obtener información sobre la cadena de suministro del producto y los resultados de las pruebas de seguridad realizadas por agencias independientes.

Además, bots y sistemas automatizados podrían encargarse de la inspección constante de los procesos de producción, alertando sobre posibles riesgos de contaminación o malas prácticas, y permitiendo a las empresas actuar rápidamente para corregir cualquier problema antes de que llegue al mercado.

Conclusión

En un sistema anarco-capitalista, la seguridad alimentaria no sería garantizada por un gobierno centralizado, pero sí por una serie de mecanismos voluntarios, como la competencia entre empresas, la existencia de agencias de certificación independientes, y el uso de tecnología avanzada para rastrear y asegurar la calidad de los productos. La responsabilidad empresarial y la transparencia serían incentivadas por el mercado, lo que haría mucho más difícil que las empresas puedan engañar a los consumidores sin sufrir consecuencias graves

La corrupción en este sistema sería difícil de ocultar debido a la competencia, la tecnología y la constante vigilancia pública, lo que fortalecería la confianza en el sistema y permitiría un mercado más seguro y ético.

Un argumento común contra el anarco-capitalismo es que solo beneficiaría a los ricos y poderosos, mientras que dejaría atrás a los más desfavorecidos o pobres. Sin embargo, este punto de vista es una falacia que no toma en cuenta cómo un sistema basado en libertad económica y voluntarismo podría, en realidad, reducir la pobreza y crear una sociedad más próspera para todos.

8. Menos Inflación y Estabilidad Económica

En un sistema anarco-capitalista, el control de la moneda no estaría en manos de un gobierno central que pueda manipularla a su antojo mediante la emisión de dinero o la creación de políticas fiscales inflacionarias. Actualmente, los gobiernos tienden a aumentar la cantidad de dinero en circulación para financiar sus programas, lo que genera inflación y reduce el poder adquisitivo de los ciudadanos, especialmente de las personas con ingresos fijos o bajos.

En un sistema sin Estado, la moneda y los sistemas de intercambio serían regulados por mercados libres. Podrían surgir monedas privadas o criptoactivos que, al no estar sujetas a la manipulación estatal, permitirían una mayor estabilidad. Esto reduciría los efectos negativos de la inflación y protegería a los más vulnerables. Las personas no perderían su poder adquisitivo de forma arbitraria y el valor del dinero se mantendría relativamente estable.

2. Reducción de la Pobreza a través de la Competencia y la Innovación

Una de las principales críticas contra el anarco-capitalismo es que permitiría que los ricos controlen la economía y que las grandes empresas exploten a los trabajadores. Sin embargo, la competencia y la innovación son fuerzas esenciales en el mercado libre, y estos factores desempeñarían un papel fundamental en la reducción de la pobreza.

Cuando las empresas tienen que competir en un mercado libre, no solo compiten por precio, sino también por calidad. Esto beneficia a los consumidores, incluidos los más pobres, ya que tienen acceso a productos de mayor calidad a precios más bajos. Si una empresa no puede competir en términos de calidad o precio, perderá clientes rápidamente. Además, en un sistema anarco-capitalista, nuevas empresas y emprendedores surgirían constantemente, lo que generaría una dinámica de innovación constante.

La competencia entre empresas incentivaría la creación de productos más accesibles, como tecnologías o servicios que mejoren la calidad de vida, y permitiría que los consumidores (incluyendo los de menores recursos) tuvieran acceso a bienes y servicios que hoy en día podrían ser inaccesibles debido a los monopolios creados por la intervención estatal.

3. Eliminación de Barreras Gubernamentales que Perpetúan la Pobreza

Uno de los principales problemas que enfrentan las personas en situación de pobreza hoy en día son las barreras creadas por el Estado, como impuestos elevados, regulaciones laborales restrictivas y subsidios ineficaces. En un sistema anarco-capitalista, la eliminación de estos obstáculos abriría muchas oportunidades.

Eliminación de impuestos: Los impuestos, aunque destinados a financiar servicios públicos, a menudo afectan de manera desproporcionada a las personas de bajos ingresos. En un sistema sin impuestos, las personas tendrían más libertad financiera para invertir en su propio bienestar, como educación, salud, o emprendimientos. Además, las empresas no tendrían que gastar grandes cantidades en cumplimiento de normativas y gastos burocráticos, lo que les permitiría ofrecer productos y servicios más baratos.

Eliminación de subsidios ineficaces: Los subsidios y programas sociales, aunque diseñados para ayudar a las personas más vulnerables, a menudo terminan siendo ineficaces y desincentivan la autonomía personal. En el anarco-capitalismo, el apoyo social se gestionaría a través de organizaciones voluntarias que, al depender de la voluntad de los individuos, serían más eficaces en la distribución de recursos. Además, estas organizaciones serían más ágiles y menos burocráticas, ayudando a las personas a salir de la pobreza.

4. Voluntarismo y Solidaridad Comunitaria

En un sistema anarco-capitalista, el principio del voluntarismo jugaría un papel clave en la creación de redes de apoyo entre las personas. En lugar de depender de un gobierno para "ayudar" a los pobres mediante ayudas estatales, las comunidades y grupos privados tendrían la libertad de organizarse y crear soluciones basadas en la cooperación voluntaria.

Fundaciones privadas, organizaciones no gubernamentales, redes de apoyo locales y otras iniciativas de caridad voluntaria crecerían como una respuesta a las necesidades de los individuos. Estas organizaciones no estarían sujetas a la burocracia estatal ni a la manipulación política, lo que las haría mucho más eficaces en proporcionar asistencia.

Al no haber un Estado que centralice todos los recursos y decisiones, el dinero y los bienes podrían canalizarse de manera más directa y personalizada a las personas que realmente lo necesiten, creando una sociedad más solidaria y equilibrada.

5. Sin Más Guerra o Intervención Estatal que Empobrezca a las Personas

Un problema importante con los gobiernos actuales es que la guerra y la intervención estatal en otros países a menudo requieren de grandes gastos militares que empobrecen a las personas. En un sistema anarco-capitalista, sin un gobierno central que controle el uso de la violencia, las probabilidades de que se desaten guerras o intervenciones bélicas disminuyen significativamente. Esto permitiría que más recursos se destinaran al desarrollo económico y a la creación de riqueza en lugar de a conflictos destructivos.

6. Acceso a la Tecnología y la Información como Motor de Igualdad

El acceso a la tecnología y la información también juega un papel crucial en la mejora de las condiciones de vida de las personas. En un sistema sin Estado, la difusión libre de la información sería clave para que las personas pudieran educarse y mejorar sus habilidades. Esto reduciría la brecha entre ricos y pobres, ya que las herramientas tecnológicas disponibles permitirían a las personas de cualquier clase social competir en igualdad de condiciones. Internet, las plataformas educativas y el software libre proporcionan oportunidades de autoempleo y emprendimiento que no dependen de los recursos del Estado, sino del esfuerzo individual y colectivo.

Conclusión

El anarco-capitalismo, lejos de beneficiar solo a los ricos, ofrece un modelo económico en el que la competencia, la innovación y el voluntarismo son los motores de una sociedad más próspera. La eliminación de la inflación, la reducción de impuestos y las barreras gubernamentales crearían un entorno más justo y accesible para todos, y especialmente para los más pobres. Al mismo tiempo, la creación de redes de apoyo voluntarias y la distribución más eficiente de los recursos permitirían que el voluntarismo reemplazara al Estado como principal motor de ayuda social, creando una sociedad donde, lejos de haber más pobres, todos tuvieran mayores oportunidades para prosperar.

En un sistema anarco-capitalista, el concepto de dinero funcionaría de manera muy diferente a cómo lo entendemos en los sistemas actuales con gobiernos centralizados. La ausencia de un Estado para regular la moneda abriría un amplio abanico de posibilidades para el mercado monetario, permitiendo que el dinero fuera voluntario, privado y competitivo. Aquí exploramos cómo funcionaría el dinero en este modelo, con un enfoque especial en las criptomonedas y meme coins.

9. Dinero Competitivo y Voluntario

En lugar de depender de una moneda centralizada emitida por un gobierno, el dinero en un sistema anarco-capitalista sería competitivo y surgiría de manera voluntaria. Esto significa que cualquier persona, empresa o grupo podría crear su propia moneda o sistema de pago, siempre y cuando los demás estén dispuestos a aceptarlo. En lugar de una única moneda estatal, habría una multiplicidad de monedas, y los ciudadanos elegirían cuál utilizar según su conveniencia.

Por ejemplo, en este tipo de sistema, podría existir una moneda de oro privada, criptomonedas como el Bitcoin o incluso monedas digitales descentralizadas creadas por empresas privadas que ofrecerían características particulares para atraer usuarios. Este entorno competitivo estimularía la creación de monedas más eficientes, más rápidas y con mejores características que se adapten mejor a las necesidades de las personas.

2. Las Criptomonedas en el Anarco-Capitalismo

Las criptomonedas juegan un papel crucial en el anarco-capitalismo, ya que son monedas descentralizadas que no dependen de un banco central ni de un gobierno para su emisión y control. Las criptomonedas, como Bitcoin, Ethereum o cualquier otra moneda digital, son una respuesta natural a la necesidad de un sistema financiero más libre y transparente en el que las personas puedan realizar transacciones sin la intervención del Estado.

En el anarco-capitalismo, las criptomonedas serían probablemente una de las formas más populares de dinero, ya que:

Descentralización: Las criptomonedas no están controladas por ninguna entidad centralizada, como un gobierno o banco central, lo que elimina el riesgo de inflación causada por la impresión de dinero.

Transparencia: Gracias a la blockchain (cadena de bloques), las criptomonedas permiten un sistema de transacciones transparentes y seguros sin necesidad de intermediarios.

Acceso global: Las criptomonedas son accesibles para cualquier persona con acceso a internet, lo que permite que incluso aquellas personas en países con economías inestables o con acceso limitado a servicios bancarios puedan participar en la economía global.

El uso de criptomonedas podría reducir la dependencia de sistemas bancarios tradicionales y ofrecer alternativas más flexibles y baratas para las personas que deseen realizar pagos, ahorrar o invertir. Además, el uso de contratos inteligentes en plataformas como Ethereum permitiría una mayor automatización de los acuerdos, lo que sería especialmente útil en una sociedad sin un Estado que regule estas relaciones.

3. Las Meme Coins y su Rol en la Economía Anarco-Capitalista

Las meme coins, como Dogecoin o Shiba Inu, son un fenómeno que, aunque se originaron como una broma, han ganado popularidad como una forma alternativa de dinero digital. Aunque algunas personas las ven como una burla o una inversión de alto riesgo, en un sistema anarco-capitalista, las meme coins pueden desempeñar un papel en la economía como una forma de dinero especulativo o como una moneda alternativa aceptada por ciertos grupos o comunidades.

Ventajas de las Meme Coins en el Anarco-Capitalismo:

Comunidad y Voluntarismo: Las meme coins pueden surgir de comunidades de personas que deciden adoptar un activo específico como su forma preferida de moneda. Al estar basadas en la voluntad de los individuos, las meme coins encajan bien en un sistema donde los acuerdos y las interacciones económicas son completamente libres y voluntarias.

Accesibilidad: Las meme coins pueden ser fácilmente accesibles para cualquier persona, incluso aquellas con poca experiencia en tecnología o criptomonedas, lo que las hace atractivas para grupos más amplios.

Bajo Costo de Entrada: Dado que muchas meme coins tienen precios extremadamente bajos en comparación con monedas como Bitcoin o Ethereum, permiten que más personas participen en el mercado y realicen transacciones sin requerir grandes cantidades de capital inicial.

Sin embargo, el riesgo de invertir en meme coins es significativo, ya que su valor puede estar determinado por especulación o el sentimiento de la comunidad. A pesar de esto, en un sistema anarco-capitalista, los individuos estarían completamente libres de decidir si desean invertir en ellas o utilizarlas como medio de intercambio. La competencia entre diferentes tipos de monedas digitales crearían un mercado dinámico y diverso que ofrecería múltiples alternativas a las monedas tradicionales.

4. La Propiedad y el Dinero en un Sistema Anarco-Capitalista

En un sistema anarco-capitalista, la propiedad privada sería fundamental. Cualquier persona o entidad que tenga la propiedad de una moneda o activo tendría el derecho absoluto de usarlo como desee. Esto incluiría la creación de nuevas monedas, su intercambio y la posibilidad de influir en su valor según las leyes de oferta y demanda.

Las transacciones monetarias serían simplemente acuerdos voluntarios entre las partes. Al eliminarse el monopolio estatal de la creación del dinero, surgirían mecanismos privados de certificación y verificación de transacciones, lo que daría lugar a una mayor confianza en las monedas y sistemas de pago.

5. Seguridad y Confianza en el Mercado Monetario Anarco-Capitalista

El uso de criptomonedas y meme coins en una sociedad anarco-capitalista, aunque interesante, podría generar preocupaciones sobre la estabilidad y la fiabilidad de las monedas. Sin embargo, las tecnologías avanzadas como la blockchain garantizarían la seguridad de las transacciones, y los mercados libres y la competencia entre diferentes tipos de monedas ayudarían a mantener la credibilidad del sistema monetario.

Además, las agencias privadas de calificación y auditoría podrían existir para verificar la solvencia y la fiabilidad de las monedas y las empresas que las emiten, lo que aumentaría la confianza en los activos monetarios sin la necesidad de una autoridad centralizada.

Conclusión

En el sistema anarco-capitalista, el dinero sería competitivo, voluntario y libre de intervenciones estatales, permitiendo la coexistencia de monedas tradicionales, criptomonedas y meme coins. Los ciudadanos serían libres de elegir qué monedas desean usar en sus transacciones y ahorrar, lo que fomentaría una economía más dinámica y accesible para todos. Además, la tecnología, como la blockchain, proporcionaría seguridad y transparencia en las transacciones, mientras que la competencia y la innovación permitirían la creación de monedas que se adapten mejor a las necesidades del mercado, favoreciendo a todos los participantes.

El argumento de que Somalia fue un ejemplo de anarco-capitalismo fallido es uno de los mitos más comunes, pero es fundamental desmentirlo para aclarar lo que realmente representa el anarco-capitalismo y por qué el caos experimentado en Somalia no tiene relación con esta ideología.

10. La Realidad de Somalia y el Conflicto Político

Somalia es un país ubicado en el cuerno de África, conocido por su historia de conflictos civiles y la ausencia de un gobierno centralizado fuerte desde la caída de su régimen dictatorial en 1991. Tras la caída de Siad Barre, el país cayó en una guerra civil, lo que resultó en la fragmentación del Estado en múltiples facciones armadas que luchaban por el control del territorio. Durante varias décadas, Somalia estuvo en un estado de anarquía en el sentido de que no existía un gobierno central efectivo que pudiera imponer el orden en todo el país.

Sin embargo, es fundamental señalar que el caos de Somalia no fue el resultado de la implementación de principios anarco-capitalistas, sino más bien el resultado de la falta de gobierno central y la anarquía armada causada por una guerra civil. El anarco-capitalismo no aboga por el vacío de poder ni la lucha entre facciones armadas, sino por un sistema de cooperación voluntaria y mercados libres, donde la violencia y la coerción son reemplazadas por acuerdos pacíficos y contratos privados.

2. Anarquía no es lo mismo que Anarco-Capitalismo

El anarco-capitalismo se diferencia de la anarquía tradicional o del caos absoluto en varios aspectos clave:

Protección de los Derechos de Propiedad: En el anarco-capitalismo, la propiedad privada es fundamental. Las empresas de seguridad privadas, por ejemplo, serían responsables de proteger los derechos de propiedad de los individuos, y los acuerdos serían basados en el consenso voluntario, no en el uso de la violencia para resolver disputas. Somalia, por el contrario, sufrió violencia generalizada y una ausencia de protección de los derechos debido a la lucha entre clanes y facciones.

Mercados Voluntarios: El anarco-capitalismo promueve la cooperación voluntaria en todos los aspectos de la economía. En Somalia, la falta de un gobierno central significó que muchas de las actividades económicas fueron desorganizadas, no reguladas y controladas por facciones que no operaban de acuerdo con principios de libertad de mercado, sino que más bien tomaban el control por medio de coerción y violencia.

Seguridad privada: En un sistema anarco-capitalista, el mercado de seguridad sería diverso y competitivo, con múltiples proveedores de servicios de seguridad que protegerían a las personas y sus bienes sin el uso de la fuerza coercitiva. En

Somalia, por el contrario, la seguridad estuvo controlada por milicias y facciones armadas, lo que no tiene nada que ver con el sistema de justicia privada que defiende el anarco-capitalismo.

3. La Caótica Situación de Somalia no es un Reflejo del Anarco-Capitalismo

Cuando las personas citan el caso de Somalia como un ejemplo de anarco-capitalismo fallido, están confundiendo dos conceptos muy distintos. El caos en Somalia fue un colapso total del Estado, pero no fue un experimento en anarco-capitalismo. Si bien en un sistema anarco-capitalista no existiría un gobierno central, las funciones de seguridad y justicia estarían cubiertas por agencias privadas que compiten por brindar servicios de calidad a la población, en lugar de estar basadas en la violencia y el control coercitivo de facciones armadas.

Además, durante este período de anarquía en Somalia, grupos extremistas como Al-Shabaab tomaron el control de territorios y se encargaron de imponer su propia versión de "ley" y orden, lo cual es completamente opuesto a los principios del anarco-capitalismo. El anarco-capitalismo no respalda ni justifica el uso de la violencia por parte de grupos radicales que buscan imponer su voluntad, como sucedió en Somalia.

4. La Importancia de la Competencia y la Descentralización en el Anarco-Capitalismo

Una de las características fundamentales del anarco-capitalismo es la descentralización y la competencia en todos los sectores de la sociedad. En Somalia, sin embargo, la descentralización no ocurrió de manera pacífica ni ordenada, sino que fue reemplazada por la competencia violenta entre clanes, lo que resultó en una situación de anarquía destructiva.

En el anarco-capitalismo, el mercado proporcionaría alternativas de seguridad, justicia y bienestar de manera competitiva, donde las instituciones privadas serían responsables de ofrecer servicios que generaran confianza en la población. La idea no es un vacío de poder, sino la competencia entre instituciones privadas para servir a los ciudadanos de manera eficiente y justa, sin recurrir a la coerción estatal.

5. Conclusión: Somalia no es un Ejemplo de Anarco-Capitalismo

En resumen, Somalia no fue un ejemplo de anarco-capitalismo fallido, sino un ejemplo de destrucción estatal y anarquía armada causada por un conflicto interno. El anarco-capitalismo no apoya la violencia, el caos ni la coerción, sino que promueve una sociedad basada en el consentimiento mutuo, la competencia pacífica y la protección de los derechos de propiedad a través de instituciones privadas que funcionan sin la intervención del Estado.

Así que, cuando alguien mencione a Somalia como un ejemplo de lo que sucedería bajo el anarco-capitalismo, es esencial aclarar que lo que sucedió allí no tiene absolutamente nada que ver con los principios del anarco-capitalismo, que rechaza el vacío de poder y promueve una sociedad ordenada, justa y libre de violencia estatal.

En un sistema anarco-capitalista, la forma en que realizas una compra cotidiana sería muy diferente a lo que estamos acostumbrados en los sistemas con gobiernos centralizados. Todo se basaría en voluntarismo, mercados libres y contratos privados, y el dinero que usarías probablemente sería criptomonedas o incluso meme coins como Dogecoin o Shiba Inu, si decides optar por ellas como una forma de intercambio. Vamos a ver cómo funcionaría una compra normal de manera divertida en este sistema:

A continuacion busco desmentir dos mitos mas aprobechando el tema de somalia.

Mito 1: "El capitalismo y el liberalismo no sirven porque en África hay empresas esclavistas"

Este argumento confunde capitalismo con prácticas criminales. **El capitalismo verdadero se basa en la propiedad privada, el libre comercio y la competencia voluntaria**. La esclavitud y la explotación forzada no son parte del sistema capitalista, sino crímenes que violan los principios básicos del libre mercado.

- **Muchas de estas empresas esclavistas en África operan en regímenes corruptos y con apoyo estatal**, lo que significa que no hay un libre mercado real, sino una economía controlada por gobiernos autoritarios.

- En un sistema capitalista con derechos de propiedad bien establecidos y competencia abierta, las empresas que recurren a la esclavitud serían rápidamente expulsadas del mercado por su ineficiencia y su desprestigio.

Realidad Mito 2: "El capitalismo, el liberalismo, el anarco-capitalismo y el minarquismo fracasaron en Haití y África"

Este argumento parte de una premisa falsa: **ni Haití ni la mayoría de los países africanos han sido ejemplos de capitalismo de libre mercado o anarco-capitalismo.**

- **Haití ha sido un país con una economía altamente regulada y controlada por el gobierno**, con corrupción extrema e interferencia estatal que ha impedido el desarrollo de un mercado libre. Su falta de instituciones económicas sólidas y la inestabilidad política han hecho imposible que el capitalismo prospere.
- **En África, la mayoría de los países han estado dominados por dictaduras, socialismo o sistemas tribales centralizados**, que han impedido la libre empresa y la competencia.
- **El anarco-capitalismo nunca se ha implementado en ningún país africano de manera real**, ya que la mayoría de las sociedades africanas han dependido de estructuras gubernamentales opresivas o de caos generado por la falta de un sistema de propiedad privada bien definido.

Si hubiera un sistema realmente basado en el libre mercado, la **propiedad privada, la inversión extranjera y el desarrollo económico** permitirían el crecimiento sostenido, como ha ocurrido en países como Singapur o Hong Kong.

11 Escenario: Haciendo Compras en un Mercado Anarco-Capitalista

Imagina que un día decides ir al mercado para comprar algunas uvas, dos manzanas, carne, un videojuego y una revista. ¿Cómo sería el proceso

Elección del Mercado:

En primer lugar, tienes varias opciones de mercados disponibles, ya que no hay un monopolio estatal sobre las tiendas. Puedes elegir entre mercados locales (tiendas físicas), mercados virtuales (plataformas en línea) o incluso mercados descentralizados donde los compradores y vendedores interactúan directamente.

Tal vez una tienda cercana está especializada en productos orgánicos o tiene un enfoque ecológico, y otra se enfoca en productos tecnológicos (como consolas o videojuegos). Todo depende de lo que busques.

Seleccionando tus Productos:

Entro al mercado y me acerco a las frutas. Las uvas y las manzanas están a la venta, con precios indicados en criptomonedas como Bitcoin, Ethereum o incluso meme coins como Doge. Cada tienda tiene su propia forma de fijar precios, y todo está en función de la oferta y demanda.

Los precios de las frutas pueden fluctuar según la temporada, el clima, o incluso las acciones de las empresas que las venden. En este caso, las uvas están en oferta y las compro usando Dogecoin, ya que es una criptomoneda con un bajo costo de transacción y buena aceptación en el mercado local.

Comprando Carne:

La carne también está disponible, pero como en este sistema no existe un monopolio estatal de regulaciones alimentarias, hay agencias privadas que ofrecen sellos de calidad. Estas agencias verifican la calidad de los productos y otorgan una certificación que asegura que la carne que estás comprando proviene de una granja ética y sostenible.

La carne está etiquetada con un precio en criptomonedas y con un descuento si pagas con una moneda específica. Decido pagar con Ethereum, porque me beneficia por su velocidad y menores comisiones en transacciones más grandes.

Comprando el Videojuego y la Revista:

Ahora que tengo lo básico, voy por el videojuego y una revista. En un mercado anarco-capitalista, los videojuegos podrían venderse tanto en formato digital (como descargas directas desde una tienda online), o en físico (por ejemplo, discos o consolas).

Los videojuegos digitales pueden ser comprados mediante plataformas P2P (peer-to-peer), donde varios vendedores privados ofrecen sus productos a precios de mercado. Los meme coins como Shiba Inu se aceptan ampliamente para videojuegos, ya que muchas comunidades de criptomonedas usan estas monedas como una forma divertida de intercambiar valor.

La revista, como producto de entretenimiento, tiene también su precio marcado en criptomonedas. La revista podría ser impresa y publicada por alguna editorial privada, que tiene su propia política de precios.

Pago:

Al momento de pagar, el sistema de pago será completamente descentralizado. Puedes elegir entre pagar con Bitcoin, Ethereum, Dogecoin, Shiba Inu o otra criptomoneda que prefieras. Todo se hará mediante una billetera digital, que simplemente escaneará un código QR en la tienda para realizar la transacción.

Las comisiones de las transacciones serán muy bajas, ya que no hay un intermediario estatal (como un banco central) que controle los pagos. En lugar de eso, las criptomonedas permiten transacciones rápidas y seguras a bajo costo, y todo el proceso es descentralizado, por lo que nadie puede censurar o intervenir en la transacción.

Recibiendo los Productos:

Después de realizar los pagos con mi moneda elegida, el sistema de entrega de los productos entra en acción. Si compré un videojuego digital, lo descargaré inmediatamente. Si compré productos físicos, como las frutas, la carne, y la revista, puedo elegir entre recogerlos en el local o solicitar entrega a domicilio usando plataformas de mensajería privadas que funcionan bajo contratos voluntarios.

Transparencia y Reputación:

En este sistema, la transparencia y la reputación son fundamentales. Las plataformas de compra pueden ofrecer sistemas de calificación que permiten a los usuarios calificar los productos y servicios que compran. Así, si la carne no es de buena calidad, o el videojuego no funciona bien, podrás dejar una reseña para advertir a otros compradores.

Además, las agencias de certificación privadas garantizan que los productos cumplan con los estándares acordados, y si alguna empresa o vendedor intenta hacer trampa (por ejemplo, vendiendo carne de baja calidad sin el debido proceso), perdería rápidamente credibilidad y su negocio se vería afectado.Resumen Divertido de una Compra Anarco-Capitalista:Elige tu mercado (físico, virtual, descentralizado).Selecciona tus productos con precios en criptomonedas o meme coins.Compra con criptos de forma rápida y descentralizada.Recibe los productos mediante sistemas de entrega privados.Evalúa la calidad mediante sistemas de reputación y agencias privadas de certificación.

En resumen, el sistema de compras en un mundo anarco-capitalista sería completamente voluntario, competitivo y mucho más flexible que los sistemas actuales, promoviendo transacciones justas y transparentes sin la intervención de un gobierno central. ¡La tecnología y las criptomonedas permiten que todo funcione de manera mucho más eficiente y libre!

En el contexto del anarco-capitalismo, es crucial comprender que uno de los principales aspectos que impide que el sistema beneficie a las élites globales es la descentralización del poder y la eliminación del estado. Las élites, especialmente aquellas que controlan grandes corporaciones, bancos y gobiernos, han construido su poder sobre el control de los recursos y la capacidad de ejercer violencia o coacción, tanto económica como política. Al desmontar este poder centralizado, se debilitan las bases sobre las cuales las élites han mantenido su influencia.

12 Por qué el Anarco-Capitalismo No Beneficia a las Élites Globales

Eliminación del Poder del Estado: En el anarco-capitalismo, el estado como entidad coercitiva desaparece. Este cambio significa que las élites globales, que actualmente ejercen poder a través de gobiernos, pierden la capacidad de influir en las políticas públicas y de utilizar la violencia (por ejemplo, fuerzas armadas, policía, etc.) para obligar a la población a consumir productos o servicios. En lugar de tener el control de un aparato estatal, las élites se enfrentarían a un sistema de mercados libres y contratos voluntarios donde no pueden imponer su voluntad de manera autoritaria.

Competencia sin Barreras Gubernamentales: Uno de los mayores beneficios que las élites actuales obtienen de los estados es la creación de barreras para la competencia. A través de subsidios, regulaciones y monopolios legales, las grandes empresas pueden asegurarse una ventaja competitiva, impidiendo que otros actores (especialmente los más pequeños) ingresen al mercado. En un sistema anarco-capitalista, estas barreras desaparecerían, y toda la competencia sería completamente libre. Las empresas más grandes tendrían que competir de manera más efectiva e innovadora, lo que reduciría su capacidad de abuso de poder y haría más difícil que mantuvieran su posición de dominio en el mercado.

Eliminación de Subsidios y Otras Ventajas Estatales: En el sistema actual, las élites se benefician de subsidios estatales, ayudas gubernamentales y contratos públicos que les permiten aumentar sus ganancias sin tener que competir en igualdad de condiciones. Por ejemplo, las grandes corporaciones a menudo reciben ayudas fiscales y protección contra la competencia a través de regulaciones que crean barreras de entrada. En un sistema anarco-capitalista, estos subsidios y favores estatales desaparecerían, lo que significaría que las grandes empresas ya no tendrían el apoyo del gobierno para sostener su posición dominante.

Desaparece el Uso de la Violencia para Controlar el Consumo: En el sistema capitalista actual, las élites y grandes corporaciones a menudo utilizan el poder del estado para hacer cumplir contratos y mantener el orden. Si una persona no paga por un producto o servicio, el estado puede actuar en su nombre para recuperar esa deuda mediante acciones legales y fuerzas policiales. Sin el estado, las élites ya no tendrían esa herramienta coercitiva para asegurar que las personas consuman sus productos. Esto significaría que las empresas tendrían que comprometerse más con los consumidores y ofrecerles productos que realmente deseen sin forzarlos a hacerlo mediante medidas de coacción, como impuestos o violencia estatal.

Innovación y Voluntarismo sobre Coacción: En un sistema anarco-capitalista, el poder de las élites se vería sustituido por el mercado libre y la competencia voluntaria. En lugar de manipular la economía a través de la coacción estatal, las empresas tendrían que centrarse en ofrecer productos y servicios de alta calidad que realmente satisfagan las necesidades de los consumidores. Las élites ya no podrían imponer productos innecesarios o dañinos a través de campañas gubernamentales, subsidios o manipulaciones políticas. Si las grandes empresas no ofrecen algo que el mercado valore, perderían su influencia.

Eliminación de la "Globalización Controlada": Las élites globales a menudo han impulsado la globalización para aumentar sus ganancias mediante acuerdos internacionales que favorecen sus intereses, como los tratados de libre comercio que permiten la explotación de países más pobres o el control de los recursos naturales. En el anarco-capitalismo, aunque los mercados seguirían siendo globales, no existirían organismos internacionales ni acuerdos impuestos por gobiernos que favorezcan a las grandes corporaciones. Esto desmantelaría las redes de control global y les quitaría el poder a las élites para que manejen la economía mundial a su favor.

Conclusión:

En un sistema anarco-capitalista, las élites globales perderían muchas de las ventajas coercitivas que tienen en el sistema actual gracias al poder del estado. Sin el uso de la violencia estatal ni la capacidad de manipular políticas públicas, estas élites tendrían que competir en igualdad de condiciones, lo que reduciría su poder y les exigiría innovar y ofrecer productos que los consumidores realmente deseen.

El anarco-capitalismo no es un sistema diseñado para proteger los intereses de las élites, sino para promover una competencia libre, justa y sin coerción, donde el mercado es el que decide qué productos y servicios deben prevalecer. Las élites perderían su influencia al eliminarse el control centralizado del estado, y el poder pasaría a ser gestionado por contratos voluntarios y mercados libres.

En un sistema anarco-capitalista, la educación sería completamente privada y voluntaria, lo que implica que las familias y los estudiantes tendrían la libertad de elegir las instituciones educativas que mejor se adapten a sus valores y necesidades. Sin embargo, una preocupación común es cómo manejar los posibles abusos ideológicos en estas instituciones, como la creación de escuelas que promuevan ideologías extremistas, ya sea comunismo, fascismo, anti-LGBT o pro-LGBT, entre otras.

Aquí te dejo algunas ideas sobre cómo funcionaría la educación en el anarco-capitalismo y cómo se podrían abordar estos problemas:

13. La Diversidad de Opciones Educativas:

En un sistema anarco-capitalista, existen múltiples opciones educativas para que los padres y estudiantes elijan. Esto incluiría:

Escuelas de diferentes enfoques filosóficos y educativos, como escuelas basadas en principios liberales, neoliberales, anarquistas, conservadoras, o socialistas. Las familias pueden elegir la escuela que coincida con sus valores y objetivos.

Educación personalizada a través de tutores privados o homeschooling (educación en el hogar), lo que también permitiría a los estudiantes ser educados en un entorno que respete las creencias y los intereses de sus padres.

La competencia entre estas instituciones educativas crearía un mercado diverso, lo que haría que las escuelas que promuevan ideologías extremistas, o que no respeten los derechos humanos y la diversidad, tendrían menos demanda. Esto es especialmente cierto si la reputación de estas escuelas se ve afectada negativamente por la comunidad, que preferiría enviar a sus hijos a instituciones que respeten los principios fundamentales de derechos humanos y respeto mutuo.

1. El Rol de la Responsabilidad Social y los Contratos Voluntarios:

En lugar de depender de un sistema estatal que imponga un currículo uniforme, el sistema educativo estaría basado en contratos voluntarios. Esto significa que los padres tienen la autoridad para elegir la educación de sus hijos y firmar contratos con instituciones educativas que garantizan el tipo de educación que recibirán los estudiantes. De hecho, los padres podrían exigir cláusulas en esos contratos para evitar que sus hijos sean expuestos a contenidos que consideren dañinos o ideológicos.

Si una escuela adoptara una ideología que viola principios fundamentales de derechos humanos, como la discriminación, los padres podrían renunciar a esos contratos y buscar alternativas. Las instituciones educativas estarían motivadísimas por mantener una buena reputación, porque una escuela discriminatoria o totalitaria rápidamente perdería su base de clientes.

2. Escuelas Basadas en el Respeto y la Inclusión:

Aunque sería posible que algunas escuelas privadas promovieran ideologías extremistas, la presión del mercado y el poder de las comunidades educativas impulsaría una tendencia hacia escuelas inclusivas, respetuosas de los derechos humanos y libres de coacción ideológica. Esto se debe a que, en una sociedad anarco-capitalista, el voluntarismo es el principio central: nadie debería ser obligado a pensar o actuar de cierta manera.

Si una escuela promoviera posturas racistas, sexistas o homofóbicas, las comunidades educacionales se organizarían para denunciar y boicotear estas instituciones, buscando alternativas que ofrezcan un entorno inclusivo.

Las escuelas inclusivas que fomenten la libertad de pensamiento, el respeto mutuo y la diversidad serían las más solicitadas, porque los estudiantes y padres valorarían más un espacio que respete sus libertades individuales.

3. Evaluaciones de Calidad y Transparencia:

En lugar de que el estado controle las evaluaciones educativas, serían los clientes (padres y estudiantes) quienes decidirían qué escuelas son las mejores, mediante sistemas de reputación o calificación pública. Las reseñas y calificaciones en línea jugarían un rol importante en ayudar a las familias a elegir qué escuela tiene una educación de calidad y respeta los valores de sus hijos.

Si una escuela llegara a promover una ideología extremista o dañina, los padres informados y las comunidades voluntarias estarían mejor equipados para hacer saber a otras personas que esa escuela no es adecuada. Las redes sociales, blogs y foros educativos serían claves para fomentar la transparencia y responsabilidad en el sistema educativo, permitiendo a las personas compartir sus experiencias y advertir sobre escuelas problemáticas.

4. El Principio de No Agresión y Respeto Mutuo:

En un sistema anarco-capitalista, el principio de no agresión es fundamental. Este principio, también aplicado a la educación, significa que no se debe imponer ninguna ideología a los estudiantes ni forzarles a seguir una línea de pensamiento en contra de su voluntad. La coerción ideológica o el abuso de poder en una escuela sería ilegal en términos de derechos humanos, y la comunidad educativa actuaría rápidamente para poner fin a cualquier abuso.

Por ejemplo, si una escuela enseñara algo que va en contra del respeto por la diversidad sexual o los derechos de las mujeres, las comunidades voluntarias y las organizaciones educativas que apoyan los derechos humanos podrían organizarse para actuar en defensa de los estudiantes y denunciar las prácticas discriminatorias de la escuela.

5. La Tecnología y el Acceso a la Información:

En un sistema anarco-capitalista, las personas tendrían un acceso más libre a la información debido al uso masivo de tecnología. Las herramientas digitales podrían permitir a los padres realizar una investigación exhaustiva sobre las instituciones educativas antes de comprometerse con ellas, para asegurarse de que no estén siendo influenciados por ideologías extremistas.

Conclusión:

En un sistema anarco-capitalista, la educación sería completamente voluntaria, privada y libre de coacción estatal. Las familias y estudiantes tendrían la libertad de elegir qué tipo de educación desean recibir, y las comunidades educativas serían más responsables, al estar basadas en la reputación y en valores compartidos. Aunque algunos temen que existan escuelas que promuevan ideologías extremistas, la competencia del mercado, el voluntarismo y la presión social asegurarían que las escuelas que violen los principios de derechos humanos y respeto mutuo no prosperen.

14 Como Seria en un futuro lejano?

En un escenario anarco-capitalista, la visión de un mundo donde la tecnología y la automatización reemplazan la mayoría de los trabajos humanos también podría llevar a una transformación similar. Aquí, los principios del anarco-capitalismo podrían facilitar un modelo social en el que la tecnología y el desarrollo humano se complementen para crear una sociedad libre y próspera sin necesidad de un Estado centralizado. A continuación, exploramos cómo este futuro podría ser replicado dentro de un sistema anarco-capitalista:

1. El Dinero en un Mundo de Automatización:

En un escenario donde la mayoría de los trabajos sean reemplazados por IA y robots, el dinero seguiría existiendo, pero los métodos de obtención de ingresos cambiarían. En lugar de depender de trabajos tradicionales, las personas podrían generar ingresos a través de sistemas voluntarios y descentralizados.

Criptomonedas y monedas digitales: Las criptomonedas, especialmente aquellas que son descentralizadas como Bitcoin, se utilizarían como la moneda global, ya que permiten transacciones sin la necesidad de un intermediario o banco central. Las criptomonedas son resistentes a la inflación, lo que significa que en un mundo con automatización, la creación de dinero no podría ser controlada por un Estado para financiar guerras o aumentar el poder de las élites.

Renta Básica Voluntaria: En un escenario sin un Estado central, en lugar de un sistema de impuestos, la gente podría recibir una renta básica garantizada, no por mandato gubernamental, sino como una donación voluntaria de empresas que se benefician de la automatización. Estas empresas que reemplazan el trabajo humano pueden compartir sus ganancias con la sociedad para asegurar que todos los miembros de la comunidad tengan acceso a recursos básicos para vivir.

Pagos por hábitos saludables: Un modelo en el que las personas sean premiadas por comportamientos positivos (hacer ejercicio, mantener una dieta saludable, y participar en la educación continua) sería más viable en un sistema de libre mercado, donde empresas de salud o plataformas de salud podrían ofrecer recompensas económicas o tokens por mantener un estilo de vida saludable. Estas recompensas pueden estar vinculadas a plataformas descentralizadas que fomenten una economía de incentivos.

2. Educación en un Mundo de Automatización:

En un sistema anarco-capitalista, la educación sería completamente voluntaria y proporcionada por instituciones privadas o incluso por individuos. No habría un sistema escolar obligatorio ni un currículo uniforme, lo que permitiría una educación más personalizada, enfocada en el desarrollo de habilidades únicas. Aquí es cómo funcionaría:

Educación voluntaria y libre: Las personas tendrían la libertad de elegir en qué tipo de educación participar, con escuelas privadas especializadas en diversas áreas, como pensamiento crítico, tecnología, biotecnología, arte y ciencias sociales. No habría un sistema centralizado que impusiera una ideología, sino que las escuelas competirían en un mercado libre para atraer a estudiantes, lo que garantizaría que solo las mejores instituciones prevalezcan.

Plataformas de educación descentralizadas: Existen ya plataformas en línea como Udemy y Coursera, que ofrecen cursos sobre diversas temáticas. En un sistema anarco-capitalista, la educación podría ser 100% descentralizada, permitiendo que los estudiantes participen en cursos y tutorías de forma libre y voluntaria, eligiendo exactamente lo que desean aprender y quiénes serán sus profesores, con la posibilidad de interactuar en foros y redes descentralizadas.

3. Bienestar Personal, Recompensas por Hábitos Saludables y Creación de Innovaciones:

En un mundo sin el trabajo tradicional, el bienestar personal sería uno de los pilares más importantes. En lugar de centrarse solo en el trabajo, la sociedad incentivaría actividades que mejoren la calidad de vida y promuevan el desarrollo humano.

Sistema de recompensas por hábitos positivos: En lugar de simplemente vivir para trabajar, las personas podrían ser recompensadas por realizar actividades beneficiosas, como hacer ejercicio, leer libros, aprender nuevas habilidades, y crear invenciones. Las recompensas podrían ser dadas en forma de tokens o criptomonedas, que podrían ser utilizadas para comprar bienes y servicios, o para acceder a otros beneficios. Plataformas basadas en blockchain podrían rastrear las actividades, asegurando la transparencia y evitando manipulaciones.

Desarrollo de la biotecnología y mejoramiento humano: En un sistema anarco-capitalista, las empresas de biotecnología y de mejoramiento genético podrían competir libremente para ofrecer servicios de mejoramiento de la salud, longevidad, y capacidades cognitivas. No habría un sistema centralizado que limite o regule estas tecnologías, lo que permitiría una innovación acelerada y la creación de nuevas soluciones para mejorar la vida humana.

4. Reemplazo del Trabajo por Robots y Cómo Mantener una Sociedad Estable:

Si los robots y la IA reemplazaran la mayoría de los trabajos, surgiría la pregunta de cómo se podría garantizar que las personas sigan siendo productivas o útiles dentro de la sociedad. En un sistema anarco-capitalista, las personas seguirían siendo parte activa de la economía, pero a través de nuevos roles basados en sus habilidades y creatividad

El trabajo se redefine: En lugar de realizar trabajos manuales o repetitivos, las personas podrían dedicarse a áreas como investigación científica, creación artística, emprendimiento y proyectos colaborativos. Los incentivos para trabajar en áreas que mejoren la sociedad serían más evidentes, ya que las recompensas estarían basadas en la voluntad y no en una necesidad de sobrevivir.

Automatización sin pérdida de empleo: Los robots y la IA no tendrían que reemplazar los trabajos de la gente de una manera que cause desempleo masivo o pobreza, sino que podrían actuar como facilitadores de libertad para que los humanos realicen actividades más significativas y productivas en lugar de estar atrapados en trabajos mecánicos y alienantes.

5. ¿Cómo Crear una Sociedad Más Justa?

Aunque podría haber temores de que la automatización cree desigualdad, el anarco-capitalismo propone una solución donde la justicia y la equidad se logran a través de la competencia libre y la cooperación voluntaria entre individuos y empresas.

Mercados libres de monopolios: En un mundo donde la tecnología y los robots hacen gran parte del trabajo, el mercado estaría más competido. Las grandes corporaciones no podrían manipular la economía mediante el control estatal o la creación de monopolios, ya que las empresas competirían en un mercado libre para ofrecer los mejores productos y servicios posibles. La transparencia y la competencia permitirían que incluso aquellos que hoy no tienen recursos pudieran acceder a bienes y servicios de calidad.

En resumen, en un mundo anarco-capitalista con un nivel de automatización elevado, la sociedad no solo podría superar la necesidad de trabajar en empleos repetitivos y alienantes, sino que también podría crear una estructura más justa, innovadora y equilibrada, donde las personas estén libres para contribuir a la sociedad a través de su creatividad, su bienestar personal, y su compromiso voluntario con los demás.

15 Que sucederia si el cripto fuese hakeable

En un escenario donde una IA es capaz de hackear las criptomonedas, el sistema anarco-capitalista tendría que adaptarse rápidamente para encontrar soluciones de manera descentralizada, ya que el principio central del anarco-capitalismo es la descentralización y la autonomía de los individuos y empresas. Esto podría ocurrir de varias maneras:

1. Creación de Nuevas Formas de Dinero

Si una IA pudiera hackear o comprometer criptomonedas populares como Bitcoin o Ethereum, el mercado voluntario y competitivo de criptomonedas encontraría formas de adaptarse rápidamente, similar a lo que ha ocurrido en el pasado con la creación de nuevas monedas.

Desarrollo de nuevas criptomonedas: Nuevas monedas podrían ser creadas con un mejor sistema de seguridad para hacer frente a las vulnerabilidades descubiertas. Por ejemplo, se podrían implementar algoritmos más avanzados de criptografía para proteger las transacciones y hacer más difícil el hackeo.

Diversificación de activos: En lugar de depender únicamente de una criptomoneda, el mercado podría diversificar aún más las formas de dinero. Algunas criptomonedas podrían seguir siendo utilizadas para transacciones diarias, mientras que otras podrían ser más resistentes a ataques y utilizadas para inversiones o como reservas de valor.

2. Actualización de las Criptomonedas Existentes

Si se descubriera una vulnerabilidad crítica en una criptomoneda como Bitcoin o Ethereum, la comunidad descentralizada podría tomar acciones rápidas para corregir la falla y actualizar la tecnología subyacente. Esto ya ha ocurrido en el pasado con bifurcaciones (hard forks) que actualizan el código y hacen cambios en el protocolo.

Hard forks o actualizaciones de código: En el caso de que una vulnerabilidad grave fuera identificada, la comunidad de desarrolladores de la criptomoneda podría proponer una bifurcación o actualización. Por ejemplo, si la criptomoneda es hackeada, el código podría ser actualizado para corregir la vulnerabilidad, lo que llevaría a una nueva versión de la criptomoneda más segura. Sin embargo, esto solo funcionaría si la comunidad apoya el cambio y se asegura de que las nuevas reglas sean seguidas.

Descentralización de la actualización: Dado que las criptomonedas funcionan sobre una red descentralizada, no hay una autoridad central que controle las actualizaciones. Esto significa que cualquier cambio o corrección se sometería al consenso de la comunidad de mineros, desarrolladores y usuarios, lo que garantizaría que la solución sea aceptada y aplicada de manera abierta y transparente.

3. Nuevas Formas de Seguridad:

Si la IA pudiera hackear las criptomonedas actuales, se pondría en marcha una carrera tecnológica para mejorar la seguridad de las criptomonedas y proteger las transacciones. Esto podría incluir:

Algoritmos de seguridad más avanzados: Se podrían desarrollar algoritmos de criptografía más robustos que puedan hacer más difícil la manipulación o el hackeo de las redes. Estos algoritmos podrían basarse en sistemas de pruebas de conocimiento cero (zero-knowledge proofs), criptografía cuántica o sistemas de firmas digitales más avanzados.

Tokens y monedas respaldadas por activos: En un mundo donde las criptomonedas podrían verse comprometidas por una IA, las empresas y comunidades podrían optar por crear monedas que estén respaldadas por activos reales (como el oro o bienes raíces) para garantizar que su valor no dependa únicamente de la tecnología blockchain. Esto podría hacer que las monedas sean más resistentes a los ataques, ya que el valor de la moneda no se vería afectado solo por su red digital.

4. Expansión del Dinero Alternativo (Otras Formas de Intercambio):

Además de las criptomonedas, el sistema anarco-capitalista permite una gran diversidad de formas de intercambio. Si una IA es capaz de hackear las criptomonedas, las personas podrían recurrir a otros tipos de monedas o métodos de intercambio, tales como:

Dinero basado en bienes tangibles: Las personas podrían comenzar a utilizar monedas respaldadas por bienes físicos, como metales preciosos (oro, plata), commodities (granos, petróleo), o incluso bienes raíces. Este tipo de dinero sería más estable y no dependería de la tecnología, por lo que podría resistir mejor los ataques.

Sistemas de intercambio local (trueque y monedas locales): Además de las criptomonedas, las comunidades locales podrían crear sus propios sistemas de intercambio como trueque, monedas locales o intercambio de servicios, donde la confianza y el acuerdo voluntario entre las partes serían el principal motor del intercambio.

5. Resiliencia del Mercado

En un sistema anarco-capitalista, no solo existirían criptomonedas como única forma de dinero. El mercado libre podría crear múltiples formas de intercambio. Si una criptomoneda es hackeada, las personas y empresas se moverían a otras monedas o sistemas de pago.

Competencia entre monedas: Como no hay un solo ente central que controle el mercado, las personas tendrían la libertad de elegir la moneda que consideren más segura, confiable y conveniente. La competencia entre criptomonedas y otras formas de dinero garantizaría que siempre haya opciones para todos, y que las vulnerabilidades de una moneda puedan llevar al desarrollo de una mejor opción.

El mercado se adapta: Los actores del mercado, tanto consumidores como empresas, podrían ajustarse rápidamente a la nueva realidad, abandonando las monedas hackeadas y adoptando nuevas opciones más seguras. La capacidad de adaptarse al cambio es una de las mayores ventajas de un sistema libre.

6. El Rol de la Comunidad y la Confianza:

En el anarco-capitalismo, la confianza es un factor fundamental. Si una criptomoneda o sistema de pago es hackeado, la confianza en esa moneda podría caer rápidamente, lo que obligaría a la comunidad a adaptarse a alternativas.

Confianza descentralizada: Los sistemas de reputación y consenso en las redes descentralizadas garantizarían que los usuarios puedan verificar la seguridad de las criptomonedas. Plataformas de auditoría de código y revisiones de seguridad podrían ayudar a mantener la transparencia.

En resumen, si una IA logra hackear las criptomonedas, el sistema anarco-capitalista se ajustaría de manera rápida y descentralizada. Nuevas criptomonedas y sistemas de intercambio surgirían, la seguridad de las monedas existentes sería mejorada, y el mercado libre encontraría alternativas rápidamente, permitiendo que las personas sigan teniendo acceso a dinero seguro y transacciones voluntarias.

Bien si has leido hasta asqui habras notado que ando resolviendo problemas a futuro pero ahora toca regresar al presente.

16 Propiedades

En un sistema anarco-capitalista, las dinámicas relacionadas con la propiedad funcionarían de manera diferente a los sistemas tradicionales, y el problema de la especulación inmobiliaria o la acumulación excesiva de propiedades podría ser resuelto de forma voluntaria y descentralizada, sin necesidad de prohibir la propiedad múltiple o imponer medidas autoritarias. Aquí te doy algunos puntos clave sobre cómo esto podría funcionar en este sistema:

1. La Propiedad como Derecho Absoluto

En el anarco-capitalismo, el derecho a la propiedad privada es un principio fundamental. Sin embargo, el principio de la propiedad no se trata solo de acumular bienes sin propósito, sino de que el propietario tiene el derecho de utilizar, transferir, vender o incluso abandonar una propiedad de acuerdo a sus propios deseos, siempre y cuando no infrinja los derechos de otras personas. Si una persona compra muchas propiedades pero no las usa, no se le obliga a venderlas, pero hay formas de garantizar que esas propiedades se utilicen de manera que beneficien a la comunidad.

2. La Justificación para Reclamar Propiedades Abandonadas

El concepto de que las personas puedan reclamar propiedades abandonadas tiene una base lógica en el anarco-capitalismo, donde la propiedad está ligada a su uso efectivo. Si alguien posee una propiedad y no la usa (por ejemplo, una casa vacía o un terreno sin desarrollar), esa propiedad puede considerarse en desuso y, por lo tanto, susceptible a ser ocupada por alguien que necesite espacio y lo use de manera efectiva. Esto se puede gestionar a través de acuerdos voluntarios o mediante sistemas de justicia privada.

Mecanismos para Reclamación:

Acuerdos voluntarios: Las personas o empresas que necesiten un lugar para vivir o desarrollar un proyecto pueden negociar con el propietario. Si el propietario no tiene interés en usar la propiedad, puede acordar un arrendamiento o venta con quienes están dispuestos a pagar por ella. Esto mantiene el mercado en circulación y asegura que las propiedades se utilicen de manera productiva.

Sistema de justicia privada: Si una propiedad está en desuso durante mucho tiempo y el propietario no responde a acuerdos razonables, una agencia de justicia privada podría intervenir. Podría haber un proceso para determinar si esa propiedad está siendo efectivamente "abandonada" y si la persona que la necesita tiene un derecho legítimo para ocuparla o reclamarla. Este sistema también podría involucrar a terceros que garanticen que no haya abuso en las reclamaciones.

3. La Competencia de Mercado como Regulador

En un sistema anarco-capitalista, el mercado es el regulador natural de muchas situaciones. Si un individuo o empresa empieza a acumular propiedades de manera excesiva, otros actores del mercado podrían intervenir de diversas formas:

Presión de los consumidores: Si el propietario de muchas propiedades está dejando que estas se deterioren o no las usa, los ciudadanos o las empresas competidoras pueden intervenir. Las propiedades vacías pueden ser reclamadas o incluso ocupadas a través de sistemas de renta o acuerdos de uso, lo que obliga al propietario a poner en uso las propiedades o arrendarlas.

Competencia entre agencias de justicia privada: Varias agencias de justicia privada podrían ofrecer servicios de mediación o resolución de disputas para las propiedades no utilizadas. Si un propietario no está dispuesto a negociar o utilizar su propiedad, las agencias podrían intervenir para asegurarse de que las propiedades se utilicen de manera productiva y que no se acumule riqueza innecesaria.

4. Evitar el Exceso de Propiedad sin Expropiación

En lugar de recurrir a un sistema autoritarista que prohíba la propiedad múltiple, el anarco-capitalismo permitiría que las personas tomen decisiones voluntarias sobre cómo gestionar su propiedad. Las soluciones autoritarias, como la expropiación o prohibir la propiedad múltiple, no son compatibles con el principio de libertad individual y propiedad privada. En lugar de ello, existen formas voluntarias y basadas en el mercado para equilibrar la acumulación de propiedades y el uso de las mismas.

Mercado de arrendamiento: En lugar de que una persona acumule muchas propiedades sin utilizarlas, se podría incentivar un mercado de arrendamiento donde las personas puedan alquilar o ceder propiedades a otros que las necesiten. Este mercado permitiría que las propiedades en desuso sean transferidas a quienes sí las necesiten, creando una circulación de recursos.

Redistribución voluntaria: A través de acuerdos privados y empresas de mediación, las propiedades no utilizadas podrían ser redistribuidas o alquiladas de manera que beneficie tanto al propietario como a la comunidad. Las personas que no tienen propiedades podrían obtener acceso a ellas sin que sea necesario recurrir a la violencia o a la expropiación.

5. Efecto en el Mercado de Vivienda

Si una persona con mucho dinero comprara muchas propiedades pero solo usara una de ellas, el mercado de vivienda estaría más sujeto a la competencia y a la demanda. Las personas que no pueden acceder a la propiedad por los altos precios podrían ocupar las propiedades vacías mediante arrendamientos o ocupación legítima.

Reducción de la especulación: En lugar de que las propiedades se acumulen y se queden vacías, el mercado de arrendamiento y uso compartido sería una forma de regular esto sin necesidad de un control estatal. Si la especulación se vuelve ineficiente o insostenible, el mercado mismo empujaría a los propietarios a rentar o vender las propiedades.

Conclusión

En un sistema anarco-capitalista, el problema de la acumulación de propiedades sin uso efectivo se resolvería de manera descentralizada y voluntaria, sin recurrir a medidas autoritarias como la prohibición de la propiedad múltiple. El mercado, la competencia y los sistemas de justicia privada serían los mecanismos clave para asegurarse de que las propiedades se utilicen de manera eficiente y que no se conviertan en un recurso o especulación inactiva.

En un sistema anarco-capitalista, las dinámicas relacionadas con la propiedad funcionarían de manera diferente a los sistemas tradicionales, y el problema de la especulación inmobiliaria o la acumulación excesiva de propiedades podría ser resuelto de forma voluntaria y descentralizada, sin necesidad de prohibir la propiedad múltiple o imponer medidas autoritarias. Aquí te doy algunos puntos clave sobre cómo esto podría funcionar en este sistema:

1. La Propiedad como Derecho Absoluto

En el anarco-capitalismo, el derecho a la propiedad privada es un principio fundamental. Sin embargo, el principio de la propiedad no se trata solo de acumular bienes sin propósito, sino de que el propietario tiene el derecho de utilizar, transferir, vender o incluso abandonar una propiedad de acuerdo a sus propios deseos, siempre y cuando no infrinja los derechos de otras personas. Si una persona compra muchas propiedades pero no las usa, no se le obliga a venderlas, pero hay formas de garantizar que esas propiedades se utilicen de manera que beneficien a la comunidad.

2. La Justificación para Reclamar Propiedades Abandonadas

El concepto de que las personas puedan reclamar propiedades abandonadas tiene una base lógica en el anarco-capitalismo, donde la propiedad está ligada a su uso efectivo. Si alguien posee una propiedad y no la usa (por ejemplo, una casa vacía o un terreno sin desarrollar), esa propiedad puede considerarse en desuso y, por lo tanto, susceptible a ser ocupada por alguien que necesite espacio y lo use de manera efectiva. Esto se puede gestionar a través de acuerdos voluntarios o mediante sistemas de justicia privada.

Mecanismos para Reclamación:

Acuerdos voluntarios: Las personas o empresas que necesiten un lugar para vivir o desarrollar un proyecto pueden negociar con el propietario. Si el propietario no tiene interés en usar la propiedad, puede acordar un arrendamiento o venta con quienes están dispuestos a pagar por ella. Esto mantiene el mercado en circulación y asegura que las propiedades se utilicen de manera productiva.

Sistema de justicia privada: Si una propiedad está en desuso durante mucho tiempo y el propietario no responde a acuerdos razonables, una agencia de justicia privada podría intervenir. Podría haber un proceso para determinar si esa propiedad está siendo efectivamente "abandonada" y si la persona que la necesita tiene un derecho legítimo para ocuparla o reclamarla. Este sistema también podría involucrar a terceros que garanticen que no haya abuso en las reclamaciones.

3. La Competencia de Mercado como Regulador

En un sistema anarco-capitalista, el mercado es el regulador natural de muchas situaciones. Si un individuo o empresa empieza a acumular propiedades de manera excesiva, otros actores del mercado podrían intervenir de diversas formas:

Presión de los consumidores: Si el propietario de muchas propiedades está dejando que estas se deterioren o no las usa, los ciudadanos o las empresas competidoras pueden intervenir. Las propiedades vacías pueden ser reclamadas o incluso ocupadas a través de sistemas de renta o acuerdos de uso, lo que obliga al propietario a poner en uso las propiedades o arrendarlas.

Competencia entre agencias de justicia privada: Varias agencias de justicia privada podrían ofrecer servicios de mediación o resolución de disputas para las propiedades no utilizadas. Si un propietario no está dispuesto a negociar o utilizar su propiedad, las agencias podrían intervenir para asegurarse de que las propiedades se utilicen de manera productiva y que no se acumule riqueza innecesaria.

4. Evitar el Exceso de Propiedad sin Expropiación

En lugar de recurrir a un sistema autoritarista que prohíba la propiedad múltiple, el anarco-capitalismo permitiría que las personas tomen decisiones voluntarias sobre cómo gestionar su propiedad. Las soluciones autoritarias, como la expropiación o prohibir la propiedad múltiple, no son compatibles con el principio de libertad individual y propiedad privada. En lugar de ello, existen formas voluntarias y basadas en el mercado para equilibrar la acumulación de propiedades y el uso de las mismas.

Mercado de arrendamiento: En lugar de que una persona acumule muchas propiedades sin utilizarlas, se podría incentivar un mercado de arrendamiento donde las personas puedan alquilar o ceder propiedades a otros que las necesiten. Este mercado permitiría que las propiedades en desuso sean transferidas a quienes sí las necesiten, creando una circulación de recursos.

Redistribución voluntaria: A través de acuerdos privados y empresas de mediación, las propiedades no utilizadas podrían ser redistribuidas o alquiladas de manera que beneficie tanto al propietario como a la comunidad. Las personas que no tienen propiedades podrían obtener acceso a ellas sin que sea necesario recurrir a la violencia o a la expropiación.

5. Efecto en el Mercado de Vivienda

Si una persona con mucho dinero comprara muchas propiedades pero solo usara una de ellas, el mercado de vivienda estaría más sujeto a la competencia y a la demanda. Las personas que no pueden acceder a la propiedad por los altos precios podrían ocupar las propiedades vacías mediante arrendamientos o ocupación legítima

Reducción de la especulación: En lugar de que las propiedades se acumulen y se queden vacías, el mercado de arrendamiento y uso compartido sería una forma de regular esto sin necesidad de un control estatal. Si la especulación se vuelve ineficiente o insostenible, el mercado mismo empujaría a los propietarios a rentar o vender las propiedades.

Conclusión

En un sistema anarco-capitalista, el problema de la acumulación de propiedades sin uso efectivo se resolvería de manera descentralizada y voluntaria, sin recurrir a medidas autoritarias como la prohibición de la propiedad múltiple. El mercado, la competencia y los sistemas de justicia privada serían los mecanismos clave para asegurarse de que las propiedades se utilicen de manera eficiente y que no se conviertan en un recurso o especulación inactiva.

17 Legalizacion de armas

En el anarco-capitalismo, la legalización de armas se considera un principio importante porque se alinea con los valores de autodefensa, autonomía individual y la protección de la propiedad privada. A diferencia de los sistemas estatales, donde el monopolio de la violencia recae en el Estado, el anarco-capitalismo promueve la idea de que los individuos tienen el derecho de protegerse a sí mismos y sus propiedades, incluyendo la posibilidad de usar armas para hacerlo.

1. El Derecho a la Autodefensa

En un sistema anarco-capitalista, los individuos tienen el derecho absoluto de defenderse de agresiones y violaciones de su propiedad, por lo que armarse se considera un derecho natural. Si una persona es atacada, ya sea por otro individuo o un grupo, tiene el derecho de defenderse con los medios necesarios, incluyendo armas. Esto implica que cada individuo tendría el derecho de poseer armas de forma legal, lo cual reduce las posibilidades de ser víctima de una agresión sin defensa.

2. Prevención de la Tiranía

Uno de los mayores argumentos a favor de la legalización de las armas en el anarco-capitalismo es que, sin un monopolio estatal de la violencia, el acceso a armas se convierte en una herramienta para proteger la libertad individual y evitar la concentración del poder en manos de unos pocos. Si las personas tienen el derecho de poseer y portar armas, se vuelve mucho más difícil que cualquier grupo o individuo trate de establecer una dictadura o ejercer un control autoritario.

Ejemplo: ¿Qué pasaría si alguien tratara de hacer una dictadura en un país donde todos tienen armas?

Imagina un escenario en el que una persona o grupo intenta establecer una dictadura en un territorio en un sistema anarco-capitalista, sin la existencia de un gobierno centralizado. Si todos los ciudadanos tienen acceso a armas, la resistencia a esa dictadura potencial sería mucho más efectiva, ya que cualquier intento de coerción violenta por parte de los dictadores o sus seguidores sería contrarrestado por los ciudadanos armados que defienden su libertad.

Desafío a la imposición de un régimen autoritario: Si un grupo intenta imponer una dictadura, los ciudadanos armados tendrían los medios para resistir y repeler el intento de tomar el poder. La capacidad de autodefensa de la población haría que cualquier intento de opresión sea mucho más riesgoso, ya que no tendrían el monopolio de la violencia que los gobiernos tradicionales ejercen.

Fomento de una cultura de autodefensa y resistencia: En lugar de depender de un Estado para proteger a sus ciudadanos, el anarco-capitalismo permite que cada persona se defienda a sí misma y a su comunidad, lo que reduce la probabilidad de que un dictador o grupo dominante pueda imponerse sin enfrentar una fuerte oposición.

3. La Importancia del Poder Descentralizado

El sistema anarco-capitalista es un sistema descentralizado, lo que significa que el poder no está concentrado en una autoridad central, sino que está disperso entre individuos y empresas. La legalización de armas refuerza esta descentralización, ya que garantiza que nadie pueda monopolizar la fuerza física para ejercer control. La capacidad de cada individuo de resistir la violencia o el abuso de poder contribuye a mantener el equilibrio de poder.

Si los individuos pueden poseer y portar armas, esto crea un contrapeso natural a cualquier intento de que alguien o un grupo adquiera poder absoluto, como sería el caso en una dictadura. La protección de los derechos individuales se vuelve más efectiva, ya que cada ciudadano tiene el poder de defenderse de agresiones, ya sea de delincuentes, tiranos o fuerzas externas.

4. Desconfianza hacia el Estado

En un sistema estatal tradicional, el monopolio de la violencia reside en el gobierno, que tiene el derecho exclusivo de usar la fuerza en nombre del "orden". Sin embargo, esto también significa que el Estado puede usar la violencia para imponer sus propios intereses, como la represión de movimientos populares, opresión de disidentes y la coacción de la población. En el anarco-capitalismo, el derecho a tener armas elimina esta posibilidad, pues los individuos tienen el poder de autodefenderse y protegerse frente a cualquier abuso de poder por parte de actores autoritarios.

5. Cultura de Responsabilidad Individual

En un anarco-capitalismo, la posesión de armas no solo es un derecho, sino también una responsabilidad. Esto implica que los ciudadanos deben ser responsables en su uso y deben asegurarse de que sus armas no sean utilizadas de manera imprudente o dañina para otros. Además, se fomentarían normas sociales y sistemas de educación y entrenamiento en el uso de armas, para garantizar que se utilicen de manera adecuada.

La cultura de la autodefensa también implicaría que las personas no dependerían de un gobierno para protegerse, sino que se responsabilizarían a sí mismas y a sus comunidades de su propia seguridad. Esto podría incluir desde la formación en autodefensa hasta la colaboración con agencias de seguridad privada.

6. Impacto en la Seguridad y el Orden

Al otorgar a todos los ciudadanos el derecho de tener armas, se fomenta una mayor seguridad y orden espontáneo en la sociedad. Las personas sabrían que tienen la capacidad de defenderse y que no están a merced de un grupo o institución autoritaria. En lugar de recurrir a un sistema estatal para imponer el orden, las personas se organizan de manera voluntaria para protegerse mutuamente.

Conclusión

En un sistema anarco-capitalista, la legalización de armas es fundamental para garantizar la seguridad personal y la autodefensa. Además, actúa como una barrera natural contra cualquier intento de tiranía o dictadura, ya que los ciudadanos armados tienen los medios para resistir la coacción o imposición de un régimen autoritario. La descentralización del poder y la responsabilidad individual son elementos clave para evitar la concentración de poder en manos de unos pocos, lo que hace que el sistema sea más seguro y menos susceptible a los abusos de poder.

18 Una crítica profesional y equilibrada hacia los anarco-capitalistas que apoyan a Israel, y una reflexión sobre por qué no se debería tomar un bando explícito ni a favor de Israel ni de Palestina.

Se puede abordar desde varias perspectivas dentro del marco ideológico del anarco-capitalismo. Aquí se trata de mantener el enfoque en la autonomía individual, el no intervencionismo y la resolución de conflictos a través de acuerdos voluntarios, que son principios clave dentro de esta ideología.

1. Principio de No Intervención y Autonomía Individual

El anarco-capitalismo se basa en el principio de no agresión (PNA), que establece que no se debe usar la fuerza ni la coacción para imponer una voluntad sobre otro individuo o grupo. En este contexto, tomar partido en un conflicto como el de Israel y Palestina podría contradecir este principio, ya que los anarco-capitalistas promueven una sociedad libre de coerción y violencia estatal. Apoyar a uno de los bandos en un conflicto implica, de alguna forma, validar el uso de la violencia organizada (tanto estatal como no estatal), lo cual va en contra de los principios de resolución pacífica de los conflictos.

Israel: Si bien algunos anarco-capitalistas pueden ver a Israel como un refugio de libertad de mercado y una economía capitalista exitosa, el hecho de que exista un Estado en Israel, que ejerce el monopolio de la violencia sobre su población y en las regiones ocupadas, entra en contradicción con los ideales de un mercado libre sin coerción estatal. Además, las acciones militares de Israel contra Palestina pueden ser vistas como un ejemplo de agresión estatal, lo que, desde una perspectiva anarco-capitalista, debería ser rechazado.

Palestina: Por otro lado, muchos critican las violaciones de derechos humanos en Palestina y el trato injusto por parte del Estado israelí. Sin embargo, la violencia no estatal de ciertos grupos en Palestina, como algunas facciones de Hamas, también puede ser vista como un acto de coerción, lo que va en contra del principio anarco-capitalista de resolver conflictos sin recurrir a la violencia.

2. No Apoyar a Ningún Estado

El anarco-capitalismo, en su núcleo, rechaza la idea de que cualquier grupo o nación debería tener el derecho de gobernar a otros, lo que significa que apoyar a Israel, Palestina, o cualquier otro Estado es una forma de apoyar la existencia de gobiernos que imponen leyes y ejercen el monopolio de la violencia sobre los individuos. El apoyo a cualquier Estado, ya sea Israel o Palestina, implica reconocer su autoridad sobre las personas, lo cual es incompatible con el ideal anarco-capitalista de sociedades sin Estado.

Apoyar a Israel o Palestina es en muchos casos un acto de legitimación del Estado y la violencia estatal. En un mundo anarco-capitalista, la idealización de cualquier forma de gobierno no es congruente, ya que todos los Estados tienden a mantener el poder por medios coercitivos, limitando la libertad individual.

3. Apoyo a la Resolución Voluntaria de Conflictos

En el anarco-capitalismo, se promueve la idea de que todos los conflictos deben resolverse de manera voluntaria, a través de negociaciones y acuerdos mutuos, sin la intervención del Estado o el uso de la violencia coercitiva. Si bien el conflicto israelí-palestino es complejo, el anarco-capitalista idealista diría que la única solución sostenible y ética es una resolución pacífica basada en acuerdos contractuales entre las partes involucradas, no en la intervención de actores externos (ya sean Estados o grupos internacionales).

Apoyar a Israel o Palestina podría interpretarse como un acto de apoyo a la violencia y la coerción en lugar de a la resolución pacífica del conflicto. El anarco-capitalista propone una sociedad basada en el respeto mutuo, donde las disputas se resuelvan mediante mecanismos de arbitraje y acuerdos voluntarios, no a través de la imposición de una narrativa o una violencia justificada.

4. El Peligro de Convertir el Conflicto en un Bando Ideológico

En la práctica, al involucrarse profundamente en el conflicto israelí-palestino, muchas personas pueden caer en un enfrentamiento ideológico sin darse cuenta de que se están involucrando en una dinámica que valida el uso de la violencia en defensa de un bando. El anarco-capitalismo busca trascender estos conflictos ideológicos, en favor de soluciones pacíficas donde las personas puedan vivir sin los mecanismos de coerción que los Estados utilizan para imponer sus ideologías y territorios.

Al adoptar una postura a favor de cualquiera de los dos bandos, se corre el riesgo de perpetuar un ciclo de violencia y poder coercitivo, cuando en realidad lo ideal sería que los individuos de ambos lados pudieran negociar entre sí sin la intervención de los gobiernos que promueven la agresión y la exclusión.

5. Rechazo a la Violencia Estatal y la Defensa de los Derechos Humanos

El conflicto entre Israel y Palestina, como muchos otros en el mundo, involucra graves violaciones a los derechos humanos, como las agresiones militares y el uso de violencia coercitiva. Los anarco-capitalistas, por principio, rechazan toda forma de violencia estatal, tanto la de Israel como la de las facciones radicales de Palestina. El objetivo debería ser promover la paz y la cooperación voluntaria, no la continuación de conflictos que perpetúan la violencia como medio de resolución.

Conclusión: Un Enfoque Neutro y Ético

En resumen, el anarco-capitalismo no apoya ni a Israel ni a Palestina porque ambos representan sistemas estatales coercitivos que ejercen violencia y control sobre los individuos. La postura anarco-capitalista aboga por un mundo sin Estados, donde los conflictos se resuelvan a través de la voluntad libre de los individuos, sin la imposición de ideologías ni la violencia organizada.

Es esencial que los anarco-capitalistas se enfoquen en la promoción de la paz, el respeto mutuo y la autonomía individual, en lugar de tomar parte en un conflicto que solo perpetúa la violencia y el control estatal. La verdadera solución reside en la construcción de sociedades pacíficas y voluntarias, donde cada individuo pueda vivir sin ser sometido a la violencia estatal o las ideologías opresivas.

19 La Emigracion.

El tema de la emigración en un sistema anarco-capitalista puede ser analizado desde una perspectiva diferente a la que presentan los sistemas estatales actuales. En el anarco-capitalismo, la emigración no es vista como un "problema", sino como una oportunidad para la libertad individual, la cooperación voluntaria y la competencia pacífica entre comunidades. Aquí se pueden abordar varios puntos clave para entender cómo funcionaría la emigración en un sistema sin Estado, y cómo se manejarían los posibles conflictos culturales o delictivos.

1. Enfoque en la Voluntad y la Libertad de Acuerdo

El principio fundamental del anarco-capitalismo es que todas las relaciones deben ser voluntarias. Esto incluye el derecho de las personas a migrar, siempre que se haga bajo acuerdos mutuos con las comunidades que aceptan la llegada de nuevos habitantes. En este sistema, no habría fronteras o regulaciones estatales que limiten la movilidad individual. Sin embargo, las comunidades privadas (en este caso, las "ciudades" o comunidades privadas) tendrían el derecho de decidir quiénes son bienvenidos y bajo qué condiciones.

Comunidades y Ciudades Autónomas: Si tú, como individuo o grupo, decides crear una comunidad o ciudad privada, podrías establecer reglas y normas dentro de tu propiedad, siempre respetando los derechos de otros. Si decides permitir que los inmigrantes vivan y trabajen en tu comunidad, podrías exigir que respeten tus valores, costumbres y principios de libertad individual.

En este escenario, se prohibiría la imposición de culturas o religiones ajenas mediante la coerción. Las personas que deseen unirse a la comunidad tendrían que adaptarse a las normas establecidas de forma voluntaria, y no imponer sus creencias ni obligar a los demás a aceptar su ideología. Esto evitaría la imposición de normas ajenas que puedan interferir con los derechos individuales de los miembros de la comunidad.

2. Libertad de Asociación y No Coerción

En el anarco-capitalismo, la libertad de asociación es crucial. Las personas o grupos pueden asociarse con quienes deseen, y las comunidades pueden decidir aceptar inmigrantes o rechazarlos sin necesidad de justificar sus decisiones ante un gobierno central. Esto contrasta con los sistemas estatales actuales, donde el Estado impone políticas migratorias y puede forzar la asimilación cultural de forma coercitiva.

Derechos de la Comunidad: En tu ciudad privada, si alguien desea emigrar, esa persona tendría que aceptar las reglas y principios de la comunidad. Si hay inmigrantes que quieren imponer su cultura o religión por la fuerza, esa actitud sería rechazada porque va en contra de los principios de no agresión y libertad individual.

En lugar de ser una imposición estatal sobre los individuos, los grupos o comunidades tendrían el poder de decidir qué tipos de valores y culturas aceptan, sin imponer nada en contra de la voluntad de los demás. Si una cultura intenta subyugar a otra, la comunidad podría decidir expulsar a los individuos que no respeten las normas de convivencia, lo que fomentaría el respeto mutuo y la armonía dentro de la comunidad.

3. Prevención de Problemas Relacionados con la Criminalidad

En el caso de que se presenten problemas relacionados con la criminalidad por parte de algunos inmigrantes, como mencionas en los ejemplos de Venezuela o México, el sistema anarco-capitalista también ofrece una solución diferente. En lugar de depender de un Estado para gestionar la criminalidad, la seguridad privada y la justicia privada desempeñarían un papel fundamental.

Seguridad Privada y Contratos Voluntarios: En lugar de un Estado que controle la seguridad pública, las comunidades privadas contratarían servicios de seguridad privada. Si alguien cometiera un delito, como el robo o la agresión, se aplicaría una respuesta justa a través de un sistema de arbitraje privado y acuerdos voluntarios entre las partes afectadas.

Evitación de Coacción Estatal: No habría la necesidad de perseguir a los inmigrantes de forma indiscriminada o basarse en prejuicios raciales o nacionales. Si alguien de otro país cometiera un crimen dentro de la comunidad, simplemente se trataría como cualquier otro caso de violación de derechos, con el objetivo de restaurar la justicia y la paz a través de mecanismos privados y sin intervención estatal. Si alguien viene de una comunidad de alto riesgo o conflictiva, tendría que mostrar su disposición a respetar las leyes y valores de la comunidad a la que se une.

4. La Eliminación del Sistema de Beneficios Gubernamentales

En un sistema anarco-capitalista, no habría bienestar social proporcionado por un Estado, como es el caso de los sistemas de seguridad social en Europa o de los beneficios estatales que atraen a muchos inmigrantes a ciertos países. Esto tendría un impacto directo en cómo se abordaría el tema de la inmigración económica.

No Dependencia del Estado: En lugar de depender de un sistema que paga por el trabajo de otros (como los impuestos que financian los beneficios sociales), los inmigrantes tendrían que ser autosuficientes y contribuir voluntariamente a la comunidad. Los inmigrantes que deseen vivir en una ciudad privada tendrían que ser productivos dentro de la economía de mercado libre y no depender de la coacción estatal para recibir beneficios.

Incentivos para Ser Productivos: Dado que en un sistema anarco-capitalista no existirían impuestos ni servicios sociales impuestos por un Estado, las personas tendrían más incentivos para trabajar y crear valor. Los inmigrantes también tendrían que encontrar formas voluntarias y autónomas de integrarse a la economía, lo que, a largo plazo, podría aumentar la productividad y evitar problemas relacionados con la dependencia de los beneficios.

5. Promoción de la Paz y la Armonía

El sistema anarco-capitalista busca la cooperación pacífica entre individuos y comunidades, donde las personas se asocian y colaboran de forma voluntaria. En este contexto, el hecho de que migrantes de diferentes culturas y religiones lleguen a tu comunidad no debe ser visto como una amenaza, sino como una oportunidad de intercambio cultural, innovación y cooperación pacífica.

Armonía en la Diversidad: En lugar de imponer una homogeneidad cultural o religiosa, el anarco-capitalismo defiende el respeto mutuo entre personas de diferentes orígenes. La clave está en que cada individuo, independientemente de su origen, tenga el derecho a vivir según sus propios valores, siempre y cuando no infrinja los derechos de otros.

Conclusión

La emigración no es un problema en el anarco-capitalismo porque, en este sistema, los individuos y las comunidades tienen la libertad de asociarse y decidir con quién quieren convivir. En lugar de depender de un Estado coercitivo, la emigración se manejaría mediante acuerdos voluntarios, donde las personas puedan llegar a un nuevo lugar bajo condiciones claras, respetando las normas y valores de la comunidad receptora. No se permitiría la imposición de culturas o ideologías, y cualquier intento de violar los derechos de los demás, ya sea por inmigrantes o por cualquier otro individuo, sería tratado mediante mecanismos privados de justicia. Además, la falta de un Estado que provea asistencia social evitaría problemas de dependencia y fomentaría la autosuficiencia de los migrantes dentro del sistema.

20 Las Livertades

El anarco-capitalismo promueve una profunda respeto por las libertades individuales, lo que implica que cada ser humano tiene el derecho a tomar decisiones sobre su cuerpo, su identidad y su vida sin ser obligado a seguir creencias o normas impuestas por otros, ya sea por instituciones religiosas o familiares. Esto se extiende a la protección de los derechos de los niños y la autonomía de los individuos, asegurando que nadie sea forzado a adoptar un rol o identidad que no desea.

1. Libertad Individual y el Derecho al Cuerpo

El principio de la autonomía personal es fundamental en el anarco-capitalismo. Cada persona tiene el derecho a decidir sobre su propio cuerpo, sin importar la religión o la familia en la que haya nacido. En este contexto:

Intervenciones Religiosas o Culturales Impositivas: En el caso de prácticas como la cirugía genital (como la mutilación genital femenina o la circuncisión infantil en ciertas culturas), se consideraría una violación grave de los derechos humanos y una infracción al principio de no agresión. Si una comunidad religiosa o una familia decide realizar estas prácticas sin el consentimiento del niño o niña, serían consideradas como violaciones de su autonomía corporal y libertades personales.

En un sistema anarco-capitalista, las comunidades privadas y las instituciones de justicia privada podrían intervenir si tales actos ocurren, aplicando sanciones severas, que podrían incluir penalizaciones económicas o incluso expulsión de la comunidad. De acuerdo con el principio de la no agresión, se evitaría cualquier forma de agresión física contra los derechos fundamentales de los individuos, incluidos los niños.

2. La Familia y el Principio de la Libertad Individual

En cuanto a la estructura familiar, el anarco-capitalismo permite a los padres tomar decisiones sobre la crianza de sus hijos, pero siempre dentro de los límites del respeto por las libertades individuales. Si bien los padres pueden guiar y enseñar a sus hijos, no pueden forzarles a seguir su propia visión del mundo o imponerles identidades que no desean.

Autonomía en la Infancia: Si un niño, al crecer, decide adoptar una orientación sexual o identidad de género diferente a la que sus padres esperaban o deseaban, los padres en un sistema anarco-capitalista no tendrían el derecho de coaccionarlo para que actúe en contra de su voluntad. Esto incluye el derecho del niño a tomar decisiones sobre su vida, su cuerpo y sus relaciones. La idea es que, aunque los padres pueden tener expectativas sobre su hijo, este último tiene derecho a vivir su vida como él desee, sin ser sometido a las creencias o restricciones de la familia.

Responsabilidad Parental y Libertad de Elección: La responsabilidad de los padres en el anarco-capitalismo se vería como el cuidado físico y emocional del niño hasta que este sea capaz de tomar sus propias decisiones. Los padres pueden educar a sus hijos dentro de sus propios valores, pero no pueden obligarles a seguir un camino determinado en contra de su voluntad. En este sentido, el anarco-capitalismo defiende el derecho de los niños a ser quienes realmente son y rechazar cualquier intento de control o imposición externa.

3. La Regulación de las Prácticas Familiares y Religiosas

Las comunidades en un sistema anarco-capitalista tendrían la libertad de regular sus propios comportamientos y relaciones, pero estas regulaciones estarían siempre enfocadas en proteger los derechos individuales. Si una familia o comunidad realizara prácticas que violen estos derechos (como en el caso de la mutilación, abuso o control excesivo sobre las decisiones personales de un niño o adulto), podrían enfrentarse a sanciones severas por parte de la comunidad y otras entidades de justicia privada.

Justicia Privada y Regulaciones: Las comunidades podrían establecer sus propias normas sobre cómo se deben tratar los derechos de los niños, el respeto por la libertad sexual y de género, y cómo deben manejarse los conflictos entre individuos y familias. La justicia privada podría intervenir si se detectan violaciones a la autonomía personal y el derecho a la libertad, actuando conforme al principio de no agresión.

4. Protección del Derecho a la Identidad y la Sexualidad

En un anarco-capitalismo donde las libertades individuales se defienden, cualquier forma de represión o imposición de creencias ajenas sería rechazada. Esto incluye la libertad sexual y la libertad de identidad, sin importar la orientación o la identidad de género. Por ejemplo, si un niño o joven descubre su identidad sexual o de género, no debe ser sometido a ningún tipo de presión ni imposición para que se conforme a lo que sus padres o su comunidad religiosa esperan.

No Control sobre la Identidad: En este sistema, sería completamente inaceptable que cualquier entidad religiosa, familiar o cultural intentara reprimir las identidades de género o las orientaciones sexuales de un individuo, ya que estos actos constituyen una forma de violencia moral y coacción. La idea de vivir y dejar vivir sería fundamental para que el individuo pueda tomar control total sobre su vida y su destino.

5. Enfrentarse a la Violencia Moral y Coerción

Si los padres o las comunidades religiosas intentaran forzar a sus hijos a seguir un camino que no desean (como obligar a un niño a asumir una religión o una identidad de género que no le corresponde), se trataría de un acto de coerción y violencia moral. Los mecanismos de justicia privada podrían intervenir de varias maneras, dependiendo de la gravedad de la violación:

Regulaciones Comunitarias y Justicia Privada: Las comunidades que promuevan el respeto por la libertad individual podrían intervenir para regular tales situaciones y aplicar sanciones si se detecta que los derechos fundamentales de los individuos han sido violados. Esto puede incluir medidas como el arbitraje privado para resolver disputas entre padres e hijos, o incluso la expulsión de una familia que repita prácticas coercitivas.

Conclusión

El anarco-capitalismo defiende la libertad individual como un derecho inalienable, lo que implica que ninguna religión ni familia tiene el derecho de imponer sus creencias o prácticas coercitivas sobre otro individuo, especialmente si esto afecta su identidad o autonomía. Las mutilaciones físicas y las prácticas coercitivas serían rechazas por las comunidades basadas en el principio de la no agresión. Los padres tienen la responsabilidad de cuidar a sus hijos, pero nunca deben imponerles su visión del mundo a través de la violencia o el control, sino que deben permitir que cada niño crezca de acuerdo con sus propios deseos y elecciones. Las comunidades en este sistema se encargarían de regular las relaciones personales para asegurarse de que se respeten los derechos fundamentales de todos los individuos.

21 Ambiente Labural

En el anarco-capitalismo, el principio fundamental es la libertad individual, lo que significa que ninguna entidad—ya sea un empleador, una institución educativa o una comunidad—puede obligar a alguien a hacer algo que no desee hacer, siempre que sus acciones no afecten negativamente a los derechos de otras personas. En cuanto a temas laborales y sociales, esto tendría implicaciones importantes.

1. Libertad en el Ambiente Laboral

En un sistema anarco-capitalista, el empleador y el empleado forman una relación de acuerdo mutuo y, por lo tanto, el empleador no podría imponer condiciones que violen los derechos personales del trabajador. Esto incluiría:

Obligación de Cortarse el Cabello: En una empresa, nadie puede ser forzado a cumplir con un código de vestimenta o apariencia que no desee, como raparse el cabello si no es algo con lo que el empleado se sienta cómodo. Si una empresa o empleador exige algo que atente contra la autonomía personal de un trabajador (por ejemplo, una obligación de apariencia como cortar el cabello de manera específica), el trabajador podría buscar alternativas en el mercado laboral o demandar por violación de su libertad.

Respeto por la Diversidad: En un sistema anarco-capitalista, las empresas que traten de imponer reglas demasiado restrictivas o autoritarias podrían perder empleados a favor de otras empresas que respeten la diversidad y la libertad personal, lo que fomentaría la creación de mercados más justos en los que los trabajadores pueden elegir el entorno que más les convenga, basado en sus propias preferencias y valores.

2. Escuelas y Libertades Individuales

En cuanto a las escuelas, también aplicaría el mismo principio. Nadie podría ser obligado a adoptar un estilo de vida o creencias que no desee. Esto incluye:

No Obligación de Uniformes o Estilos Específicos: Las leyes conservadoras o las que obligan a los estudiantes a cumplir con estrictos códigos de vestimenta (como la obligación de cortarse el cabello de cierta forma) serían vistas como una violación de los derechos individuales en el anarco-capitalismo. Cada individuo tendría libertad de expresarse en su propio estilo, sin la coacción de instituciones que intenten moldear su identidad de acuerdo con estándares tradicionales.

Educación Privada y Diversidad: Las escuelas privadas en este sistema ofrecerían una variedad de enfoques y reglas basadas en el contrato voluntario entre los padres, los estudiantes y las escuelas. Las familias que prefieren un tipo de educación más liberal o que no imponen normas estrictas podrían elegir escuelas que respeten estas libertades, mientras que quienes desean instituciones más tradicionales tendrían la opción de contratar esos servicios si lo prefieren.

3. Inclusión de Personas Trans y Diversidad de Género

En un sistema anarco-capitalista, las personas trans y las personas de diversas identidades de género estarían beneficiadas, ya que:

Espacios de Baños Especializados: Podrían existir baños separados o espacios privados para personas transgénero, que respeten sus identidades y su autonomía sin forzarles a cumplir con normativas que no se alineen con su identidad de género. Esto sería parte de la libre competencia en el mercado, donde comunidades y empresas adaptan sus espacios a las necesidades y preferencias de las personas.

Desaprobación de la Discriminación: El anarco-capitalismo apoyaría la creación de un entorno en el que la discriminación no sea tolerada. Las empresas o instituciones que intenten discriminar a las personas por su identidad de género, orientación sexual o expresión de género podrían perder clientes o empleados que busquen espacios más inclusivos. La discriminación sería tratada como una violación de los derechos individuales, y las víctimas de esa discriminación podrían recurrir a sistemas de justicia privada para buscar reparaciones.

22. Libertad de Expresión y Autonomía

En este sistema, se favorecería el respeto mutuo, ya que el principio de no agresión y la defensa de la autonomía personal serían fundamentales. Esto significaría que, aunque ciertas instituciones o personas pudieran tener normas específicas dentro de sus comunidades, nadie podría obligar a otro a someterse a un régimen que atente contra sus derechos fundamentales.

Negociación y Elección Voluntaria: Las personas tendrían la libertad de elegir en qué tipo de comunidad, empresa o escuela desean participar. Si alguien no está de acuerdo con las reglas de un espacio específico, podría optar por otro que respete mejor sus derechos y sus libertades.

Igualdad de Oportunidades: En un ambiente donde las personas no son coaccionadas por reglas autoritarias, todos los individuos tendrían igualdad de oportunidades para expresarse como deseen, siempre y cuando no infrinjan los derechos de otros.

5. Conclusión

El anarco-capitalismo favorece un sistema donde las libertades individuales se respetan en todos los ámbitos de la vida, incluidos el trabajo, la educación y las relaciones sociales. Nadie puede ser obligado a seguir normas que no elija por sí mismo, y el mercado libre fomentaría un entorno en el que las personas tienen acceso a opciones diversas que respeten su identidad, sus derechos y su autonomía. En este sistema, no habría lugar para la imposición de ideologías conservadoras, religiosas o autoritarias, lo que contribuiría a un entorno más inclusivo y respetuoso para todas las personas, independientemente de su identidad de género, orientación sexual o creencias personales.

El anarco-capitalismo beneficia a las personas LGBT+ y transexuales principalmente debido a su énfasis en la libertad individual y la no agresión. En lugar de imponer normas sociales o ideológicas, como ocurre en muchos sistemas estatales o sociales más conservadores, el anarco-capitalismo promueve un enfoque en el respeto y la autonomía personal. Aquí hay algunas razones clave por las que este sistema apoya a las personas LGBT+ y transgénero:

1. Respeto a la Libertad Individual

En el anarco-capitalismo, cada persona es vista como un individuo autónomo con el derecho de tomar decisiones sobre su vida, su cuerpo y su identidad sin la intervención del estado o de instituciones que intenten controlar su comportamiento, expresión o sexualidad. Esto significa que:

23 Las personas LGBT+ y transgénero no serían vistas como "problemáticas" o "enfermas".

 En lugar de ser sometidas a diagnósticos o intervenciones externas, sus elecciones en cuanto a identidad de género u orientación sexual serían respetadas y aceptadas como una parte normal de la diversidad humana.

Las personas transgénero, por ejemplo, tendrían derecho completo a elegir cómo vivir, cómo presentarse y cómo ser tratadas en la sociedad, sin la necesidad de ajustarse a normas preestablecidas o tener que "justificar" su identidad.

2. Eliminación de la Discriminación Estatal

El sistema anarco-capitalista rechaza las intervenciones estatales que podrían fomentar la discriminación o la marginación de ciertos grupos, incluidos los LGBT+. No existirían leyes que discriminen a las personas en base a su orientación sexual o identidad de género, ya que cada individuo es responsable de sus propios acuerdos y relaciones:

Sin leyes discriminatorias: En un sistema basado en el mercado libre y la elección voluntaria, las personas LGBT+ serían tratadas como iguales, y los individuos, empresas y comunidades que discriminen por estas razones enfrentarían consecuencias como la pérdida de clientes o empleados, lo que los obligaría a adaptarse a una mentalidad más inclusiva y respetuosa.

Justicia privada: Si alguien enfrentara discriminación o abuso debido a su identidad de género u orientación sexual, podría recurrir a sistemas de justicia privada para resolver conflictos y obtener reparaciones, sin necesidad de un estado que gestione el proceso.

3. Diversidad de Opciones en el Mercado

El anarco-capitalismo fomenta la competencia en todos los aspectos de la vida, lo que incluiría la oferta de servicios, espacios y productos diseñados para ser inclusivos con las comunidades LGBT+ y transgénero. Ejemplos incluyen:

Negocios inclusivos: Las empresas que apoyan los derechos de las personas LGBT+ ofrecerían servicios, productos y espacios que respeten y validen a estos individuos. Esto podría incluir la creación de baños y vestuarios adaptados para personas transgénero, así como la opción de recibir atención médica relacionada con la transición o el cuidado de salud sexual de una manera respetuosa y ética.

Oportunidades laborales inclusivas: Los empleadores no podrían discriminar a las personas por su identidad de género u orientación sexual. En cambio, elegirían a los empleados basados en sus habilidades, valores y compatibilidad con los objetivos de la empresa, creando un ambiente de trabajo diverso y equitativo.

4. Eliminación de Normas Sociales Impuestas

En el sistema anarco-capitalista, no habría normas sociales impuestas que dijeran a las personas cómo deben vivir, vestirse, comportarse o relacionarse. Cada individuo tendría la libertad de vivir según sus propios deseos y principios, lo que significa que las identidades transgénero y LGBT+ no serían vistas como "desviaciones" o "anomalías", sino simplemente como variaciones naturales de la experiencia humana.

No habría una presión social para conformarse con normas heteronormativas o cisnormativas, lo que ayudaría a crear un ambiente más libre y acogedor para todos, independientemente de su orientación o identidad.

5. Mejora del Bienestar General

El anarco-capitalismo también promueve un enfoque centrado en el individuo y en la creación de una sociedad sin coacción. Esto no solo beneficia a las personas LGBT+ en términos de autonomía personal, sino que también puede mejorar su bienestar emocional y psicológico. Al vivir en un entorno que respeta sus derechos, las personas LGBT+ y transgénero podrían desarrollarse en un ambiente más sano y libre de opresión, reduciendo las tasas de discriminación, violencia y estrés social.

6. Fomento de la Tolerancia a través de la Competencia

En el anarco-capitalismo, las comunidades y empresas competirían para atraer a las personas, lo que significa que las que adoptan políticas inclusivas y respetuosas ganarían popularidad. Esto fomentaría un entorno social más tolerante:

Las empresas que sean abiertas a la diversidad tendrían una ventaja competitiva al atraer a una base más amplia de clientes.

Comunidad inclusiva: Las personas LGBT+ podrían encontrar lugares y empresas donde se sientan bienvenidas y respetadas, sin tener que enfrentarse a la discriminación de las instituciones del estado o de la sociedad en general.

Conclusión

El anarco-capitalismo favorece la libertad individual y el respeto mutuo, lo que hace que las personas LGBT+ y transgénero se beneficien enormemente, ya que sus derechos y su identidad serían respetados y validados en todos los niveles de la sociedad. A diferencia de los sistemas estatales autoritarios o religiosos, que a menudo imponen normas sociales estrictas, el anarco-capitalismo proporciona un espacio donde cada individuo puede vivir auténticamente y donde la discriminación y la coacción no tienen cabida.

24 Cero Patentes

En un sistema anarco-capitalista, la propiedad intelectual (PI) sería un tema muy debatido, ya que, según algunos defensores del anarco-capitalismo, la PI es una forma de monopolio estatal y coacción sobre la creatividad y el trabajo individual. Al no haber un estado que proteja los derechos de autor, patentes o marcas registradas, el funcionamiento de videojuegos, series y películas sería radicalmente diferente. Aquí te explico cómo podría funcionar este sector:

1. Propiedad y Autenticidad

Sin la intervención del estado para proteger la propiedad intelectual, la autenticidad de un videojuego, serie o película se basaría principalmente en la reputación y en el mercado. En lugar de depender de los derechos de autor, las personas confiarían en ciertos sistemas de autenticación y en la fiabilidad de las marcas y creadores que las desarrollan.

Reputación del creador o productor: Los consumidores, al elegir qué consumir, se basarían en la reputación de los estudios, desarrolladores y productores. Si una empresa o creador de contenido tiene una buena reputación por crear contenido original, innovador y de calidad, los consumidores confiarían en que ese contenido es auténtico. Este mercado de confianza sería esencial para proteger la creatividad y evitar la copia sin permiso.

Sistemas privados de certificación: Las empresas o plataformas de distribución de contenido (como servicios de streaming o tiendas de videojuegos) podrían ofrecer un sistema de certificación privada. Este sistema aseguraría que los productos sean originales y que no se trate de una simple copia de algo ya existente. Sería una especie de sello de autenticidad que proveería la comunidad o el mercado.

2. Competencia y Diferenciación

Sin leyes de propiedad intelectual, los creadores de contenido tendrían que encontrar formas alternativas de diferenciar y monetizar sus obras:

Copia y mejora: En este escenario, la creación de contenido similar a otro, pero mejorado, sería completamente legítima. Si alguien hace una versión de un videojuego, una serie o una película y mejora aspectos como la jugabilidad, la narrativa o la animación, esa versión podría ser vista como una mejora y ganarse una base de clientes por su valor agregado. Esto fomentaría la innovación continua, ya que las empresas o creadores buscarían superar a la competencia para atraer a los consumidores.

Acceso libre y licencias flexibles: Muchos creadores podrían optar por permitir que su contenido sea copiado y modificado bajo ciertas condiciones, estableciendo sus propias reglas o licencias privadas. Algunos podrían ofrecer su trabajo bajo licencias como Creative Commons o open source, lo que permitiría a otras personas usar y adaptar su contenido de forma legal, siempre que respeten los términos acordados.

3. Monetización

La monetización de los videojuegos, series y películas podría funcionar de varias maneras sin la propiedad intelectual tradicional. Aquí te doy algunas posibles alternativas:

Crowdfunding y apoyo voluntario: Muchos creadores se financiarían a través de plataformas de crowdfunding (como Kickstarter) o mediante donaciones directas de sus seguidores. Esto permitiría que los consumidores apoyaran el contenido que les gusta sin necesidad de depender de intermediarios o de sistemas legales complejos.

Suscripciones y micropagos: Las plataformas de streaming o tiendas de videojuegos podrían funcionar con modelos de suscripción o micropagos. Los consumidores pagarían por el acceso a contenido exclusivo, el cual, si bien podría ser copiado, ofrecería ventajas adicionales, como actualizaciones, mejoras, acceso temprano o experiencias personalizadas

Acceso exclusivo a servicios y productos: Las empresas podrían ofrecer productos y servicios complementarios relacionados con los videojuegos, series o películas, como mercancías, eventos especiales, coleccionables, etc. Esta oferta añadida sería una forma de reconocer el valor de un producto original.

4. Comunidades y Cultura

En un sistema anarco-capitalista, las comunidades de fans jugarían un papel muy importante para mantener la autenticidad y fomentar la creación de contenido:

Las comunidades podrían crear foros, plataformas de distribución y redes sociales en las que se compartan y se promueva la creación auténtica, mientras que se rechace el contenido de mala calidad o copias ilegítimas.

Las personas involucradas en estas comunidades también serían las que ayudarían a reconocer y distinguir entre lo original y lo copiado, utilizando la información compartida y las opiniones de expertos y consumidores para validar el contenido.

5. Distribución y Acceso

Sin la propiedad intelectual, las empresas de distribución (como plataformas de streaming o tiendas de videojuegos) podrían jugar un rol muy diferente. Podrían operar como mercados libres, en los cuales los productos originales y las copias se mezclan, pero los consumidores siempre tienen la opción de elegir cuál prefieren.

Mercados descentralizados: Imagina una plataforma donde varios productores suben sus contenidos y los consumidores tienen acceso directo a ellos sin restricciones legales. Los usuarios podrían evaluar la calidad, la autenticidad y la originalidad mediante comentarios, valoraciones y reseñas.

Licencias privadas: Los creadores de contenido podrían elegir cómo licenciar su material. Pueden hacerlo de forma abierta o, por el contrario, restringir la distribución de sus obras a ciertos términos que protejan su valor económico.

6. Sin Estado, Sin Coacción

El aspecto clave del anarco-capitalismo es que no hay un estado que se encargue de hacer cumplir los derechos de propiedad intelectual. En lugar de eso, se confiaría en un sistema de mercado libre y acuerdos voluntarios. Si un creador siente que su trabajo está siendo copiado de manera injusta, tendría la opción de utilizar mecanismos privados de resolución de conflictos o protección de propiedad, como arbitraje o tribunales privados. En todo caso, la justicia no se basa en el monopolio estatal, sino en sistemas privados acordados entre las partes.

Conclusión

En un anarco-capitalismo, la propiedad intelectual sería reemplazada por una estructura basada en la reputación, acuerdos privados y mercados libres. Sin embargo, a pesar de la ausencia de un estado que la regule, la creación de contenido original y la autenticidad se mantendrían a través de la competencia, la transparencia, y los sistemas de certificación privada. Las personas, empresas y comunidades tendrían la libertad de crear, compartir y monetizar su contenido, mientras que los consumidores tendrían la responsabilidad de evaluar la autenticidad y calidad del contenido que eligen consumir.

25 Sobre poblacion.

La sobrepoblación en un sistema anarco-capitalista se abordaría de manera diferente a como lo haría un estado tradicional, ya que no existiría un gobierno central que implemente políticas de control de la población o gestione recursos de manera centralizada. En lugar de eso, las soluciones serían más de mercado y estarían impulsadas por acuerdos privados, incentivos económicos y la acción de las comunidades. Aquí te explico algunas formas en que podría abordarse la sobrepoblación en un escenario anarco-capitalista: 1. Mercados de Tierra y Propiedad

En un sistema anarco-capitalista, la tierra y los recursos serían propiedad privada y, por lo tanto, los precios de las tierras aumentarían o disminuirían según la oferta y demanda del mercado. Esto podría actuar como un filtro natural para la sobrepoblación. Si una región o comunidad comienza a tener una densidad poblacional demasiado alta, los precios de la tierra aumentarán, lo que podría:

Incentivar la migración hacia zonas menos densas. Las personas que busquen una vida más económica y menos congestionada podrían mudarse a lugares con menos habitantes, lo que aliviaría la presión sobre las áreas más densamente pobladas.

Estimular la expansión hacia nuevos territorios. En un mundo sin restricciones geográficas impuestas por un estado, las personas podrían explorar y colonizar tierras no desarrolladas o menos pobladas, por ejemplo, mediante acuerdos privados entre comunidades, empresarios y terratenientes.

2. Tecnologías y Soluciones de Alta Eficiencia

La innovación tecnológica sería clave para mitigar los efectos de la sobrepoblación, ya que la competencia en el mercado empujaría a las empresas y comunidades a encontrar formas más eficientes de usar los recursos disponibles. Algunas soluciones podrían incluir:

Ciudades verticales y viviendas eficientes: Los avances en tecnología de construcción permitirían la creación de ciudades más compactas y eficientes, como rascacielos o comunidades urbanas verticales que maximizan el uso del espacio sin expandirse hacia nuevos terrenos. Estas soluciones de alta densidad ayudarían a acomodar a más personas sin necesidad de ocupar más tierra.

Agricultura vertical y otras innovaciones: Las tecnologías como la agricultura vertical, los cultivos hidropónicos o las tecnologías agrícolas sostenibles permitirían la producción de alimentos en áreas urbanas densamente pobladas sin depender de grandes extensiones de tierra. Esto podría ayudar a reducir la presión sobre los recursos naturales y la tierra cultivable.

3. Mercados Voluntarios de Regulación y Compromisos Comunitarios

En el anarco-capitalismo, no habría un gobierno central que imponga regulaciones, pero las comunidades privadas podrían establecer acuerdos voluntarios para abordar la sobrepoblación de manera local:

Acuerdos comunitarios sobre la población: Las comunidades privadas podrían establecer reglas basadas en acuerdos contractuales para regular la cantidad de personas que pueden vivir en ciertos lugares. Por ejemplo, las comunidades podrían optar por acuerdos de limitación de población, donde los miembros de la comunidad acuerdan un máximo de residentes por área. Esta podría ser una medida preventiva para evitar la sobrepoblación en áreas muy solicitadas.

Regulaciones privadas de control de natalidad: Aunque el control de natalidad debería ser voluntario, algunas comunidades podrían ofrecer incentivos para reducir las tasas de natalidad. Por ejemplo, podrían haber beneficios económicos para aquellos que decidan no tener hijos, o incluso opciones educativas para sensibilizar sobre los impactos de la sobrepoblación. Las familias tendrían libertad para decidir, pero podrían elegir seguir esos incentivos.

4. Aumento de la Calidad de Vida y Redistribución de la Población

Al no haber un estado que controle los recursos o imponga políticas de distribución, las comunidades o incluso empresas podrían tomar medidas voluntarias para aumentar la calidad de vida y distribuir mejor a la población:

Mejores condiciones laborales y sociales: Las empresas y comunidades que gestionan grandes áreas urbanas podrían ofrecer condiciones laborales más atractivas y programas sociales privados para mejorar la calidad de vida en áreas más pobres o superpobladas. Esto podría atraer a personas de áreas con mayores niveles de pobreza o estrés social.

Incentivos para la emigración a zonas rurales o menos pobladas: Las comunidades privadas o incluso empresas podrían ofrecer incentivos como salarios más altos, beneficios o subsidios para trasladarse a zonas rurales o a áreas menos pobladas. De esta forma, se aliviaría la presión sobre las grandes ciudades y se fomentaría el desarrollo de áreas menos densas.

5. Inmigración y Migración Voluntaria

El sistema anarco-capitalista vería la migración como una solución voluntaria a la sobrepoblación, pero a diferencia de lo que ocurre en muchos estados, esta migración no estaría basada en reglas coercitivas o fronteras cerradas, sino en acuerdos entre las partes:

Las personas podrían migrar libremente a territorios que ofrezcan las mejores condiciones de vida sin necesidad de permisos del estado. Esto podría aliviar la presión sobre las regiones superpobladas, mientras que las nuevas áreas de asentamiento pueden prosperar gracias a la llegada de nuevos habitantes que aporten talento y recursos.

6. Descentralización de la Autoridad

Al no existir un estado central que regule todo, la descentralización sería una característica clave en el sistema anarco-capitalista. Las ciudades o comunidades privadas pueden experimentar con diferentes métodos para regular la densidad de población, desde incentivar a la gente a mudarse a áreas menos densas, hasta adoptar tecnologías innovadoras que hagan más sostenible la vida en grandes concentraciones urbanas.

Conclusión

En un sistema anarco-capitalista, la sobrepoblación no sería gestionada por un gobierno central, sino que sería abordada a través de mercados libres, acuerdos privados, y tecnologías innovadoras. Las soluciones surgirían de la competencia entre las comunidades y empresas, lo que permitiría una distribución más eficiente de los recursos y mayor libertad de movimiento para las personas. La sobrepoblación podría ser reducida de manera voluntaria, sin la necesidad de restricciones autoritarias, fomentando la autosuficiencia, el emprendimiento y la innovación.

26 Beneficios para empleados.

Los trabajadores, incluyendo aquellos que dependen de un salario mínimo, se beneficiarían más en un sistema anarco-capitalista por varias razones clave relacionadas con la competencia del mercado, la libertad de contratación y la eliminación de las restricciones gubernamentales. Aquí te explico cómo funcionaría este escenario:

1. Competencia Laboral y Mejores Oportunidades

En un sistema anarco-capitalista, no habría un gobierno que regule los salarios o imponga límites artificiales a la competencia laboral. Esto permitiría que las empresas compitieran para atraer a los mejores trabajadores ofreciendo salarios más altos, beneficios adicionales y mejores condiciones laborales.

Aumento de la oferta de empleos: Al no haber barreras de entrada impuestas por el estado, como impuestos y regulaciones onerosas, más empresas podrían entrar al mercado, aumentando la competencia por los trabajadores. Esto podría elevar los salarios debido a la competencia por la fuerza laboral.

Aumento de los salarios: En un mercado libre, la oferta y demanda de trabajo impulsan los salarios. Si las empresas necesitan atraer a trabajadores calificados o aumentar la productividad, podrían ofrecer salarios más altos para lograrlo. No habría un salario mínimo impuesto por el gobierno, pero en la práctica, la competencia de empleadores por contratar trabajadores podría resultar en una mejora de las condiciones salariales.

2. Eliminación de los Costos Gubernamentales

En el anarco-capitalismo, no existiría un gobierno que interfiriera en la economía con impuestos elevados sobre el trabajo o sobre las empresas. Las empresas no tendrían que pagar impuestos elevados, lo que les permitiría aumentar sus ganancias y, potencialmente, aumentar los salarios de sus empleados.

Sin cargas fiscales: Las empresas no tendrían que hacer frente a impuestos altos, lo que podría llevar a una mayor inversión en la fuerza laboral. Las empresas serían más libres para gastar en mejores condiciones laborales, capacitación y salarios, sin la necesidad de subsidiar a un aparato estatal costoso.

Reducción de costos administrativos: También desaparecerían los costos burocráticos asociados a la administración pública, como la gestión de programas sociales y subsidios, lo que aumentaría la eficiencia en la economía y podría llevar a precios más bajos y mejores condiciones laborales.

3. Flexibilidad Laboral y Mejor Correspondencia de Habilidades

La flexibilidad en un sistema anarco-capitalista significaría que los trabajadores podrían encontrar más fácilmente trabajos que se adapten a sus habilidades, intereses y expectativas salariales, sin estar atados a las regulaciones del estado o a los sistemas rígidos de educación y formación.

Contratación directa: Las empresas y trabajadores podrían negociar directamente el salario, las condiciones laborales y el tipo de trabajo, lo que fomenta una mayor personalización de los contratos laborales y una mejor adaptación entre las necesidades del trabajador y la oferta del empleador.

Fomento del emprendimiento: Además, los trabajadores tendrían mayor libertad para emprender sus propios negocios sin las barreras que el estado impone en muchos países (impuestos, regulaciones, permisos). Esto podría permitir que los trabajadores que desean tener una mayor independencia económica puedan hacerlo, incrementando así su bienestar y generando más competencia.

4. Mejores Condiciones de Trabajo sin Intervención Estatal

En un sistema anarco-capitalista, las comunidades y empresas competirá por crear entornos laborales atractivos y mejorar las condiciones de trabajo para sus empleados. El mercado crearía un incentivo para que las empresas ofrezcan beneficios laborales, como vacaciones pagadas, salarios justos, seguridad laboral y mejores condiciones de trabajo para atraer y retener a los mejores empleados.

Condiciones laborales personalizadas: Las empresas que no traten bien a sus empleados perderán trabajadores, y aquellos que ofrezcan mejores condiciones laborales serán preferidos. Los trabajadores podrían tener la libertad de moverse entre empleadores que les ofrezcan las mejores condiciones sin el temor de perder beneficios garantizados por el estado.

5. Protección a los Trabajadores por Medio de Contratos Voluntarios

El hecho de que todos los contratos en un sistema anarco-capitalista sean voluntarios también protegería a los trabajadores, ya que las partes involucradas podrían negociar sus condiciones laborales libremente. Si un empleador no cumple con el acuerdo, el trabajador tendría derecho a buscar compensación a través de la justicia privada o resolver disputas con tribunales privados.

Mayor poder de negociación: Al ser libre de cambiar de empleo fácilmente y tener la capacidad de negociar contratos, los trabajadores tendrían más poder para defender sus intereses y mejorar sus condiciones laborales.

6. Eliminación de la Interferencia de los Sindicatos y los Burócratas

En el anarco-capitalismo, las organizaciones sindicales y otros grupos de presión que suelen manipular el mercado laboral a través de la intervención del estado serían reemplazados por acuerdos directos entre el trabajador y el empleador. Esto podría:

Reducir las tensiones: Las negociaciones entre empleados y empleadores se realizarían sin la necesidad de intermediarios, lo que podría reducir conflictos y hacer más eficientes los acuerdos laborales.

Mayor transparencia: Al no depender de actores políticos o grupos de presión, los trabajadores tendrían más claridad y control sobre sus derechos y contratos, reduciendo los riesgos de explotación o abuso.

7. Sistema de Compensación Basado en Resultados

Las empresas en un sistema anarco-capitalista podrían centrarse más en el mérito y los resultados que en las jerarquías impuestas por las regulaciones gubernamentales. Esto significa que los trabajadores podrían ser recompensados en función de su productividad o desempeño, lo que podría resultar en salarios más altos para aquellos con mayor habilidad o rendimiento.

Conclusión

En el anarco-capitalismo, los trabajadores se beneficiarían de una mayor competencia en el mercado laboral, lo que podría resultar en mejores salarios, mejores condiciones laborales y una mayor libertad de elección. Sin la intervención del gobierno, las empresas competirían por atraer a los mejores talentos, lo que crearía un entorno laboral más justo, flexible y adaptado a las necesidades de los empleados.

27 Como Funcionaria el Internet?

En un sistema anarco-capitalista, el funcionamiento de internet y la prevención de actividades ilegales como la pornografía infantil o redes de explotación como las de Jeffrey Epstein se basarían en el principio de protección de derechos individuales y la justicia privada. Aquí te explico cómo funcionaría este escenario:

1. Internet en el Anarco-Capitalismo

En un anarco-capitalismo, internet sería operado por empresas privadas y proveedores de servicios que competirían por ofrecer la mejor infraestructura, velocidad, accesibilidad y privacidad. No existirían regulaciones estatales que controlaran internet, pero sí existirían contratos privados y acuerdos entre proveedores de servicios de internet (ISP) y sus clientes.

Libre competencia: Al ser un mercado sin regulación estatal, diferentes empresas ofrecerían diferentes niveles de servicio, lo que podría aumentar la calidad, la privacidad y la eficiencia de internet.

Tecnología descentralizada: Se incentivaría el uso de tecnologías descentralizadas, como la web descentralizada (web3) y blockchain, que permitirían un mayor control individual sobre la información y la comunicación en línea.

Privacidad y seguridad: Las empresas ofrecerían servicios centrados en la privacidad de los usuarios, lo que podría incluir sistemas de encriptación de extremo a extremo, VPNs y servicios que protejan los datos personales.

2. Prevención de Actividades Ilegales: Protección de Derechos

Aunque el anarco-capitalismo permite la libertad individual, esto no significa que las actividades ilegales como la pornografía infantil sean toleradas. El principio central del anarco-capitalismo es la protección de los derechos de propiedad y los derechos individuales, lo que incluye la protección de la integridad física y psíquica de las personas, en especial de los menores de edad.

Responsabilidad de las empresas: Las empresas de servicios de internet y plataformas en línea tendrían la responsabilidad de actuar contra el uso ilegal de sus servicios. Por ejemplo, si se detectan contenidos ilegales, como pornografía infantil, las plataformas privadas tendrían un interés directo en eliminarlo para evitar que se les asocie con actividades criminales.

Monitoreo privado: Las empresas podrían implementar sistemas de monitoreo automatizados para detectar comportamientos ilegales, como la distribución de pornografía infantil, aunque siempre respetando la privacidad de los usuarios dentro de los límites legales.

3. Sistema de Justicia Privada

Dado que el anarco-capitalismo rechaza la intervención estatal, las disputas legales o las actividades ilegales se resolverían mediante un sistema de justicia privada. Las personas y empresas podrían contratar agencias de justicia privada que actúan como tribunales de arbitraje, con la finalidad de resolver disputas legales y sancionar actividades criminales.

Contratación de agencias privadas: Las víctimas de abuso o crimen podrían acudir a agencias privadas especializadas en hacer cumplir los contratos y proteger los derechos individuales. Estas agencias investigarían y tomarían medidas contra aquellos involucrados en actividades como la pedofilia, tratándolas como crímenes graves.

Reputación empresarial: Las empresas y plataformas en internet dependerían en gran medida de su reputación. Si se asociaran con actividades criminales, perderían clientes y su credibilidad, lo que afectaría su supervivencia en el mercado.

4. Sistemas de Alerta y Red Flags

Las plataformas de internet y proveedores de servicios podrían crear sistemas de alertas de seguridad (como los sistemas de "red flags") para identificar y bloquear el contenido ilegal antes de que se difunda ampliamente.

Verificación de identidad y reputación: Al ser un sistema sin gobierno central, las plataformas privadas podrían implementar protocolos de verificación de identidad que eviten la creación de identidades falsas o el uso de pseudónimos anónimos para llevar a cabo actividades criminales.

Denuncias privadas: Las plataformas permitirían a los usuarios denunciar actividades ilegales directamente a las agencias de justicia privada, y este sistema de reportes podría incluir herramientas de verificación para garantizar que las denuncias sean legítimas.

5. La Eliminación de Redes de Pedofilia o Explotación

En el caso de redes organizadas de pedofilia o explotación infantil como las que mencionas, el sistema de justicia privada trabajaría para detener la explotación a través de métodos legales y tecnológicos:

Contradicción y denuncia inmediata: Si una red de pedofilia o explotación infantil se detecta, las agencias de justicia privada pueden interrumpir de inmediato la operación de la red y enjuiciar a los responsables.

Acción colectiva: Las víctimas podrían buscar ayuda de defensores de derechos humanos o organizaciones privadas que se dediquen a luchar contra estos crímenes, promoviendo una respuesta global de la sociedad.

6. Descentralización y Censura de Contenido Ilegal

En un sistema anarco-capitalista, el acceso a la información no se vería completamente censurado, pero las plataformas privadas se encargarían de proteger a los usuarios de contenidos dañinos o ilegales. Sin embargo, esto no significaría que se limitara la libertad de expresión, sino que se impediría que se usara internet para difundir contenido que dañe a los demás, especialmente a menores de edad.

Plataformas de control privado: Las plataformas y sitios web privados que operen en internet tendrían la capacidad de eliminar cualquier contenido ilegal, como la pornografía infantil, debido al riesgo de enfrentar acciones legales de otros usuarios o empresas afectadas por dicho contenido.

Conclusión

En un sistema anarco-capitalista, aunque no haya un gobierno central que regule internet, las empresas privadas que operan servicios de internet y plataformas en línea serían responsables de garantizar la protección de los derechos individuales. Esto incluiría monitorear y bloquear actividades ilegales como la pornografía infantil y redes de explotación. Además, existirían mecanismos de justicia privada para abordar estas situaciones, y las plataformas, como cualquier empresa, estarían muy motivadas a proteger su reputación y evitar la pérdida de clientes debido a asociaciones con actividades criminales.

28 La educacion y la privacidad

En un sistema anarco-capitalista, el enfoque hacia la educación, la privacidad de los menores y el acceso a internet sería muy diferente al de sistemas donde el estado o entidades gubernamentales imponen restricciones sobre el acceso a la información, como ocurrió en Australia, que prohibió ciertas redes para adolescentes. Aquí te ofrezco un marco para abordar la crítica, centrado en los principios de educación, libertad individual y privacidad:

1. Crítica a la Prohibición en Australia

Australia, al implementar restricciones en el acceso a internet y redes sociales para adolescentes, se enfrenta a la crítica de intentar evitar los problemas mediante la censura en lugar de educar. Este enfoque puede ser problemático por varias razones:

Falta de preparación para el mundo real: Prohibir el acceso a ciertas plataformas no prepara adecuadamente a los adolescentes para el mundo digital en el que viven. En el anarco-capitalismo, los adolescentes tendrían la libertad de explorar, aprender y comprender la información de manera más auténtica, lo que les permitiría desarrollar juicio crítico y habilidades para navegar el mundo digital por sí mismos.

Paternalismo estatal: Las restricciones estatales, como las que ocurren en Australia, asumen que el gobierno sabe lo que es mejor para los adolescentes, ignorando el principio fundamental del anarco-capitalismo, que es la autonomía individual. Los individuos, incluidos los adolescentes, deberían poder tomar sus propias decisiones dentro de los límites del respeto a los derechos de los demás.

Consecuencias imprevistas: Al prohibir el acceso a redes sociales o plataformas, se corre el riesgo de crear efectos negativos no deseados. Los adolescentes, al no estar educados para tomar decisiones informadas, pueden volverse más vulnerables a información errónea, contenido dañino o incluso al desarrollo de conductas clandestinas para eludir restricciones.

2. Educación vs. Prohibición

El anarco-capitalismo promueve una educación basada en la libertad, que permitiría a los adolescentes aprender y tomar decisiones con base en información confiable y en un entorno de respeto a sus derechos individuales.

Educación adecuada: En lugar de prohibir el acceso a internet, el enfoque del anarco-capitalismo sería educar a los jóvenes sobre los riesgos y beneficios de las plataformas digitales, al mismo tiempo que se promueve la responsabilidad personal y el juicio crítico. Esto incluye enseñarles sobre la privacidad digital, los riesgos de la desinformación, y cómo manejar el contenido de manera adecuada.

Acceso a la información: Los adolescentes en un sistema anarco-capitalista deberían tener acceso libre a la información, incluyendo temas como la sexualidad, biología y cuerpo humano, ya que la información sobre estos temas es fundamental para su desarrollo personal. Censurar el acceso a estos temas solo lleva a la creación de tabúes que pueden ser perjudiciales para el crecimiento personal.

3. Libertad Digital y Privacidad

El control estatal o las políticas restrictivas como los controles parentales y la censura de contenido no tienen cabida en un sistema anarco-capitalista, ya que:

Privacidad y autonomía: Los adolescentes deben tener el derecho a navegar en línea con total privacidad. El acceso libre a internet y la capacidad de explorar el mundo digital sin restricciones es crucial para su formación. En lugar de controles parentales que impongan restricciones artificiales, los jóvenes deben ser guiados para desarrollar una mentalidad crítica que les permita discernir entre lo útil y lo dañino en internet.

Desarrollo personal: En lugar de censurar o limitar el acceso a temas como sexo o reproducción, el sistema debería fomentar una educación abierta y honesta sobre estos temas. De esta forma, los adolescentes podrían aprender de manera saludable y responsable, evitando caer en desinformación o creencias erróneas debido a la falta de acceso a información precisa.

Redes sociales y plataformas sin censura: En un anarco-capitalismo, las plataformas privadas podrían ofrecer espacios para que los adolescentes interactúen y se expresen, pero bajo los principios de respeto mutuo y libertad individual. Las empresas de servicios privados, como redes sociales, se regirían por políticas que garantizan la protección de los derechos humanos y evitarían actividades que puedan violar esos derechos, como la pornografía infantil o el acoso.

4. La Realidad del Acceso a la Información

Es cierto que, hoy en día, los adolescentes tienen acceso a información sobre temas como el sexo y la reproducción gracias a internet, incluso si los padres o la sociedad no lo proporcionan en la educación formal. En un mundo anarco-capitalista, el acceso libre y sin restricciones a la información sería una ventaja:

Conocimiento y autonomía: Al permitirles acceder a esta información, los adolescentes pueden tomar decisiones informadas sobre sus propios cuerpos, sus relaciones y su salud. Los jóvenes no deben estar protegidos de la realidad, sino educados para comprenderla de manera responsable.

Responsabilidad de los padres y la sociedad: En lugar de depender del estado para imponer restricciones, los padres y las comunidades privadas serían responsables de educar y guiar a los jóvenes de manera ética, promoviendo la libertad individual sin imponerles creencias o limitaciones.

5. Conclusión

El anarco-capitalismo aboga por la libertad individual, y eso incluye la libertad para los adolescentes de explorar, aprender y tomar decisiones informadas. En lugar de prohibir el acceso a internet o imponer controles parentales restrictivos, el enfoque debería ser educar a los jóvenes sobre cómo navegar de manera responsable y ética en el mundo digital. El respeto a la privacidad, el acceso a la información y la autonomía personal son principios esenciales que deben guiar este proceso, en lugar de censura o control estatal.

29 El respeto por la autonomia personal

En un sistema anarco-capitalista, la libertad individual y el respeto por la autonomía personal serían principios fundamentales. La edad de consentimiento y las leyes que intentan regular las relaciones entre personas de distintas edades es un tema que genera muchas opiniones y controversias, especialmente en lo que respecta a la diferencia de edad entre adolescentes y adultos jóvenes. La crítica que se plantea a los países que prohíben que personas de 18 años mantengan relaciones con personas de 16, 17 o incluso 15 años puede abordarse desde una perspectiva basada en la libertad personal y el consentimiento informado.

1. El concepto de consentimiento informado

En un contexto anarco-capitalista, el principio de consentimiento informado es clave. A esta edad, los adolescentes generalmente tienen una comprensión básica sobre las relaciones sexuales y las implicaciones emocionales de estas, como los riesgos físicos y emocionales asociados. El hecho de que un adulto de 18 años esté con alguien que tiene 16 o 17 años no implica automáticamente que exista una explotación o coacción.

Madurez emocional y psicológica: A los 16 o 17 años, muchos jóvenes son capaces de comprender los riesgos y beneficios de una relación de pareja, si se les da el espacio para tomar decisiones informadas. En lugar de prohibir estas relaciones, el sistema debería fomentar la educación sexual para que los adolescentes puedan tomar decisiones responsables sobre sus cuerpos y relaciones.

Autonomía personal: El anarco-capitalismo defiende la autonomía de los individuos, siempre que no se viole los derechos de otros. En este caso, si ambas partes en una relación consentida están de acuerdo, no debería haber una interferencia estatal o legal en la decisión de involucrarse en una relación.

2. La intervención del estado como un obstáculo

Las leyes que prohíben relaciones con una diferencia de edad específica a menudo están motivadas por la idea de proteger a los jóvenes de abusos o explotación. Sin embargo, estas leyes pueden ser contraproducentes y no siempre abordan el problema de manera efectiva.

Generalización y paternalismo: El estado al imponer estas restricciones está asumiendo que todos los jóvenes son incapaces de tomar decisiones responsables y maduras por sí mismos, lo cual es una forma de paternalismo. No todos los casos son iguales, y no se debe tratar a todos los adolescentes de la misma manera, ya que existen diferencias significativas en la madurez emocional, psicológica e intelectual entre los jóvenes. En un sistema anarco-capitalista, estas decisiones serían privadas y basadas en el consentimiento mutuo entre los individuos involucrados.

El concepto de "protección": Aunque las leyes de edad de consentimiento pretenden proteger a los menores de ser explotados, la realidad es que estas leyes a menudo no resuelven los problemas de fondo, como el abuso sexual o la coacción. Un enfoque más efectivo en el anarco-capitalismo sería educar a los adolescentes sobre el consentimiento, el respeto mutuo y las relaciones saludables, y confiar en que la comunidad o las redes privadas actuarían en base a estos principios, sin necesidad de intervenciones coercitivas por parte del estado.

3. La educación como herramienta preventiva

En lugar de prohibir las relaciones entre personas de diferentes edades, el sistema anarco-capitalista apoyaría un enfoque basado en la educación sexual integral. Esto incluiría:

Comprensión de los riesgos: Los adolescentes deberían recibir educación sobre los riesgos físicos (como enfermedades de transmisión sexual o embarazo no deseado) y los riesgos emocionales (como las posibles consecuencias psicológicas de relaciones sexuales prematuras o relaciones con desequilibrios de poder).

Consentimiento y respeto: En lugar de imponer restricciones legales, se debería fomentar la comprensión del consentimiento y el respeto mutuo, además de enseñar a los adolescentes cómo reconocer si están siendo manipulados o presionados en una relación.

Decisiones responsables: El objetivo no debería ser evitar que los adolescentes tomen decisiones, sino educarlos para que puedan tomar decisiones informadas y responsables sobre sus cuerpos, sus relaciones y sus vidas.

4. El enfoque de la comunidad y las relaciones privadas

En el contexto anarco-capitalista, las decisiones respecto a las relaciones interpersonales no estarían sujetas a la autoridad del estado, sino que dependerían de la voluntad de los individuos involucrados. Esto incluye relaciones de pareja, que deberían basarse en el consentimiento mutuo y el respeto.

Justicia privada: En caso de que existiera un abuso o coacción en una relación, las partes afectadas podrían recurrir a sistemas de justicia privada para resolver el conflicto, siempre dentro del marco del respeto a los derechos individuales. Las relaciones en un sistema anarco-capitalista no serían coactivas, y las personas serían responsables de garantizar que se mantengan dentro de los límites del consentimiento y el respeto mutuo.

5. El problema de la criminalización de relaciones consensuadas

En muchos países, se criminaliza la relación entre un adulto y un joven de 16 o 17 años si la ley establece que la edad mínima de consentimiento es superior. Esta criminalización puede ser un error, ya que no todas las relaciones con una diferencia de edad significativa son abusivas. En un sistema anarco-capitalista, el énfasis estaría en la autonomía de los individuos para decidir con quién se relacionan, siempre que ambas partes sean conscientes de las implicaciones y los riesgos.

6. Conclusión

El anarco-capitalismo aboga por la autonomía individual y el consentimiento informado. En lugar de imponer leyes restrictivas que asuman que los jóvenes son incapaces de tomar decisiones responsables, el enfoque debería ser la educación para que los adolescentes puedan entender y gestionar las relaciones de manera saludable. La criminalización de relaciones consensuadas entre personas de diferentes edades no necesariamente protege a los jóvenes, sino que limita su libertad y autonomía. En un sistema anarco-capitalista, las relaciones de pareja estarían basadas en el respeto mutuo y el consentimiento, sin la intervención del estado.

30. El cuidado de personas con discapacidad (asilos y personas incapacitadas)

En un sistema anarco-capitalista, el cuidado de personas con discapacidad se organizaría a través de una red de servicios privados, en lugar de ser gestionado por el estado. La libertad de elegir cómo recibir atención es uno de los principios clave, y esto incluye tanto a las personas con discapacidades como a aquellas que necesitan algún tipo de asistencia a largo plazo, como los ancianos.

Opciones disponibles:

Organizaciones privadas: En lugar de depender de asilos públicos gestionados por el gobierno, los ciudadanos en un sistema anarco-capitalista tendrían acceso a una variedad de instituciones privadas especializadas en el cuidado de personas con discapacidad o ancianos. Estas instituciones podrían ofrecer servicios como casas de descanso, asistencia a domicilio, y otros tipos de apoyo.

Seguro y contratos voluntarios: Las personas con discapacidades o sus familias podrían contratar seguros privados para cubrir el costo de los servicios de salud y cuidados a largo plazo, con una amplia gama de opciones de precios y calidad

Justicia privada: En el caso de que un individuo con discapacidad no reciba el cuidado adecuado o su situación no sea respetada, podría recurrir a un sistema de justicia privada o tribunales privados que resuelvan el conflicto entre las partes involucradas, ya sea con instituciones o con personas. Esto evitaría la necesidad de un aparato estatal para imponer sanciones o regulaciones.

Autonomía y libertad de elección:

Lo esencial es que, en lugar de un sistema estatal que imponga cómo deben organizarse los servicios de salud y asistencia, los individuos en una sociedad anarco-capitalista tendrían la libertad de elegir entre los distintos proveedores de servicios privados y asegurarse de que sus necesidades sean cubiertas según sus deseos y presupuesto.

En el anarco-capitalismo, la eutanasia podría ser vista como legal principalmente debido a la autonomía individual y el principio de no agresión. Estos son los dos pilares fundamentales de esta filosofía:

Autonomía individual: En un sistema anarco-capitalista, se reconoce que cada individuo tiene derecho absoluto sobre su cuerpo y su vida. Esto incluye la libertad de tomar decisiones sobre su propio bienestar, incluso si esas decisiones implican el final de su vida. La idea es que cada persona es dueña de sí misma y tiene el derecho de elegir lo que le sucede a su cuerpo, tanto si desea vivir como si decide morir. Si una persona decide terminar su vida de manera controlada y sin coerción, es vista como una decisión legítima bajo su derecho a la autodeterminación.

No agresión: El principio de no agresión establece que la agresión hacia otro ser humano (ya sea física, económica, o emocional) está mal. En el caso de la eutanasia, el acto de permitir que alguien elija morir de manera asistida no sería considerado agresión, siempre y cuando se realice con el consentimiento informado de la persona involucrada. Esto significa que si una persona solicita asistencia para morir debido a una enfermedad terminal o sufrimiento extremo, y el acto se lleva a cabo de manera voluntaria y sin presiones externas, no se está infringiendo el principio de no agresión.

En un contexto de mercados libres y acuerdos privados, los profesionales de la salud, médicos y hospitales podrían ofrecer servicios de eutanasia si cumplen con las normativas acordadas entre las partes involucradas. Esto dependería de un acuerdo voluntario y el cumplimiento de ciertos estándares éticos, sin que el estado intervenga para regularlo.

En resumen, en un sistema anarco-capitalista, la eutanasia sería legal porque se alinea con los principios de autonomía personal, libertad de elección y no agresión, permitiendo a cada individuo tomar decisiones sobre su vida sin la intervención del estado.

31 Debate sobre aborto

El debate sobre el aborto dentro del anarco-capitalismo no es un tema unánime debido a la interpretación de los principios fundamentales del movimiento, como la autonomía individual, el derecho a la vida, y la propiedad corporal. A pesar de que la mayoría de los anarco-capitalistas defienden la autonomía individual, algunos no apoyan el aborto, y esto se debe a varias razones que se vinculan a sus creencias filosóficas, científicas y éticas.

Derecho a la vida y la protección del feto: Algunos anarco-capitalistas creen que el derecho a la vida del feto debe ser protegido, ya que, desde su punto de vista, la vida comienza en el momento de la concepción, basándose en interpretaciones filosóficas o científicas sobre el inicio de la existencia humana. Para estos individuos, el aborto sería visto como una violación del derecho a la vida del feto, un ser con derechos propios, incluso si no ha nacido aún. Por lo tanto, creen que el feto es una entidad con derechos y que el aborto sería una forma de agresión contra un ser humano.

Propiedad corporal y el control sobre el embarazo: Por otro lado, muchos anarco-capitalistas sostienen que la mujer tiene total derecho sobre su cuerpo, lo que incluye la decisión de interrumpir un embarazo. Este punto de vista se basa en el principio de autonomía corporal, que afirma que ninguna persona, ni el estado ni otra persona, puede obligar a una mujer a mantener un embarazo en contra de su voluntad. Para estos anarco-capitalistas, el aborto debería ser legal y accesible porque representa una extensión del derecho de una persona a tomar decisiones sobre su cuerpo.

Consideraciones científicas: En cuanto a la ciencia, los anarco-capitalistas que son escépticos del aborto pueden basar sus opiniones en hallazgos científicos que sugieren que el feto comienza a desarrollar características humanas (como el sistema nervioso y la capacidad de sentir dolor) en ciertas etapas del embarazo. Esto lleva a algunos a cuestionar si el aborto debería ser permitido en todas las circunstancias, especialmente en etapas más avanzadas del embarazo. Sin embargo, la interpretación científica sobre cuándo comienza la "vida" o la "sensibilidad" del feto varía considerablemente entre los individuos, lo que genera una división dentro del pensamiento anarco-capitalista sobre el tema.

Enfoque pragmático sobre la coerción y la propiedad: Desde una perspectiva anarco-capitalista, el aborto podría verse también a través del lente de la propiedad privada y la coerción. En este sentido, los anarco-capitalistas más conservadores pueden argumentar que el feto, como una forma de vida, tiene el derecho de no ser destruido por la voluntad de la madre, considerando que incluso los derechos de los no nacidos deben ser respetados bajo la lógica de no agresión y protección de la propiedad

Resumen

En el anarco-capitalismo, el apoyo al aborto varía dependiendo de la interpretación que se haga sobre el derecho a la vida y la autonomía corporal. Para algunos, el derecho de la mujer a decidir sobre su propio cuerpo es fundamental, mientras que otros defienden el derecho a la vida del feto, basándose en conceptos científicos sobre cuándo comienza la vida. Al ser un sistema sin una autoridad central, estas opiniones pueden divergir significativamente, lo que da lugar a diferentes enfoques dentro del mismo marco filosófico. Pero la realidad es que el aborto seguiria siendo un asesinato lo mires por donde lo mires.

32 Que sucederia si hubiesen empresas malas.

En el anarco capitalismo, el problema de empresas malas o ciudades controladas por personas con intenciones negativas, como criminales o tiranos, sería resuelto en gran parte por la competencia, la libertad de elección y el sistema de justicia voluntaria. Aunque estas empresas o entidades pudieran ganar algunos clientes de quienes comparten sus intereses o valores, también estarían expuestas a la competencia de otros actores que operan de manera ética y que atraen a los consumidores que priorizan valores como la libertad individual y el bienestar colectivo.

1. Competencia y Reputación:

En un sistema sin Estado, las empresas y ciudades que se alinean con intereses negativos, como los de los criminales o tiranos, enfrentarían una competencia constante de aquellos que operan de acuerdo con principios de libertad, justicia y voluntariedad. A largo plazo, este tipo de empresas sería rechazado por una mayoría de personas que buscan un entorno seguro, justo y respetuoso de los derechos humanos. La reputación de las empresas en un sistema sin Estado jugaría un papel crucial. Si una empresa apoya a criminales o actúa de manera inmoral, la comunidad podría rápidamente tomar medidas para excluirla, boicotearla o evitar sus servicios.

2. Justicia Privada y Regulaciones Voluntarias:

Las personas tendrían la libertad de asociarse con empresas que se alineen con sus valores. Si una ciudad o empresa se convirtiera en un espacio donde los derechos individuales se violan o donde los criminales pudieran operar libremente, las personas podrían recurrir a agencias de justicia privada o sistemas de arbitraje que ofrezcan alternativas para defender sus derechos. Además, la justicia voluntaria impediría que una empresa o ciudad mal intencionada prosperara por mucho tiempo, ya que las víctimas de abusos tendrían mecanismos para demandar justicia, reparar los daños y evitar que tales entidades continúen operando sin consecuencias.

3. Aislamiento y Colapso Económico:

Las empresas o ciudades que estuvieran alineadas con intereses criminales o autoritarios no solo perderían clientes, sino que también podrían enfrentarse a un aislamiento económico. Las personas que valoran la libertad, la propiedad privada y los derechos humanos preferirían no hacer negocios con entidades que apoyen a grupos criminales o violen los principios fundamentales de la cooperación voluntaria. En una sociedad basada en el libre mercado, una empresa con malas prácticas no podría sostenerse a largo plazo. El aislamiento económico podría llevar al colapso de estas entidades, ya que las personas se alejarían de ellas, creando una presión económica que dificultaría su supervivencia.

4. La Importancia de la Transparencia y el Acceso a la Información:

Un aspecto clave en el anarco capitalismo es la transparencia. Gracias a la tecnología y las redes descentralizadas, la información sobre las actividades de una empresa o ciudad estaría fácilmente disponible. Si una empresa o entidad decidiera apoyar a criminales o violar los derechos de sus clientes, la comunidad podría tomar medidas inmediatas, informando a las personas y asegurando que otros no caigan en manos de esos actores. El acceso a la información sería una herramienta poderosa para que los consumidores tomen decisiones informadas sobre con quién hacer negocios.

5. Mercado de Servicios Éticos:

En este escenario, surgiría un mercado de servicios éticos: empresas y comunidades que se especializan en crear productos y servicios que respetan los derechos individuales, protegen a los débiles y aseguran la justicia para todos. Las personas estarían más dispuestas a pagar más por bienes y servicios proporcionados por empresas que siguen principios éticos sólidos, lo que haría más atractivo el invertir en negocios responsables.

En resumen, el mercado libre, la competencia constante, la justicia privada, la transparencia y el enfoque voluntario ayudarían a contrarrestar las malas empresas y gobiernos que se alían con criminales o que promueven políticas autoritarias. Aunque podrían sobrevivir temporalmente gracias a algunos clientes, su éxito sería efímero y probablemente colapsaría a medida que las personas elijan alternativas mejores y más éticas.

Asi que asqui les tengo una historia de que sucederia en caso de que haya un evento asi.

33 Historia: La Ciudad Ambiciosa y la Resistencia de las Grandes Comunidades

En el corazón de un vasto territorio dividido por innumerables ciudades y comunidades autónomas, existía una ciudad conocida como Vega Muerte. Esta ciudad se había ganado una mala reputación por su líder, el Conde Drago, quien ambicionaba expandir su dominio sobre toda la región. Vega Muerte no solo era conocida por su opulencia y su industria despiadada, sino también por sus políticas autoritarias y la agresión constante hacia las ciudades más pequeñas.

El Conde Drago, en su deseo de anexar más territorios, comenzó por atacar las comunidades menos poderosas, aquellas con menos recursos para defenderse.

Utilizando su ejército privado, compuesto por mercenarios altamente entrenados, fue tomando pequeñas ciudades una tras otra, imponiendo su voluntad mediante la intimidación y la coerción. Cada vez que una ciudad se sometía, Drago la absorbía en su dominio, buscando crear un imperio de ciudades bajo su control. Sin embargo, las pequeñas comunidades tenían algo a su favor: su descentralización y su capacidad para formar alianzas estratégicas.

El mercado de defensa florecía entre las ciudades que quedaban fuera del control de Vega Muerte, pues las empresas de seguridad privada empezaron a ofrecer sus servicios, proporcionando armas, entrenamiento y protección. Las pequeñas ciudades lucharon por mantenerse libres, organizando defensas privadas y logrando hacer retroceder a los mercenarios de Drago en varias ocasiones.

Pero a medida que Vega Muerte expandía sus fronteras, llegó el momento de enfrentarse a las grandes ciudades. Estas ciudades eran mucho más grandes, más organizadas y, lo más importante, mejor armadas. La primera gran ciudad a la que el Conde Drago dirigió su ejército fue Gran Lumen, una ciudad famosa por su industria tecnológica y sus milicias bien entrenadas. Gran Lumen era un lugar donde la posesión de armas no solo era legal, sino que formaba parte de la cultura local, y sus ciudadanos eran expertos en el uso de armas.

Drago pensó que podría someter a Gran Lumen con la misma facilidad que a las ciudades pequeñas, pero lo que no había anticipado era que Gran Lumen no solo resistiría su ataque, sino que defendería con fiereza. Los ciudadanos de Gran Lumen, al enterarse de la llegada de los mercenarios de Drago, se armaron rápidamente. Utilizaron tácticas de guerra asimétrica, moviéndose rápidamente por la ciudad y atacando en emboscadas a los invasores.

La batalla por Gran Lumen se prolongó por días. Drago, incapaz de vencer a la ciudad, decidió imponer sanciones comerciales como parte de su estrategia, esperando que la presión económica debilitara a la comunidad. Intentó bloquear sus rutas de comercio, interrumpir sus acuerdos con otras ciudades y hacer que sus recursos se agotaran. Sin embargo, las grandes ciudades como Valora y Eldora, que también eran grandes potencias comerciales, intervinieron y imponían sus propias sanciones económicas a Vega Muerte, uniendo sus fuerzas en un bloque comercial para aislar económicamente a la ciudad de Drago. Esta red de apoyo hizo que el plan de sanciones de Drago fracasara estrepitosamente.

Las empresas de seguridad privada de Gran Lumen, apoyadas por otras comunidades, también iniciaron un boicot económico a las industrias de Vega Muerte. La presión sobre Drago se hizo insostenible. En lugar de ganar más territorios, la ciudad de Vega Muerte comenzó a perder poder económico rápidamente. Las empresas de Vega Muerte se vieron obligadas a cerrar sus puertas por falta de clientes, y los mercenarios que antes apoyaban al Conde Drago comenzaron a abandonar su causa al ver que no había beneficios en la conquista.

Frustrado, el Conde Drago intentó tomar medidas más extremas, pero la resistencia armada, la solidaridad de las grandes ciudades y el bloqueo económico se encargaron de que su imperio en expansión nunca pudiera prosperar.

Finalmente, Drago se dio cuenta de que su sueño de un imperio bajo su control era una fantasía imposible. Las grandes ciudades habían demostrado que el poder de las armas, la cooperación entre comunidades y la resistencia económica eran herramientas mucho más poderosas que cualquier ejército mercenario.

Vega Muerte, antes una ciudad que parecía imparable, se vio aislada y reducida a una sombra de lo que fue, y el Conde Drago, derrotado, tuvo que abandonar sus sueños expansionistas. Mientras tanto, las grandes ciudades de Gran Lumen, Valora y Eldora siguieron floreciendo, demostrando que en un mundo sin un estado central, la autodefensa y la cooperación voluntaria son las bases de la verdadera libertad y prosperidad.

Fin. y pues asi de simple es desmontar este argumento que de echo fue uno de los que mas se me complico desmontar.

34 El Estado No Tiene Derecho a Imponer Moneda y Impuestos

Una idea comúnmente defendida es que los impuestos no son un robo porque el Estado es quien emite la moneda que utilizamos. Sin embargo, este argumento no es tan válido como parece a simple vista, y en realidad esconde un problema fundamental de coerción y control. Si el Estado tiene el poder de imponer impuestos sobre la moneda que emite, y además obliga a todos a usarla, estamos ante una relación de poder que no se basa en el consentimiento voluntario.

El primer error de este argumento radica en la premisa de que, porque el Estado imprime la moneda, tiene el derecho de obligar a las personas a usarla. En un sistema basado en la libertad individual, las personas deberían tener la opción de elegir cómo intercambiar valor. Imponer una moneda, en esencia, significa forzar a todos a participar en un sistema que no necesariamente eligen, lo que va en contra del principio fundamental de la libertad.

El Estado se presenta como el "proveedor" de la moneda, pero no está actuando de manera voluntaria al imponerla como el único medio para realizar transacciones. Si no puedes usar una moneda alternativa sin ser penalizado, no hay verdadera libertad en esta elección. Es una coerción indirecta que obliga a las personas a depender de una única moneda, bajo la amenaza de sanciones si se niegan a usarla.

Otro punto crucial es que el Estado no solo obliga el uso de su moneda, sino que también impone impuestos a monedas privadas, como las criptomonedas. Esto es un ejemplo claro de cómo el Estado no solo controla la moneda que emite, sino que extiende su poder a la libertad de elección financiera de los individuos. Si una persona prefiere utilizar una criptomoneda, una forma de moneda privada, y la transacción se realiza en un sistema completamente fuera del control estatal, el Estado aún exige que se pague un impuesto sobre esa moneda, lo que evidencia su intervención innecesaria y autoritaria en una transacción completamente voluntaria.

Desde una perspectiva anarco-capitalista, este enfoque es insostenible. Las personas deben tener la libertad de elegir qué moneda utilizar y cómo realizar sus intercambios sin la intervención de un gobierno que impone un monopolio sobre el dinero. El impuesto sobre cualquier moneda, ya sea estatal o privada, es una violación de los derechos individuales. Si el Estado realmente respetara la libertad económica, debería permitir que las personas elijan entre diferentes formas de moneda sin tener que sufrir impuestos o represalias. En lugar de ser una "ayuda" o un "servicio" que justifique el cobro de impuestos, la emisión de la moneda por parte del Estado se convierte en una herramienta de control y poder.

Por último, debemos recordar que los impuestos, en cualquier forma, representan una extracción de recursos sin el consentimiento del individuo. La emisión de una moneda por parte del Estado no otorga, en ningún caso, el derecho a expropiar los recursos de las personas. La base de este sistema impositivo es la coerción, no el consentimiento voluntario de las personas que lo soportan.

En conclusión, el argumento de que los impuestos no son un robo porque el Estado emite la moneda es erróneo. El Estado no tiene el derecho de imponer una moneda obligatoria ni de gravar las transacciones con monedas privadas, ya que ambas acciones violan el principio fundamental de la libertad individual. La creación de una moneda estatal no otorga a los gobiernos el derecho de controlar la economía de las personas ni de imponerles impuestos sin su consentimiento. En un sistema libre y voluntario, los individuos deberían poder elegir libremente cómo manejar su dinero y en qué moneda realizar sus intercambios.

35 La Educación Estatal No Es Necesaria: La Libertad de Elegir el Modelo Educativo

Uno de los pilares de la justificación del sistema de educación estatal es la idea de que el acceso a una educación pública es un derecho fundamental, y que el Estado tiene la responsabilidad de garantizar que todos los ciudadanos tengan acceso a ella. Sin embargo, este argumento es erróneo por varias razones, y al igual que otros servicios públicos, la educación estatal puede ser reemplazada por sistemas más eficientes y adaptados a las necesidades reales de las personas.

Uno de los problemas más graves con el sistema de educación estatal es la imposición del modelo educativo. El Estado no solo obliga a todos los niños a asistir a la escuela, sino que también establece un único formato educativo sin tener en cuenta las diferencias individuales. Además, obliga a los jóvenes a obtener un diploma, incluso de nivel básico, para acceder a trabajos remunerados, lo cual es una violación clara de la libertad individual. Esta imposición no solo limita las opciones de los estudiantes, sino que también los fuerza a cumplir con un sistema estandarizado que no refleja sus intereses ni habilidades particulares.

La idea de que un diploma de 4to año es un requisito indispensable para acceder a un trabajo, especialmente en puestos de salario mínimo, es completamente arbitraria y obsoleta. La educación estatal ha creado un sistema en el cual la formalidad del "papel" (el diploma) se valora más que las habilidades reales o la experiencia laboral. Esto restringe la libertad de los individuos a decidir cómo desean aprender y qué tipo de trabajo quieren realizar. Si un joven tiene las habilidades necesarias para desempeñar un trabajo, ¿por qué debería ser excluido solo porque no tiene un título académico? En un sistema libre, las personas tendrían la libertad de desarrollar sus habilidades de manera práctica, sin la necesidad de someterse a un proceso escolar obligatorio que no siempre refleja sus capacidades o aspiraciones.

La primera falacia detrás de la creencia en la "necesidad" de la educación pública es que la educación no debería ser monopolizada por el Estado. Si bien es cierto que la educación es importante, no es el gobierno el que debe tener el control absoluto sobre cómo se imparte el conocimiento ni sobre el contenido de la enseñanza. La educación, como cualquier otro servicio, debe ser libre y competitiva, permitiendo a los padres y estudiantes elegir el modelo educativo que mejor se ajuste a sus necesidades, valores e intereses. En un sistema basado en la libertad, no tendría sentido forzar a todos a seguir el mismo modelo educativo simplemente porque el Estado lo diga.

En un entorno de educación privada, la competencia genera calidad. Las escuelas, universidades y otros centros educativos se verían obligados a ofrecer programas de alta calidad para atraer estudiantes y, en consecuencia, mejorarían sus métodos de enseñanza, infraestructuras y resultados. Mientras que en un sistema estatal, al ser un monopolio, no existe tal presión competitiva para mejorar, lo que resulta en estándares educativos a menudo bajos y una eficiencia muy limitada. La educación estatal, en lugar de adaptarse a las necesidades individuales de los estudiantes, tiende a imponer un enfoque único para todos, sin considerar las diferencias en los intereses, habilidades y aptitudes de cada alumno.

Otro argumento crucial es que el sistema educativo estatal, al estar bajo el control del gobierno, está sujeto a las políticas y cambios ideológicos que el gobierno imponga. Las generaciones que pasan por el sistema educativo estatal están expuestas a una agenda política que puede variar enormemente con el tiempo, dependiendo de los intereses del partido que gobierne. La educación, en este caso, deja de ser un proceso neutral de aprendizaje y se convierte en una herramienta para moldear la opinión pública y difundir ideologías políticas que no todos los ciudadanos comparten. En un sistema libre, los padres y las comunidades educativas tienen la libertad de elegir una educación que esté alineada con sus propios valores y principios, evitando la imposición de ideologías que puedan ser ajenas a sus creencias.

Además, el argumento de que la educación estatal es necesaria para garantizar la equidad y la igualdad de oportunidades también es falaz. Si bien el Estado pretende proporcionar educación a todos, en la práctica, los recursos públicos destinados a la educación suelen ser insuficientes, mal gestionados o distribuidos de manera inequitativa. Esto significa que las escuelas públicas a menudo no pueden ofrecer la misma calidad de educación que las instituciones privadas. De hecho, en muchas áreas, las escuelas públicas son de baja calidad debido a la falta de incentivos para mejorar, mientras que las instituciones privadas pueden adaptarse mejor a las necesidades de los estudiantes y ofrecerles oportunidades personalizadas de aprendizaje. La solución no es hacer que todos dependan de la educación estatal, sino crear un sistema donde las familias puedan elegir entre diversas opciones educativas, permitiendo que la competencia en el mercado promueva la mejora en la calidad y accesibilidad.

Finalmente, el argumento de que la educación pública es "para todos" ignora el hecho de que no todos los estudiantes necesitan el mismo tipo de educación. Los métodos de enseñanza, la currícula y el enfoque pedagógico varían, y lo que funciona para un niño puede no ser adecuado para otro. La educación estatal estandariza a los estudiantes, limitando su capacidad para desarrollar sus talentos y habilidades de forma individualizada. Un sistema de educación basado en la libertad, con opciones públicas, privadas, o incluso educación en casa, permite que los estudiantes reciban el tipo de educación que más les beneficie, respetando su derecho a elegir y a ser educados de la manera más efectiva para ellos.

En conclusión, la creencia de que la educación estatal es "necesaria" es un concepto equivocado y limitante. La educación no debe ser un monopolio del Estado, sino un servicio ofrecido en un mercado libre y competitivo, donde los padres y estudiantes tengan la libertad de elegir el modelo educativo que mejor se adapte a sus necesidades. La educación debe ser un proceso personalizado que promueva la diversidad de ideas, el respeto por los valores individuales y la excelencia, lo cual solo es posible cuando se permite la competencia y se elimina la intervención estatal coercitiva.

36 La Crítica a la Propiedad Pública: Un Sistema Ineficiente y Coercitivo

Uno de los pilares del estado y de la visión colectivista de la propiedad es la idea de que los bienes y servicios públicos deben ser gestionados y controlados por el gobierno. Sin embargo, esta concepción de la propiedad pública no solo es ineficaz, sino que también se basa en la coerción y en la toma forzada de recursos. La propiedad pública, como la gestionada por el Estado, es un claro ejemplo de cómo el sistema colectivista destruye la competitividad, la libertad y el progreso, todo mientras perpetúa un sistema basado en el robo a los ciudadanos.

Un ejemplo claro de cómo la propiedad pública se mantiene mediante la coerción es el sistema de carreteras públicas. Actualmente, en muchas ciudades y países, las personas están obligadas a usar estas infraestructuras públicas, a menudo de mala calidad, ya que no existe competencia real para ofrecer alternativas. Las carreteras, puentes, y demás infraestructuras de transporte son en su mayoría propiedad del gobierno y, por lo tanto, son financiadas a través de impuestos. Este sistema no solo es ineficiente, sino que también limita la libertad de los individuos para elegir qué tipo de infraestructuras desean usar.

Imaginemos un escenario en el que deseas viajar de una ciudad a otra. Si no tienes un vehículo propio o prefieres caminar, te verás forzado a utilizar las carreteras públicas, que generalmente están diseñadas para vehículos y no para peatones. Esto significa que, en la mayoría de los casos, no hay alternativas adecuadas para desplazarse a pie, ya que las infraestructuras están pensadas exclusivamente para el tráfico vehicular, limitando las opciones de las personas que no tienen acceso a vehículos. Además, las carreteras públicas no son competitivas. No existe un incentivo real para mejorar la calidad del servicio, ya que no hay competencia entre empresas que ofrezcan alternativas. El gobierno tiene el monopolio del transporte público, lo que significa que, si la calidad es baja o los costos son altos, no hay alternativas viables.

Por otro lado, la propiedad pública, al estar controlada por el Estado, se financia de manera coercitiva a través de los impuestos. Estos impuestos no son opcionales y se cobran de manera obligatoria a todos los ciudadanos, independientemente de si están de acuerdo con el uso de los bienes y servicios públicos o no. Si un ciudadano no utiliza las carreteras públicas o no está de acuerdo con las políticas de transporte del gobierno, aún se ve obligado a contribuir financieramente al mantenimiento de estas infraestructuras. Este sistema de financiamiento no solo es injusto, sino que también priva a las personas de la capacidad de decidir qué bienes y servicios desean financiar.

Además, el modelo de propiedad pública está plagado de ineficiencias. La falta de competencia significa que no existe un incentivo real para mejorar la calidad de los servicios. Los gobiernos no tienen que responder a las demandas de los ciudadanos, ya que, como mencionamos antes, las personas están obligadas a pagar impuestos y a utilizar las infraestructuras públicas. Este tipo de monopolio estatal no solo ralentiza la innovación, sino que también genera una burocracia gigantesca que muchas veces termina siendo más costosa y menos efectiva que un sistema basado en la competencia.

Por ejemplo, en un escenario anarco-capitalista, donde la propiedad privada y la competencia son los principios rectores, la infraestructura de transporte podría ser gestionada por empresas privadas. Esto permitiría que distintas compañías se encargaran de construir y mantener carreteras, puentes y otras formas de transporte, cada una buscando maximizar la calidad del servicio para atraer a los clientes. Las personas tendrían la libertad de elegir qué servicios utilizar y pagarían solo por los que realmente usan, eliminando el sistema de impuestos forzados. Además, la competencia entre empresas generaría una mejora constante en la calidad de las infraestructuras y en la eficiencia del transporte.

En lugar de estar atrapados en un sistema de transporte público deficiente, las personas podrían tener la libertad de elegir entre diferentes opciones de movilidad: desde carreteras privadas de alta calidad hasta sistemas alternativos como transporte ferroviario o incluso transporte no motorizado, todo dependiendo de las necesidades y preferencias de cada individuo. Los precios serían competitivos, y las empresas se verían incentivadas a mejorar constantemente para satisfacer las demandas de los consumidores. Así, el sistema de transporte se transformaría en un entorno dinámico y adaptado a las necesidades de las personas, algo que no es posible en un sistema estatal monopolizado.

Además, la idea de la propiedad pública también se ve reflejada en muchos servicios que el gobierno decide proveer, como la educación, la salud o incluso el agua potable. Sin embargo, al igual que en el caso de las infraestructuras de transporte, estos servicios públicos no se caracterizan por ser los mejores disponibles. La falta de competencia impide que se logre la innovación, y la burocracia estatal muchas veces termina creando más problemas que soluciones. En un sistema anarco-capitalista, estos servicios estarían abiertos a la competencia, lo que resultaría en mejoras en la calidad y precios más bajos.

En conclusión, la propiedad pública, lejos de ser una solución eficiente o justa, es un sistema que se basa en la coerción y que limita la libertad de las personas. El monopolio estatal sobre bienes y servicios, como las carreteras públicas, no solo impide la competencia, sino que también obliga a los ciudadanos a financiar y utilizar servicios que, a menudo, no desean ni necesitan. La solución es permitir que el mercado sea quien regule estos servicios, asegurando que las personas tengan libertad de elección y que los bienes y servicios mejoren constantemente gracias a la competencia.

37 Crítica a las Leyes que Obligan la Cirugía a Personas con Ambigüedad Sexual y a la Obligación de Participar en Elecciones

La Imposición de Cirugías a Personas con Ambigüedad Sexual: Un Atentado a la Libertad Corporal

En algunos países, las leyes y normativas que regulan el nacimiento de personas con ambigüedad sexual —aquellas que nacen con características físicas que no se ajustan completamente a lo que comúnmente se considera un género masculino o femenino— imponen la obligatoriedad de que estas personas se sometan a cirugía para "normalizar" su cuerpo. Este tipo de legislación es un claro atentado contra la libertad corporal y la autonomía individual, ya que no solo ignora la diversidad de la naturaleza humana, sino que también impone un estándar artificial y moralmente cuestionable sobre lo que debe considerarse "normal" en cuanto a los cuerpos humanos.

Las personas intersexuales no deben ser forzadas a someterse a procedimientos médicos invasivos solo porque el sistema legal, y por extensión la sociedad, considera que no encajan en las categorías tradicionales de género. La decisión sobre qué hacer con el propio cuerpo debe ser tomada únicamente por la persona en cuestión, no por médicos, jueces o políticos. El hecho de que estas personas sean obligadas a someterse a una cirugía para eliminar una de sus características sexuales es una violación de su derecho a decidir sobre su propia anatomía y a vivir de acuerdo con su identidad genuina, que puede o no alinearse con las expectativas sociales sobre el género.

Además, el concepto de "normalizar" el cuerpo intersexual implica un entendimiento superficial y reduccionista de la identidad humana. El hecho de que una persona tenga tanto genitales masculinos como femeninos no la convierte en menos humana o menos valiosa. Las personas tienen derecho a vivir y expresarse tal como son, sin ser presionadas a someterse a procedimientos que no desean. En un sistema anarco-capitalista, donde la libertad individual y la autonomía son primordiales, este tipo de imposiciones sobre el cuerpo humano no tendrían cabida. Cualquier intervención médica o quirúrgica debe ser siempre una decisión tomada por la persona involucrada, basada en su propio bienestar, deseos y convicciones, y no algo impuesto por el sistema.

La Obligación de Participar en Elecciones: Una Coerción a la Libertad Individual

El sistema actual de democracia obligatoria, donde se exige que todos los ciudadanos participen en las elecciones, también es un claro atentado contra la libertad individual. La obligación de votar, especialmente cuando se trata de un sistema político que a menudo no refleja los intereses reales de los ciudadanos o no da lugar a opciones que se alineen con sus valores personales, es una forma de coerción que limita la libertad de elección.

El principio de la libertad individual sostiene que una persona debe tener la autonomía para decidir no solo qué hacer con su cuerpo, sino también cómo participar (o no) en la sociedad. Obligar a una persona a votar, especialmente cuando no se siente representada por ninguno de los candidatos o partidos, es forzarla a involucrarse en un proceso que puede ir en contra de sus propios principios. La libertad incluye el derecho a abstenerse de participar en actividades que uno considere inútiles, dañinas o innecesarias. En el caso de las elecciones, esto significaría que, en lugar de ser forzados a votar, los individuos podrían elegir si desean participar o no, basándose en su propio juicio sobre el sistema político y las opciones disponibles.

Además, en un sistema anarco-capitalista, el concepto de "gobierno" o "elecciones" como lo entendemos hoy en día no existiría en la misma forma. No habría una estructura estatal centralizada que obligara a los ciudadanos a formar parte de un proceso electoral. La toma de decisiones se llevaría a cabo de manera descentralizada, a través de acuerdos voluntarios entre individuos y comunidades. Cada quien podría elegir a quién apoyar o a qué tipo de acuerdos adherirse sin que se les impusiera una obligación.

Obligar a las personas a votar no solo es una violación de su libertad, sino que también refuerza un sistema que en muchos casos está diseñado para crear una ilusión de participación sin dar poder real a los ciudadanos. El voto, en muchas ocasiones, se convierte en un acto vacío que no cambia realmente el funcionamiento del sistema, y al forzar a las personas a participar en este proceso, se les está privando de la libertad de decidir si desean o no apoyar ese sistema.

En resumen, tanto la imposición de cirugías a personas intersexuales como la obligación de participar en elecciones son ejemplos de cómo el sistema actual viola la autonomía y la libertad individual. El derecho a decidir sobre el propio cuerpo y el derecho a abstenerse de participar en procesos que no se alinean con los propios valores son fundamentales en cualquier sociedad que promueva la libertad. En un sistema anarco-capitalista, estas libertades serían respetadas, permitiendo que las personas tomen sus propias decisiones, sin la imposición de estándares sociales o políticos.

38 Crítica a la Democracia: ¿Realmente es Justa y Beneficiosa?

La democracia, en su forma actual, se presenta como un sistema de gobierno en el que el poder reside en el pueblo. Sin embargo, al analizarla en profundidad, es evidente que no es un sistema justo ni equitativo. A pesar de ser presentada como la voluntad del pueblo, la democracia está plagada de contradicciones que la hacen ineficaz y, a menudo, injusta.

Una de las principales críticas a la democracia es que, al final del día, se trata de una herramienta para manipular a la mayoría. En una elección democrática, las personas votan por candidatos que prometen representar sus intereses y valores. Sin embargo, una vez en el poder, esos mismos candidatos a menudo priorizan sus propios intereses, los de las élites, o los de grupos de poder específicos.

Además, las promesas hechas durante las campañas pueden ser olvidadas una vez que se asume el poder, lo que genera frustración entre la población.

Un aspecto aún más problemático es que en la democracia, incluso si un candidato "bueno" gana, existe la posibilidad de que, en elecciones posteriores, sea reemplazado por un candidato "malo" o por un régimen con políticas perjudiciales para la mayoría. Las personas que se oponen a ese nuevo gobierno no tienen poder real para cambiar la situación sin esperar varios años hasta la próxima elección. De esta manera, la democracia no asegura una representación constante y estable de los intereses populares, sino que crea ciclos en los que las personas deben vivir bajo el mandato de otros, a menudo sin ningún tipo de control o capacidad de influencia real.

Por lo tanto, la democracia, lejos de ser un sistema ideal para la toma de decisiones colectivas, se convierte en una herramienta de manipulación y control. Si bien se nos presenta como un mecanismo para que las personas elijan a sus líderes, en realidad es un sistema que en muchos casos solo beneficia al Estado y a las elites, ya que las elecciones no cambian fundamentalmente las estructuras de poder. Es un sistema que mantiene a la gente atrapada en un ciclo de elecciones cada ciertos años, sin ofrecerles la verdadera libertad de determinar su destino y su entorno.

Crítica a las Constituciones: Un Contrato Inútil que Limita la Libertad

Las constituciones, aunque se presentan como un pacto que protege los derechos y las libertades de los ciudadanos, en realidad son una falacia que limita las verdaderas libertades individuales. La constitución de un estado no es más que un documento que otorga poder y autoridad al mismo estado que debería ser limitado. De manera irónica, una constitución puede considerarse como el documento que le da al Estado las "llaves" y las "esposas" del prisionero: el pueblo.

Cuando un Estado es constituido, se le otorgan ciertos poderes y responsabilidades bajo el marco de la constitución. Sin embargo, en lugar de proteger la libertad individual, la constitución crea un sistema de control y jerarquía que concentra el poder en una élite política. Las constituciones, aunque a menudo incluyen declaraciones sobre derechos y libertades, son incapaces de garantizar que esos derechos sean respetados en la práctica. En muchos casos, las constituciones solo sirven para legalizar la opresión bajo la apariencia de legitimidad democrática.

Si un Estado tiene la autoridad para crear una constitución, también tiene la capacidad de cambiarla, alterarla o manipularla según sus intereses. La idea de que una constitución, creada por el mismo ente que puede someter a los ciudadanos, puede ser un instrumento para proteger la libertad es un mito. A fin de cuentas, una constitución solo actúa como un marco que perpetúa el poder del Estado y la división de clases.

Por lo tanto, constituir un Estado es equivalente a entregarle al gobierno las "llaves" de una cárcel, dándole el control sobre la vida y los derechos de las personas. A través de la constitución, las personas se ven sujetas a la autoridad de un gobierno que, en última instancia, puede restringir sus libertades bajo la justificación de la "ley" o la "constitución". Este es otro ejemplo de cómo las estructuras de poder en una sociedad moderna están diseñadas para limitar la libertad y la autonomía individual.

En resumen, tanto la democracia como las constituciones representan formas de control y manipulación. La democracia no asegura la justicia ni la representación real de los intereses de la gente, y las constituciones, aunque aparentemente protegen derechos, en realidad sirven para consolidar el poder del Estado. La verdadera libertad no puede lograrse a través de estos sistemas, ya que los individuos deben tener el control absoluto sobre su propia vida y las decisiones que los afectan, sin ser restringidos por instituciones que solo buscan perpetuar su propio poder.

39 Crítica a los Aranceles: ¿Por qué Limitar el Comercio Libre?

Los aranceles, o impuestos sobre las importaciones, son una de las herramientas más perjudiciales utilizadas por los gobiernos para regular el comercio entre países. Aunque los aranceles son presentados como una forma de proteger la industria nacional, en realidad son una carga económica tanto para los consumidores como para las empresas. En un sistema sin aranceles, los precios de los bienes serían significativamente más bajos, lo que beneficiaría directamente a los consumidores. Al eliminar estas barreras artificiales al comercio, las empresas tendrían la capacidad de importar o exportar más productos a mayor escala, lo que incrementaría la competencia y reduciría los costos.

Al eliminar los aranceles, se lograría un entorno más competitivo, donde las empresas se verían menos presionadas por costos adicionales impuestos por el gobierno. Esto resultaría en precios más bajos para los consumidores, lo que no solo mejoraría el poder adquisitivo, sino que también disminuiría la inflación. Sin las restricciones artificiales que limitan la oferta de productos, las empresas tendrían más opciones de importación y exportación, lo que fomentaría el crecimiento económico y la expansión de mercados globales.

Además, los aranceles crean distorsiones en los mercados locales, alentando a las empresas a enfocarse más en superar las barreras comerciales que en mejorar la calidad de sus productos. Sin aranceles, las empresas se verían obligadas a competir en términos de calidad y precio, lo que impulsaría la innovación y beneficiaría a los consumidores. En resumen, los aranceles son un obstáculo innecesario que ralentiza el crecimiento económico, eleva los precios y limita las oportunidades de los consumidores y las empresas.

Crítica a la Pena de Muerte: ¿Es la Muerte una Solución Justa?

La pena de muerte ha sido defendida por algunos como una forma de castigar de manera justa a aquellos que cometen crímenes atroces. Sin embargo, aunque la idea de castigar con la muerte a un individuo que ha causado un gran daño puede parecer satisfactoria desde un punto de vista emocional, es una solución profundamente problemática y moralmente cuestionable. La pena de muerte no solo es irreversible, sino que también carece de un verdadero propósito en términos de rehabilitación y justicia.

En lugar de aplicar la pena de muerte, es más efectivo y humano permitir que los criminales paguen por sus delitos mientras siguen vivos. Un sistema que los obliga a trabajar en lugar de terminar con sus vidas ofrece una forma de "redención" en vida. Como ejemplos recientes de sistemas más humanitarios, podemos ver iniciativas como las implementadas por líderes como Javier Milei en Argentina o Nayib Bukele en El Salvador, donde los prisioneros son puestos a trabajar en proyectos productivos, lo que les permite "pagar" por sus crímenes mientras continúan siendo parte activa de la sociedad.

El trabajo forzoso en un contexto adecuado puede ser visto como una forma de justicia restaurativa: los prisioneros están contribuyendo a la sociedad a través de su trabajo y, a cambio, reciben comida y un entorno seguro para vivir mientras cumplen su condena. De este modo, en lugar de eliminar una vida, se les da una oportunidad de retribuir, rehabilitarse y, eventualmente, reintegrarse en la sociedad si así lo permiten las circunstancias.

Además, el sistema de pena de muerte puede ser costoso e ineficiente. Los juicios prolongados, los recursos legales y las apelaciones hacen que este castigo sea una carga para el sistema judicial y el gobierno. En comparación, la implementación de trabajos para prisioneros genera un beneficio tanto para los individuos como para la sociedad en general. Los prisioneros, en lugar de ser un costo para el Estado, pueden generar valor a través de su trabajo.

En conclusión, la pena de muerte no debe considerarse una respuesta justa a los crímenes, ya que elimina la posibilidad de rehabilitación, no resuelve el problema subyacente y es una medida irreversible que puede resultar en injusticias. En cambio, un sistema que permite a los prisioneros trabajar y redimir sus acciones, mientras se les proporciona comida y condiciones humanas, ofrece una solución más razonable, eficiente y humana.

40 Reflexión sobre la Necesidad de Cambiar la Mentalidad: El Estado como la Amenaza al Futuro

Es fundamental comenzar a cuestionar la idea de que el Estado es algo inherentemente bueno y protector. A lo largo de la historia, hemos sido condicionados a ver al gobierno y sus instituciones como entidades que velan por el bienestar colectivo, pero es hora de reconocer que esto está lejos de la realidad. Si seguimos confiando en el Estado para manejar nuestras vidas, es probable que, con el tiempo, su poder crezca de forma desmesurada, ampliando sus tentáculos hasta cubrir todos los aspectos de nuestra existencia. Este crecimiento incontrolado solo lleva a una mayor opresión, control y, finalmente, destrucción.

Pongámonos a pensar por un momento en el poder militar que tienen los Estados. Los enormes ejércitos, la vigilancia constante a través de agencias como la CIA, y el control sobre la tecnología de armas que podría aniquilar el mundo entero son solo algunos ejemplos de la peligrosidad de un gobierno con demasiado poder. Estos actores no nos ven como ciudadanos libres y soberanos, sino como simples peones en un tablero de ajedrez, fácilmente manipulables para cumplir con sus propios intereses. Y lo peor es que muchos no se dan cuenta de que el control que el Estado ejerce sobre nosotros es un control absoluto.

Incluso las personas que han hecho grandes contribuciones a la humanidad, inventores y científicos, han sido muchas veces silenciadas, neutralizadas o eliminadas cuando sus descubrimientos amenazaron el status quo del poder establecido. Aquellos que intentan cambiar el mundo para mejor, aquellos que tienen el potencial de mejorar nuestras vidas a través de sus ideas, a menudo son rechazados o incluso asesinados por aquellos que se benefician del sistema actual. Este patrón nos demuestra que el Estado no está realmente interesado en el progreso o en el bienestar humano, sino en mantener su control y perpetuar su existencia.

La dirección en la que nos dirigimos, si seguimos ciegamente confiando en el Estado, es aterradora. La posibilidad de un futuro dominado por la guerra nuclear y la autodestrucción masiva es cada vez más tangible. Las potencias nucleares, armadas hasta los dientes, están constantemente al borde del conflicto. Y el peor escenario sería un mundo donde el poder del Estado ha crecido tanto que ya no existe forma de retroceder. Los ciudadanos quedarían atrapados en un ciclo de violencia, miedo y control, y la libertad se desvanecería por completo.

Este futuro distópico no es una inevitabilidad, pero solo si comenzamos a cuestionar la legitimidad del Estado y su poder. Es hora de cambiar nuestra mentalidad, de ver al Estado como lo que realmente es: una entidad que busca mantener y expandir su dominio, no un protector de nuestros derechos. Si no despertamos a esta realidad, podríamos estar condenados a un futuro donde la libertad ya no exista y donde la humanidad se destruya a sí misma por la ceguera colectiva de creer en los mitos que el Estado nos ha impuesto. La responsabilidad es nuestra. Es hora de cuestionarlo todo y de empezar a pensar en alternativas que nos permitan vivir en un mundo libre, sin la amenaza constante del control estatal.

41 La Verdadera Libertad: ¿Realmente Podemos Escapar?

La verdad es que uno nunca será completamente libre, por más que intente alejarse del mundo y vivir aislado en un bosque o en algún lugar apartado. La ilusión de escapar de la sociedad, de los problemas y de los sistemas que nos controlan, está condenada a desmoronarse tarde o temprano. Porque, en el fondo, el Estado, las estructuras de poder y las redes de control están diseñadas para llegar a todos, sin importar qué tan lejos decida huir uno.

Miren el ejemplo de Afganistán, que, a pesar de ser un país con territorios remotos y comunidades aisladas, no ha podido escapar de la influencia de las potencias extranjeras, ni de los propios conflictos internos. La historia de ese país es un claro recordatorio de que, incluso en los rincones más apartados del mundo, no existe una verdadera libertad fuera del control. Los problemas que parecen ser ajenos a la civilización, tarde o temprano, nos alcanzan. De alguna forma, el poder y la dominación llegan hasta el último rincón del planeta.

O tomemos el caso de Corea del Norte, una de las naciones más cerradas y controladas en el mundo. A pesar de su aislamiento extremo, la dictadura norcoreana mantiene un estricto control sobre cada aspecto de la vida de sus ciudadanos, desde la comida hasta los pensamientos. El gobierno controla incluso las interacciones más simples, y la opresión está tan arraigada que incluso la idea de escapar se ve como algo casi imposible. Esto muestra cómo, incluso en una sociedad cerrada, la libertad individual es anulada por completo.

A veces, me da miedo pensar que el futuro podría ser como Corea del Norte si seguimos permitiendo que el gobierno y las instituciones controlen nuestras vidas bajo excusas como "es por nuestra seguridad" o "es para evitar el tráfico de drogas y otros delitos". Cada vez más, se nos obliga a revelar detalles sobre nuestras vidas a cambio de una supuesta "protección", sin que se nos pregunte si realmente lo queremos o si, a largo plazo, nos estamos entregando a un sistema que nos vigila, nos controla y nos niega nuestra privacidad.

La verdadera libertad no se trata de huir o escapar, sino de cuestionar el sistema, de ser conscientes de la manipulación a la que estamos siendo sometidos y de luchar contra la imposición de un control absoluto sobre nuestras vidas. No importa cuán lejos tratemos de ir, el control siempre nos alcanzará si no nos oponemos a él. La única manera de alcanzar la libertad genuina es enfrentarnos a los problemas de frente, cuestionar las estructuras de poder y exigir un mundo en el que nuestras libertades individuales sean realmente respetadas, sin excusas ni justificaciones.

42 La Ilusión de la Guerra: Un Juego de Poderes que Nos Consume

La guerra, a lo largo de la historia, ha sido vendida como un acto glorioso, como una forma de sacrificio por la patria, por la honra, por el futuro. Pero la realidad de lo que ocurre en el campo de batalla es muy diferente, y la historia está llena de ejemplos que nos muestran cómo esta ilusión termina en tragedia.

Durante la Primera Guerra Mundial, muchos jóvenes, llenos de ideales y de la creencia de que estaban luchando por una causa justa, se alistaron en los ejércitos. Se les enseñó que defender la patria era lo más noble que podían hacer, que luchaban por la gloria y el futuro de su nación. Pero, cuando llegaron al frente de batalla, la brutalidad y el horror de la guerra les mostró la cruda realidad. Millones de hombres, despojados de sus vidas y sueños, cayeron en trincheras llenas de lodo, de sangre y de muerte. La guerra dejó cicatrices no solo en los cuerpos, sino también en las mentes de aquellos que sobrevivieron, quienes jamás pudieron olvidar la barbarie que vivieron. Se dieron cuenta demasiado tarde de que no estaban defendiendo nada más que los intereses de los poderosos, mientras ellos, como carne de cañón, se destruían mutuamente.

En la Segunda Guerra Mundial, la situación no fue distinta. El heroísmo, la valentía, la lucha por la libertad, la justicia... todo esto se convirtió en propaganda para movilizar a millones. Pero, cuando miramos más allá del discurso oficial, nos damos cuenta de que, en realidad, miles de personas murieron para defender a dictadores, para luchar en guerras que, en su núcleo, eran batallas entre imperios por el control y el poder. El Holocausto, con su horror indescriptible, fue uno de los capítulos más oscuros de esa guerra, donde millones de seres humanos fueron asesinados por el simple hecho de ser judíos, gitanos, discapacitados, o simplemente diferentes.

La guerra no es ni gloriosa ni heroica. La guerra es el fracaso de la diplomacia, es el resultado de un sistema que prefiere resolver las diferencias con violencia, en lugar de buscar soluciones pacíficas. Las víctimas de la guerra son personas comunes, personas como tú y como yo, que se ven arrastradas por fuerzas ajenas a su voluntad. Los ideales de patria y honor son manipulaciones, excusas vacías que sirven para justificar lo injustificable: la muerte masiva, el sufrimiento y la destrucción.

En cada conflicto bélico, quienes realmente ganan son los que se benefician de la guerra: los poderosos, los que controlan el sistema. Mientras tanto, los que realmente pierden son los pueblos, las familias, las vidas que se destruyen. Los héroes de la guerra son aquellos que sobreviven, pero el verdadero héroe es el que no se deja llevar por las mentiras, el que sabe que la paz es el único camino hacia la verdadera justicia y la verdadera libertad.

Al reflexionar sobre estos momentos trágicos de la historia, debemos preguntarnos si estamos dispuestos a seguir permitiendo que se nos utilice como piezas en un tablero de ajedrez donde la guerra es solo otro juego de poder. La historia de las guerras pasadas nos enseña que la verdadera victoria es aquella que se consigue sin disparar una sola bala, sin derramar una sola gota de sangre. Solo entonces podremos decir que hemos aprendido la lección más importante: que la guerra no es el camino para la paz, sino su mayor enemigo.

43 El Funcionamiento de las Carreteras en el Anarco-Capitalismo

En un sistema anarco-capitalista, las carreteras no serían controladas por un gobierno central, sino por empresas privadas que operan bajo el principio de la libre competencia. Esto implica que el mercado decidiría cómo se gestionan, construyen y mantienen las infraestructuras de transporte. Sin embargo, como cualquier otro sistema, existen tanto ventajas como posibles problemas que deben ser contemplados.

1. *Empresas que Proveen Carreteras como un Servicio Privado*

En lugar de ser administradas por el estado, las carreteras serían creadas y gestionadas por empresas privadas que ofrecerían su uso a los consumidores a cambio de tarifas. Estas empresas competirían entre sí por ofrecer las mejores y más seguras rutas. Los consumidores podrían elegir qué empresas utilizar según la calidad, el costo y la disponibilidad de las carreteras.

2. Desarrollo de Carreteras Especializadas

Las empresas podrían construir diferentes tipos de carreteras según el uso. Por ejemplo, podrían existir carreteras para vehículos de carga, otras para vehículos privados o incluso carreteras para transporte público. Las empresas que gestionan estas rutas ofrecerían contratos de mantenimiento con diferentes tarifas y opciones, asegurando que el mercado pueda adaptarse a la demanda de cada tipo de infraestructura.

3. Compensación de Costos Mediante Tarifa de Peaje

Las empresas podrían cobrar una tarifa de peaje, no solo por el uso de la carretera, sino también por la calidad del servicio, como por ejemplo, el mantenimiento constante de la infraestructura, la seguridad, y la limpieza. De esta manera, la competencia incentivaría a las empresas a ofrecer carreteras de alta calidad a precios razonables para atraer más clientes.

4. Incentivo para la Innovación

Las empresas privadas que gestionan las carreteras estarían motivadas para mejorar la infraestructura y sus servicios. Esto podría incluir el desarrollo de tecnologías avanzadas para reducir el tráfico, mejorar la seguridad, o incluso carreteras más sostenibles. La competencia en el mercado promovería la innovación, lo que beneficiaría a los consumidores.

5. Acceso a Carreteras Locales

En áreas más pequeñas o rurales, empresas locales podrían proporcionar carreteras más baratas y accesibles para los residentes, mientras que las empresas más grandes podrían concentrarse en carreteras interurbanas o interestatales. Esto crearía una diversidad de opciones para los consumidores y reduciría el riesgo de monopolios locales.

Problema: Empresas que Cobran Tarifas Exorbitantes

En un sistema anarco-capitalista, si una empresa monopoliza una carretera esencial y comienza a cobrar tarifas desmesuradas por su uso, podría generar grandes inconvenientes para los consumidores. Por ejemplo, si una sola empresa controla la única carretera que conecta dos ciudades y decide aumentar el peaje de manera excesiva, los viajeros se verían obligados a pagar precios muy altos, afectando su capacidad para transportarse libremente.

Solución:

Una posible solución sería que otras empresas compitieran construyendo rutas alternativas. Si la carretera principal es muy cara, los consumidores podrían buscar rutas alternativas o soluciones de transporte diferentes (como compañías de trenes, aviones o transporte público). Si no existe competencia por la misma ruta, esto podría resultar en un "monopolio de carretera" que podría abusar de su poder.

Regulaciones del Mercado: Las empresas competidoras podrían tomar medidas para disuadir las tarifas exorbitantes, como construir nuevas rutas o, si es posible, crear una red de transporte que ofrezca precios más competitivos. Esto mantendría el mercado libre y evitaría que las empresas explotaran su monopolio.

Solución de Infraestructura Localizada: Los gobiernos de comunidades locales o incluso asociaciones de ciudadanos podrían organizarse para construir carreteras adicionales que conecten puntos clave sin depender de una sola empresa. Las asociaciones de empresas también podrían invertir en infraestructura colectiva en lugar de depender de una empresa dominante.

Problema: Carreteras Sin Sentido y Exceso de Competencia

En un sistema anarco-capitalista, una posible consecuencia negativa podría ser la proliferación de carreteras que no tengan utilidad real o que lleven a lugares con poca demanda, simplemente porque las empresas buscan maximizar ganancias mediante la sobreconstrucción. Esto podría resultar en una red de carreteras excesiva y poco eficiente.

Solución:

La **eficiencia del mercado** sería el principal regulador. Las empresas tendrían que realizar estudios de mercado para asegurarse de que las nuevas carreteras sean rentables y sirvan a una necesidad real. Si la construcción de una nueva carretera no es financieramente viable o no aporta valor a los consumidores, simplemente no se llevaría a cabo. Las carreteras ineficientes eventualmente se cerrarían o serían reemplazadas por rutas más utilizadas, ya que los consumidores se moverían hacia opciones más eficientes.

Además, las asociaciones públicas-privadas o las organizaciones locales podrían influir en el diseño y el uso de las carreteras para evitar la proliferación de infraestructuras innecesarias.

Conclusión

El sistema de carreteras en un anarco-capitalismo tiene el potencial de ser mucho más flexible y adaptado a las necesidades del mercado en comparación con las infraestructuras públicas controladas por el estado. Sin embargo, existen riesgos relacionados con los monopolios, tarifas excesivas y la sobreconstrucción de rutas innecesarias. La competencia y la regulación del mercado, junto con la participación activa de la comunidad, serían claves para mitigar estos problemas y asegurar que las carreteras sigan siendo accesibles y eficientes para todos los ciudadanos.

44 El Transporte Público en un Sistema Anarco-Capitalista

En un sistema anarco-capitalista (ancapismo), el concepto de "transporte público" no sería el mismo que el que conocemos hoy, gestionado por el gobierno. Sin embargo, sí existirían diversas opciones de transporte, pero operadas por empresas privadas que compiten en el mercado libre para ofrecer el mejor servicio a los consumidores. A continuación se describe cómo funcionaría el transporte público bajo el modelo anarco-capitalista:

1. Taxis y Vehículos Compartidos de Empresas Privadas

En lugar de depender de un sistema de taxis regulado por el gobierno, varias empresas privadas ofrecerían servicios de transporte, como taxis, vehículos compartidos o incluso autos autónomos. Las empresas competirían entre sí para ofrecer mejores precios, mejores vehículos y una experiencia más cómoda para los pasajeros. Los consumidores tendrían la libertad de elegir entre diferentes opciones de transporte, como taxis tradicionales, servicios de transporte compartido (como Uber, Lyft) o incluso empresas que operen con vehículos autónomos.

- **Competencia y diversidad**: Las empresas privadas competirían en precios, comodidad y tiempo de espera. Esto garantizaría que los consumidores tuvieran múltiples opciones según sus preferencias.
- **Mercado dinámico**: Las tarifas podrían ajustarse según la demanda, el tiempo del día o el tipo de vehículo utilizado, lo que daría lugar a una estructura más eficiente y flexible.

2. *Trenes y Transportes Subterráneos Operados por Empresas*

En lugar de ser operados por una entidad estatal, los trenes y sistemas de metro o subterráneos serían gestionados por empresas privadas. Estas empresas construirían y operarían las infraestructuras, y cobrarían a los pasajeros en base a tarifas competitivas. Las rutas y horarios serían determinados por la demanda, lo que permitiría una mayor eficiencia.

- **Competencia entre empresas**: Las empresas podrían competir para construir rutas más rápidas o eficientes, y ofrecer tarifas más bajas o mejores servicios, lo que beneficiaría a los consumidores. Si una empresa no cumple con las expectativas de los usuarios, surgirían otras opciones.
- **Mantenimiento y calidad**: Al depender de empresas privadas, el mantenimiento de los trenes y las infraestructuras se haría de forma constante y con el fin de mantener la satisfacción del cliente. La competencia evitaría la desinversión y la negligencia.

3. *Líneas de Autobuses Privadas*

Al igual que los taxis, las empresas privadas también podrían gestionar líneas de autobuses. Las empresas decidirían las rutas y horarios basándose en la demanda del mercado, y los pasajeros pagarían una tarifa por el servicio. De nuevo, la competencia entre empresas privadas ayudaría a mejorar los servicios y reducir los precios.

- **Variedad de opciones**: Podría haber diferentes tipos de servicios, desde autobuses de lujo con más comodidades hasta opciones más económicas para los pasajeros que prefieran una tarifa baja.

- **Flexibilidad y oferta ajustada**: Las empresas podrían adaptarse rápidamente a cambios en la demanda y ofrecer opciones más personalizadas.

4. Carreteras Privadas para Empresas de Transporte

En un sistema anarco-capitalista, las empresas de transporte también podrían gestionar sus propias carreteras, especialmente para servicios como el transporte de mercancías. Empresas de transporte de carga construirían carreteras privadas que mejoren la eficiencia del transporte de productos, sin depender de infraestructuras estatales.

- **Tarifas y calidad mejoradas**: Al haber competencia entre empresas que gestionan sus propias carreteras, los precios y los servicios de transporte serían más eficientes y de mejor calidad. Las empresas estarían motivadas para mantener buenas infraestructuras para atraer más clientes.

5. Transporte Aéreo Comercial

Las aerolíneas privadas en un sistema anarco-capitalista también serían una opción común para los viajes de larga distancia. Las aerolíneas competirían por ofrecer el mejor servicio, con precios más bajos, mejores comodidades y tiempos de vuelo más rápidos. El mercado libre impulsaría la innovación y la competitividad en el sector, lo que resultaría en un transporte aéreo de calidad a precios accesibles.

- **Más opciones y mejores tarifas**: Con la competencia entre empresas, habría una mayor oferta de vuelos y opciones para los consumidores. Las tarifas podrían ajustarse según la demanda, y las empresas que ofrezcan mejores servicios atraerían más clientes.

Beneficios del Transporte Público Privado en el Anarco-Capitalismo

- **Mayor competencia y eficiencia**: Las empresas competirían para ofrecer los mejores servicios, lo que beneficiaría a los consumidores al proporcionar opciones más variadas, precios más bajos y mejores condiciones.

- **Flexibilidad en los precios**: Los precios de los servicios de transporte se ajustarían a la demanda, lo que haría que los servicios sean más accesibles en momentos de baja demanda y más rentables cuando la demanda sea alta.
- **Mejor calidad**: Las empresas privadas estarían incentivadas a ofrecer servicios de alta calidad para ganar y mantener a sus clientes. Si una empresa no cumple con las expectativas del consumidor, podría ser reemplazada por otra que lo haga.
- **Innovación y mejoras constantes**: Las empresas privadas se verían motivadas a invertir en nuevas tecnologías para mejorar la comodidad, la seguridad y la eficiencia de los servicios de transporte.

Desafíos y Soluciones

Aunque este sistema tiene grandes ventajas, también plantea algunos desafíos:

1. **Monopolios Locales**: En algunas áreas, podría surgir una empresa dominante que controle todos los medios de transporte y pueda cobrar precios excesivos. Para evitar esto, sería necesario fomentar la competencia mediante incentivos para que nuevas empresas entren al mercado. Además, los usuarios podrían elegir entre diferentes opciones de transporte, lo que limitaría el poder de monopolio.
2. **Infraestructuras Costosas**: La construcción y el mantenimiento de infraestructuras como trenes, metros o carreteras privadas pueden ser costosos. Las empresas podrían asociarse con gobiernos locales o crear alianzas para financiar estas infraestructuras de manera efectiva. Sin embargo, el principio del libre mercado garantizaría que los consumidores puedan elegir las mejores opciones de transporte disponibles.

Conclusión

En un sistema anarco-capitalista, el transporte público sería gestionado por empresas privadas, lo que impulsaría la competencia y la mejora de los servicios. Con la libre competencia y el incentivo de mantener a los consumidores satisfechos, las empresas estarían motivadas a ofrecer una amplia variedad de opciones, precios más bajos y servicios de calidad. Aunque podrían surgir desafíos como los monopolios locales o los altos costos iniciales, el mercado libre y las soluciones competitivas garantizarían un sistema de transporte eficiente y accesible para todos.

45 Murray Rothbard y la Venta de Niños: Desmitificando el Mito

Una de las críticas más comunes a las ideas de Murray Rothbard, un influyente filósofo y economista del anarco-capitalismo, es el malentendido sobre su postura con respecto a la "venta de niños". Este mito ha sido distorsionado por aquellos que no comprenden adecuadamente su perspectiva. Rothbard no estaba sugiriendo que los niños fueran tratados como productos de consumo para ser comprados y vendidos. En lugar de eso, su argumento se refería a un modelo en el cual los orfanatos privados, en lugar de depender de la caridad o subsidios estatales, pudieran tener la opción de ofrecer a los niños en adopción mediante un intercambio de valor, como una forma de asegurar que los orfanatos pudieran sobrevivir financieramente y brindar un mejor cuidado.

El Contexto de la "Venta de Niños"

Rothbard nunca promovió la venta directa de niños como una práctica aceptable ni como una forma de tratar a los niños como mercancías. Su comentario en relación a los orfanatos privados debe entenderse en el contexto de su creencia en la propiedad privada y la libertad de los individuos para gestionar sus recursos. En su visión, los orfanatos privados, al igual que cualquier otra institución en una sociedad libre, deberían tener la capacidad de operar de acuerdo con las normas del mercado. Los orfanatos, bajo un sistema anarco-capitalista, tendrían que encontrar formas de financiarse y funcionar sin depender de la coerción estatal. Para hacer esto, Rothbard sugirió que, en lugar de depender de la beneficencia o la filantropía, un orfanato podría vender la custodia de los niños a familias que pudieran pagar por ellos, como una alternativa al sistema estatal de adopciones.

Orfanatos Estatales vs. Orfanatos Privados

En el modelo estatal, los orfanatos y las adopciones son gestionados y financiados por el gobierno. Aunque los servicios en teoría son "gratuitos", esto no significa que no tengan un costo. Los orfanatos financiados por el estado son sostenidos por los impuestos, lo que implica que los ciudadanos tienen que pagar por estos servicios aunque no los utilicen. Además, la calidad de los servicios estatales no siempre es la mejor debido a la falta de competencia y los incentivos para mejorar.

Por otro lado, un orfanato privado, según la visión de Rothbard, estaría incentivado a ofrecer un servicio de calidad para atraer a adoptantes y garantizar su viabilidad financiera. Si bien la idea de "vender" a los niños podría sonar inquietante en un primer momento, el concepto se refiere a un intercambio que garantizaría que los niños recibieran el cuidado adecuado y que los orfanatos pudieran seguir operando de manera eficiente. El intercambio en sí mismo no sería un "precio" por el niño en el sentido de una transacción comercial, sino más bien una manera de asegurar que los recursos necesarios para mantener a los niños estuvieran disponibles.

El Error de la Interpretación

El mito de que Rothbard proponía literalmente la venta de niños como productos ha sido una malinterpretación de sus palabras y su visión filosófica. La idea de Rothbard se basaba más en el concepto de ofrecer a los orfanatos la libertad de operar en el mercado, lo que incluye la posibilidad de recibir compensación financiera por el cuidado de los niños. A diferencia de los orfanatos estatales, que no tienen incentivos reales para mejorar su calidad de cuidado, un orfanato privado bajo las condiciones del mercado se vería impulsado a proporcionar un ambiente seguro y saludable para los niños.

Además, Rothbard entendía que los orfanatos privados, al operar bajo principios de libre mercado y sin intervención estatal, podrían proveer un entorno donde las decisiones se tomaran de acuerdo con las necesidades y el bienestar de los niños, y no bajo una burocracia estatal.

La Realidad de la Adopción y la Custodia

La adopción de menores en sistemas tanto estatales como privados en la realidad moderna sigue siendo un proceso altamente regulado y protegido. El bienestar de los niños es la prioridad, y ninguna ley o política sería capaz de permitir la venta de niños en un contexto de mercado sin supervisión, control y protección de los derechos del menor. La noción de "venta" de niños en el contexto de Rothbard es una interpretación errónea de la idea de permitir a los orfanatos recibir compensación por sus servicios de cuidado y adopción, no de tratar a los niños como bienes intercambiables.

Conclusión

En resumen, la "venta de niños" que algunos atribuyen a Murray Rothbard no era un concepto que estuviera relacionado con la idea de comercializar a los niños o tratarlos como objetos. En lugar de eso, Rothbard proponía que los orfanatos privados, para mantenerse operativos y brindar un mejor cuidado, podrían tener la posibilidad de recibir pagos o compensaciones por la adopción, lo que les permitiría continuar con su labor de cuidar a los niños. En ningún momento Rothbard defendió la explotación o la deshumanización de los niños. Más bien, su crítica se dirigía hacia la intervención estatal y la creación de un sistema de cuidado infantil que fuera más eficiente y responsable dentro de un sistema de libre mercado.

Este es un tema delicado y fundamental para entender cómo un sistema anarco-capitalista manejaría situaciones de crimen y violación de derechos fundamentales, como lo es la pornografía infantil. En un sistema sin estado, el mecanismo principal de regulación sería el mercado, las decisiones voluntarias de individuos y empresas, y la justicia privada basada en principios éticos sólidos. A continuación, se detalla cómo un sistema anarco-capitalista podría enfrentar este tipo de situación.

46 La Protección Contra Crímenes Atroces en un Sistema Anarco-Capitalista: El Caso de la Pornografía Infantil.

1. Principios Fundamentales en un Sistema Anarco-Capitalista

El sistema anarco-capitalista se basa en la protección absoluta de los derechos de propiedad y la libertad individual. Esto significa que, dentro de este marco, cualquier acción que viole los derechos de otro individuo, especialmente la violencia, el daño a la propiedad, o el abuso, sería vista como un delito grave. La pornografía infantil es una violación directa de los derechos de los menores, ya que implica abuso sexual y explotación. Esta es una violación inaceptable en cualquier sistema, incluidos los principios del anarco-capitalismo.

2. El Papel de la Justicia Privada y las Agencias de Seguridad

En un sistema sin un estado centralizado, las personas o empresas contratarían servicios de seguridad y agencias de justicia privada para garantizar sus derechos y protegerse de daños. Estas agencias serían responsables de investigar y detener delitos graves, y en el caso de la pornografía infantil, actuarían con rapidez.

Si un individuo o una organización criminal comienza a pactar con empresas para promover actividades ilegales como la pornografía infantil, las agencias de justicia privada, que en este sistema serían altamente especializadas y muy incentivadas para actuar correctamente (para proteger su reputación y la de sus clientes), tomarían las siguientes acciones:

- **Investigación**: Las agencias privadas que se especializan en la protección de menores y la prevención de abusos se encargarían de investigar rápidamente las denuncias o pistas sobre la creación o distribución de pornografía infantil. Las agencias de justicia privada tendrían protocolos muy estrictos para estos casos, dada la gravedad del crimen.
- **Enjuiciamiento**: En el anarco-capitalismo, la justicia se busca mediante tribunales privados. Si la evidencia es suficiente, el caso podría ser presentado ante un tribunal de arbitraje privado que tomará la decisión basándose en los principios de justicia y protección de los derechos. En este caso, la condena sería severa debido a la gravedad del crimen.
- **Castigos y Reparaciones**: Los culpables de violaciones tan graves como la pornografía infantil recibirían castigos extremadamente severos, como la exclusión social y la pérdida de todos sus derechos dentro del sistema, ya que han causado un daño irreversible a individuos inocentes. Además, la reparación de daños sería una parte esencial del proceso, garantizando que las víctimas reciban el apoyo y las indemnizaciones necesarias para su rehabilitación.

3. El Mercado de Justicia y la Ley del Castigo Social

En un sistema anarco-capitalista, las empresas tendrían un interés directo en mantener una imagen limpia y no asociarse con criminales. La cooperación de empresas con organizaciones criminales podría resultar en boicots masivos, pérdidas comerciales y la ruina total de sus reputaciones. Es muy probable que las empresas que violen principios éticos tan fundamentales como la protección infantil se enfrenten al repudio de la sociedad y del mercado, lo que podría llevar a su colapso económico.

Las leyes sociales y los castigos económicos y legales en un sistema de mercado, como el anarco-capitalismo, se aseguran de que las personas y empresas que participen en la creación, distribución o apoyo de actividades como la pornografía infantil sufran consecuencias directas, sin necesidad de un aparato estatal centralizado.

4. El Rol de la Comunidad y los Principios Éticos

En este sistema, el consenso social y los principios éticos juegan un rol clave. La protección de los derechos humanos y la lucha contra crímenes atroces como la pornografía infantil no solo se basan en la acción de agencias privadas, sino también en la voluntad y cooperación de la comunidad para rechazar cualquier forma de abuso. En una sociedad que valora profundamente la libertad y la dignidad humana, el apoyo social a la justicia y la protección de las víctimas sería crucial.

Las víctimas de abuso, como los menores involucrados en la pornografía infantil, recibirían atención, protección y resarcimiento. Además, los individuos y empresas responsables serían sometidos a castigos severos, tanto en el ámbito económico como legal, con el objetivo de erradicar este tipo de actividades.

5. Posibilidad de Extradición y Cooperación Internacional

Aunque el anarco-capitalismo rechaza la idea de un gobierno centralizado, las organizaciones de seguridad privadas, las agencias de justicia y las empresas internacionales podrían establecer acuerdos de cooperación para resolver casos que atraviesan fronteras. En el caso de que una empresa o un criminal operara en múltiples regiones, la cooperación entre diversas agencias privadas podría hacer frente al problema y garantizar que la justicia se aplique, incluso si involucra a actores internacionales.

6. El Problema de los Abusos y Cómo Prevenirlo

El sistema anarco-capitalista podría enfrentar desafíos en cuanto a la seguridad, la protección de derechos y la prevención de abusos por parte de empresas y actores privados. Por ello, es crucial que exista un sistema de justicia robusto, basado en principios morales sólidos, para evitar que los intereses privados de las empresas prevalezcan sobre el bienestar de las personas. Esto requiere un sistema de regulación moral y ética a nivel de la comunidad, y una estricta vigilancia sobre la forma en que las empresas manejan sus prácticas.

46 Las Drogas en el Anarco Capitalismo: Elección y Responsabilidad Individual

En un sistema anarco-capitalista, las drogas, al igual que cualquier otro producto o servicio, estarían disponibles para las personas que deseen consumirlas, siempre y cuando no interfieran con la libertad de los demás. Esta visión parte de la idea fundamental de que la libertad individual es el valor más alto y que las personas deben ser responsables de sus propias decisiones, tanto buenas como malas. En este contexto, el concepto de "prohibir" algo como las drogas se vería como una violación a la libertad de elección de los individuos.

Desde mi perspectiva, todo en la vida puede considerarse una forma de "droga" en el sentido de que depende de nuestra adicción o dependencia. Incluso el oxígeno, el cual necesitamos para sobrevivir, podría verse como una "droga". Necesitamos consumirlo para vivir, pero nadie cuestiona su legalidad o su regulación de manera estricta porque es esencial para nuestra existencia. Lo mismo sucede con el consumo de otros productos, como la comida, las bebidas alcohólicas, los dulces, o incluso la información que consumimos a través de los medios. La cuestión es cómo gestionamos esas elecciones y cómo vivimos con las consecuencias de ellas.

En el caso de las drogas, en lugar de una prohibición tajante, lo que ocurriría sería un mercado libre en el que las personas serían responsables de lo que eligen consumir. En este escenario, las tiendas de drogas podrían operar como cualquier otro negocio, pero con ciertas regulaciones que protejan tanto al consumidor como a la comunidad. Por ejemplo, las tiendas que venden sustancias controladas podrían estar obligadas a etiquetar claramente los productos con advertencias sobre los efectos peligrosos que conllevan, similar a cómo se etiquetan los alimentos o las bebidas alcohólicas con advertencias de salud. También podrían existir restricciones sobre la cantidad de ciertas drogas que una persona puede adquirir en un solo momento, en función del tipo de sustancia y los riesgos asociados con su consumo.

Lo importante es que no sería el estado el que impusiera estas restricciones de manera coercitiva, sino que serían acuerdos entre las comunidades y los proveedores. Las personas dentro de una comunidad podrían acordar sus propios estándares sobre el consumo de sustancias, y las empresas tendrían que adherirse a esos principios si quieren operar en esa comunidad. De este modo, las personas podrían decidir qué consumir, pero también asumirían las responsabilidades de las consecuencias que conlleva su elección.

Además, como en cualquier otra actividad económica, el mercado se encargaría de regularse a sí mismo. Si una empresa vendiera productos de mala calidad o causara daño a sus clientes, perdería clientes y, eventualmente, cerraría. A diferencia del sistema actual, donde el gobierno se involucra en la regulación de sustancias y decide arbitrariamente qué se debe prohibir y qué no, en un sistema anarco-capitalista las decisiones sobre qué consumir se basarían en la libertad y el consentimiento mutuo entre las partes involucradas.

En conclusión, en un mundo anarco-capitalista, las drogas no serían ilegalizadas de manera arbitraria, sino que estarían sujetas a las decisiones y responsabilidades de los individuos que decidan consumirlas. Lo importante es reconocer que en una sociedad basada en la libertad, cada persona tiene derecho a decidir sobre su cuerpo y su vida, siempre y cuando no infrinja la libertad de los demás. La clave está en la educación, la conciencia personal y la autodefinición, que permiten a cada individuo tomar decisiones informadas sobre lo que elige consumir. En esta vida te puedes hacer adicto hasta a la musica.

47 Limpieza de Zonas Peligrosas en un Sistema Anarco-Capitalista

En un sistema anarco-capitalista, la limpieza de zonas peligrosas no dependería de la intervención estatal, sino de la **cooperación voluntaria** entre empresas, individuos y comunidades privadas. Aunque la violencia o el conflicto no serían eliminados del todo, la **competencia** entre diferentes actores privados y el sistema de **mercado libre** sería la clave para reducir el crimen y garantizar la seguridad en las zonas de alto riesgo.

1. *Empresas de Seguridad Privada*

En lugar de una policía estatal, las empresas de seguridad privada tomarían el control de la seguridad en zonas de alta criminalidad. Estas empresas competirían entre sí para ofrecer servicios de protección, patrullaje y vigilancia a individuos, comunidades y propietarios de empresas. La competencia entre empresas fomentaría la eficiencia y el respeto por los derechos de los clientes.

- **Ejemplo**: Si una zona se encuentra bajo control de grupos criminales o bandas, varias empresas de seguridad podrían negociar con los residentes locales para ofrecer protección y eliminar la presencia criminal. Las empresas más efectivas atraerían más clientes y sus servicios serían mejores debido a la competencia.

2. *Defensa Privada y Acceso Voluntario a la Fuerza*

El sistema de defensa no sería exclusivo de una entidad estatal. Cualquier individuo o comunidad que desee contratar servicios de defensa privada, o incluso formar un **grupo de defensa autónoma**, podría hacerlo. Los conflictos en este sistema serían resueltos principalmente mediante **agencias de arbitraje privadas** que determinarían la responsabilidad de las partes involucradas en cualquier tipo de disputa o conflicto.

- **Ejemplo**: Si un grupo de delincuentes controla una zona peligrosa, las personas que viven en esa área podrían formar un grupo de defensa que pague a una agencia privada para organizar una respuesta armada. Esto no sería un monopolio estatal, sino una solución voluntaria, regulada por contratos y acuerdos privados.

3. *Mercado de Armas y Protección*

En un sistema anarco-capitalista, la posesión de armas sería completamente legal y regulada por acuerdos privados. Los ciudadanos y empresas podrían adquirir armas para su propia defensa, y si una zona es peligrosa, las empresas de seguridad podrían proveer entrenamiento y servicios para asegurar la protección de sus clientes.

- **Ejemplo**: Empresas privadas de armas y defensa podrían proporcionar tanto entrenamiento como equipo a los ciudadanos que necesiten protegerse de una amenaza criminal. Esto incluiría desde cámaras de vigilancia hasta sistemas de seguridad en sus viviendas o en negocios. En zonas conflictivas, podrían surgir **tiendas especializadas** en defensa personal y seguridad, operando de acuerdo a la demanda del mercado.

4. Soluciones de Resolución de Conflictos Privados

Los conflictos violentos entre grupos o personas serían resueltos en tribunales privados o agencias de arbitraje. Los tribunales privados decidirían las penas y sanciones basadas en principios de restitución, donde los criminales pagarían por los daños causados, en lugar de ser simplemente encarcelados.

- **Ejemplo**: Si un individuo es acusado de un crimen, un **tribunal privado** podría tomar decisiones basadas en pruebas presentadas por las partes involucradas. Las resoluciones podrían incluir la restitución monetaria, trabajo forzado para reparar el daño o incluso la expulsión de una comunidad privada. El sistema de justicia privado también podría permitir una mejor resolución de disputas sin la necesidad de recurrir a una autoridad central.

5. Desarrollo Comunitario y Prevención del Crimen

La **prevención** del crimen sería una parte esencial del proceso de "limpieza" en un sistema anarco-capitalista. Las comunidades privadas podrían invertir en proyectos de desarrollo económico, educación y programas de rehabilitación para evitar que las personas caigan en el crimen. Las empresas de seguridad, al estar motivadas por la rentabilidad, también podrían invertir en **proyectos de inclusión social** para mejorar las condiciones de vida en zonas de alta criminalidad.

- **Ejemplo**: En lugar de esperar a que el crimen ocurra, las empresas de seguridad podrían ofrecer alternativas productivas a los jóvenes de zonas conflictivas. Invertir en **educación** y **empleo** a nivel comunitario reduciría los incentivos a involucrarse en actividades criminales.

6. Sistema de Rehabilitación y Reparación del Daño

Los delincuentes que cometan actos violentos o criminales podrían ser sometidos a un proceso de **rehabilitación privada**, donde trabajen para reparar el daño que han causado a la víctima o a la comunidad. Este enfoque restituiría el daño de manera práctica, permitiendo que los infractores paguen por sus crímenes sin necesidad de cárceles estatales.

- **Ejemplo**: Si un individuo es culpable de robo, en lugar de ser encarcelado, podría ser obligado a **trabajar** para la persona que sufrió el robo, devolviendo el valor de lo sustraído mediante trabajo o compensación monetaria.

Conclusión

La **limpieza de zonas peligrosas** en un sistema anarco-capitalista no implicaría el uso de la violencia estatal, sino la **acción voluntaria** de empresas privadas y comunidades. La seguridad sería proporcionada por agencias privadas que competirían en el mercado, y la resolución de disputas se llevaría a cabo en tribunales privados. La intervención estatal no sería necesaria, y las soluciones surgirían a partir de acuerdos entre individuos y empresas.

Este enfoque más descentralizado, voluntario y competitivo permitiría una mayor **eficiencia** y **flexibilidad**, adaptándose mejor a las necesidades de las comunidades y reduciendo el crimen mediante soluciones basadas en el mercado. Aunque la violencia no desaparecería del todo, la idea sería **minimizarla** a través de la **cooperación voluntaria** y el **empoderamiento individual**, respetando el principio central del anarco-capitalismo: la libertad de cada individuo de tomar sus propias decisiones.

48 Seguridad Privada en un Sistema Anarco-Capitalista: Personalización y Cooperación entre Comunidades y Empresas

En un sistema anarco-capitalista, la **seguridad privada** sería un servicio completamente desregulado y orientado al mercado, donde individuos y empresas elegirían libremente cómo protegerse a sí mismos y a sus propiedades. El sistema de seguridad no estaría controlado por un gobierno central, sino que se desarrollaría de manera competitiva a través de agencias privadas. Estas agencias ofrecerían una amplia gama de servicios, incluyendo **personalización**, adaptándose a las necesidades y preferencias de sus clientes.

1. Empresas de Seguridad Privada Competitivas

En lugar de un monopolio estatal sobre la seguridad, **múltiples empresas de seguridad** competirían por ofrecer el mejor servicio. Estas empresas serían contratadas por individuos, comunidades o empresas, y ofrecerían una variedad de servicios según las necesidades de cada cliente. Esto podría incluir **protección personal**, **patrullaje de barrios**, **seguridad de eventos** y **vigilancia en instalaciones comerciales**.

- **Ejemplo**: Si una comunidad privada necesita protección, puede contratar una empresa de seguridad especializada para hacer patrullaje regular. Si una empresa necesita seguridad adicional para su edificio, podría contratar personal de seguridad privado con la especialización adecuada.

2. Personalización de los Guardias de Seguridad

Uno de los aspectos más destacables de la seguridad privada en el **anarco-capitalismo** sería la capacidad de personalizar los servicios, incluyendo la selección de **guardias de seguridad**. Los clientes tendrían la libertad de decidir, no solo el nivel de protección, sino también las características que prefieren en los guardias. Las agencias de seguridad podrían ofrecer una amplia variedad de opciones, desde la vestimenta hasta la especialización en ciertas tareas.

- **Ejemplo de personalización**:

- **Uniforme y estilo de vestimenta**: Algunas empresas podrían ofrecer guardias vestidos de manera formal, mientras que otras podrían ofrecer un estilo más casual o incluso ropa personalizada (por ejemplo, camisas con logotipos de la empresa que protegen, o vestimenta camuflada en entornos más rurales).
- **Género y características personales**: Los clientes podrían tener la opción de elegir el género, edad o características físicas de los guardias de seguridad que prefieren para el trabajo. Esto puede ser importante para empresas o individuos que deseen una interacción más cómoda con los guardias.
- **Especialización en áreas específicas**: Empresas de seguridad también podrían ofrecer **guardias especializados** en áreas específicas, como seguridad cibernética, defensa personal, control de multitudes, o incluso vigilancia nocturna.

3. Servicios de Seguridad a Nivel Comunitario

Las comunidades privadas, como barrios cerrados o pequeñas ciudades, podrían organizarse para contratar seguridad conjunta. En lugar de depender del **Estado**, los residentes podrían crear acuerdos con empresas de seguridad para patrullajes conjuntos, con el objetivo de asegurar la zona y proteger a todos los residentes.

- **Ejemplo**: Un vecindario de casas privadas podría contratar una empresa de seguridad para que haga rondas regulares en la zona. La comunidad podría decidir qué tipo de patrullaje prefiere: patrullajes a pie, en coche o incluso drones de seguridad para mantener la zona vigilada desde el aire.

4. Sistema de Evaluación y Contratación Transparente

Las agencias de seguridad también serían evaluadas por los clientes. El **feedback** de los usuarios sería esencial en este sistema, ya que las empresas querrían mantener una buena reputación para seguir obteniendo contratos.

- **Ejemplo**: En un sistema completamente libre, plataformas en línea o sistemas de calificación de las agencias de seguridad permitirían a los clientes revisar las opiniones sobre la efectividad, puntualidad y calidad del servicio. Esto incentivaría a las empresas a ofrecer el mejor servicio posible, ya que la reputación podría afectar directamente su capacidad de conseguir clientes.

5. Respuestas Rápidas y Flexibles a Incidentes

Las empresas de seguridad no estarían limitadas por burocracia estatal o reglas rígidas, por lo que podrían ofrecer respuestas más rápidas y flexibles ante incidentes. La seguridad privada también podría incluir opciones de **emergencias rápidas** o **servicios 24/7** para brindar atención constante.

- **Ejemplo**: Si un negocio experimenta un robo, las empresas de seguridad privadas pueden tener un equipo de respuesta rápida que llegue al lugar de inmediato. También podrían trabajar junto con otras agencias privadas de seguridad en áreas de mayor riesgo o con clientes que necesiten un nivel más alto de protección.

6. Seguridad de Eventos y Espectáculos

Las empresas de seguridad privadas también podrían especializarse en el control de eventos y espectáculos, garantizando la seguridad de los asistentes, tanto en lugares grandes como pequeños. Estos eventos podrían incluir conciertos, conferencias, festivales, etc.

- **Ejemplo**: Durante un concierto o evento deportivo, se podrían contratar empresas especializadas en la **seguridad de grandes multitudes**, asegurando que las personas no sean violentas, que las áreas sean accesibles y que todo funcione correctamente.

7. Supervisión y Regulación Privada

Aunque en un sistema anarco-capitalista no existan regulaciones estatales, las agencias de seguridad podrían ser supervisadas por **organismos privados de acreditación**. Estas organizaciones garantizarían que las empresas de seguridad mantengan ciertos estándares éticos y operativos.

- **Ejemplo**: Un cliente que contrate seguridad podría buscar empresas certificadas por un organismo privado que asegure que no hay abuso de poder o violación de derechos. Si alguna empresa no cumple con los estándares, los organismos privados podrían revocar su licencia, lo que afectaría su reputación en el mercado.

Conclusión

En un sistema anarco-capitalista, la seguridad privada sería completamente **personalizable** y orientada al mercado. Las empresas de seguridad competirían entre sí, ofreciendo una variedad de servicios adaptados a las necesidades de los clientes. La personalización de los guardias, la flexibilidad en los servicios y la **autonomía de las comunidades** serían características clave de este sistema. A través de la competencia y la cooperación privada, se lograría una **mayor eficiencia**, **responsabilidad** y **libertad** en la seguridad, sin la necesidad de un monopolio estatal.

La competencia en seguridad privada permitiría soluciones más **adaptativas** y **efectivas** en comparación con un sistema estatal, donde el control y la calidad del servicio a menudo se ven limitados por la burocracia. Sin embargo, como cualquier mercado libre, el sistema dependería de la **voluntariedad** y de la interacción responsable entre empresas y clientes, garantizando que la seguridad sea un servicio accesible, confiable y ajustado a las necesidades de la comunidad.

49 El Debate sobre si los Menores Deberían Llevar Armas en un Sistema Anarco-Capitalista: Una Reflexión sobre Seguridad y Responsabilidad

En un sistema **anarco-capitalista**, donde la **libertad individual** es un principio fundamental, uno de los debates más complejos es si los menores deberían tener derecho a portar armas. En este contexto, se deben considerar las implicaciones de la seguridad, la autonomía personal y las responsabilidades que acompañan el derecho a poseer armas.

La Posibilidad de que los Menores Lleven Armas: Pros y Contras

1. Derecho a la Autodefensa En un mundo anarco-capitalista, las personas tienen derecho a protegerse a sí mismas y a sus propiedades. Esto se extiende a los menores, quienes, en una situación donde el Estado no garantiza la seguridad, podrían necesitar medios para defenderse de agresores o criminales, incluyendo pedófilos y otros delincuentes.

- **Argumento a favor**: Un menor, especialmente en una situación de **autodefensa** frente a un atacante, podría beneficiarse de tener acceso a un arma para protegerse. Si los menores pudieran acceder a armas de manera controlada y con entrenamiento adecuado, podrían aumentar sus posibilidades de **protección personal** en situaciones extremas.
- **Argumento en contra**: Darle armas a los menores podría exponerlos a un **riesgo innecesario** de accidentes. La falta de madurez en los menores podría resultar en el uso inapropiado de las armas o en una **escalada de violencia**. Además, el manejo de armas requiere responsabilidad, juicio y prudencia, cualidades que podrían no estar completamente desarrolladas en los menores.

2. Control de Armas para Menores En lugar de permitir el acceso directo a armas letales para los menores, una posible solución en un sistema anarcocapitalista podría ser permitirles tener acceso a **herramientas de autodefensa** menos letales, como pistolas de electroshock o **sprays de pimienta**, los cuales podrían ser efectivos para defenderse sin el riesgo de causar daño fatal.

- **Argumento a favor**: Las herramientas de autodefensa no letales pueden ofrecer una **alternativa más segura** para los menores, permitiéndoles protegerse sin el peligro de una muerte accidental o innecesaria. Estos dispositivos podrían ser más fáciles de controlar y manejar para los menores, y estarían disponibles de manera legal y accesible para aquellos que deseen protegerse.
- **Argumento en contra**: Algunas personas podrían argumentar que incluso los **dispositivos no letales** aún representan un riesgo en manos de menores, ya que podrían usarlos de manera inapropiada o sin entender completamente las consecuencias de su uso.

3. Alternativas de Seguridad: Localizadores y Tecnología Una alternativa menos controversial que el porte de armas para menores podría ser la implementación de **tecnologías de seguridad** como **localizadores personales**. Estos dispositivos permitirían rastrear la ubicación de los menores en tiempo real y alertar a los padres, tutores o servicios de seguridad en caso de que el menor se encuentre en peligro.

- **Argumento a favor**: Los **localizadores** ofrecen una forma de monitoreo sin involucrar el peligro de las armas. De esta manera, los menores estarían protegidos sin necesidad de estar armados. En lugar de portar un arma, podrían **alertar** a sus padres o a los servicios de seguridad en caso de un peligro, lo que les daría una **capa de seguridad adicional** sin necesidad de involucrar violencia directa.
- **Argumento en contra**: Aunque los localizadores pueden ser efectivos en cuanto a **prevención**, no resuelven el problema de la **autodefensa inmediata** en situaciones de emergencia. Los menores podrían seguir siendo vulnerables si no tienen los medios para defenderse de un atacante en el momento crítico.

Propuesta de Solución: Un Sistema Mixto de Autodefensa y Prevención

Una posible solución que podría equilibrar la libertad con la seguridad sería un **sistema mixto**, donde los menores tengan acceso a **medios de protección no letales**, como spray de pimienta o pistolas de electroshock, mientras que el uso de **armas de fuego letales** quedaría restringido a personas adultas con plena capacidad de juicio y responsabilidad. Al mismo tiempo, se podrían proporcionar **dispositivos de localización** para monitorizar y rastrear a los menores, alertando a las autoridades o familiares en caso de emergencia.

- **Implementación**: Los menores que deseen tener armas no letales de autodefensa podrían ser entrenados por empresas privadas que ofrecerían cursos y certificaciones sobre el uso de estos dispositivos. Las comunidades privadas o barrios cerrados podrían establecer sus propias reglas sobre la seguridad y el acceso a dispositivos de autodefensa.
- **Monitoreo**: Los dispositivos de localización serían opcionales, y los padres o tutores podrían decidir si desean que sus hijos los lleven para mayor seguridad. La tecnología podría integrarse con aplicaciones móviles para permitir a los adultos recibir alertas de emergencia si se detecta que el menor está en una situación de peligro.

Conclusión

El debate sobre si los menores deberían portar armas en un sistema anarco-capitalista es complejo y presenta tanto ventajas como riesgos. Si bien la **autodefensa** es un derecho fundamental, el **riesgo de abuso o accidente** por parte de los menores no debe ser ignorado. Una solución equilibrada podría consistir en permitirles el acceso a herramientas de autodefensa no letales, combinadas con la tecnología de **localización** para garantizar su seguridad.

En última instancia, el modelo anarco-capitalista buscaría dar **libertad individual** a las personas para tomar decisiones sobre su seguridad, pero también debería considerar las **necesidades y vulnerabilidades** de los menores, garantizando su protección sin comprometer su desarrollo y bienestar.

50 Beneficios para Menores y Adolescentes en un Sistema Anarco-Capitalista: Oportunidades de Crecimiento y Autonomía

En un sistema **anarco-capitalista (ancap)**, la autonomía y la libertad individual son valores fundamentales, lo que ofrece a los menores y adolescentes una serie de oportunidades únicas para desarrollarse y alcanzar la independencia financiera. En lugar de estar limitados por las restricciones impuestas por un gobierno centralizado, los jóvenes en este sistema tendrían mayor libertad para tomar decisiones sobre su futuro, explorar diferentes caminos y asumir responsabilidades desde una edad temprana. A continuación, se describen algunos de los principales **beneficios** que los menores y adolescentes podrían experimentar en un sistema **anarco-capitalista**.

1. Libertad para Emprender y Crear una Empresa

Uno de los mayores beneficios que los adolescentes y menores tendrían en un sistema **ancap** es la posibilidad de **emprender** sin las restricciones típicas impuestas por un sistema estatal. En un mundo sin regulaciones burocráticas, impuestos y barreras de entrada, los jóvenes tendrían la libertad de:

- **Crear sus propios negocios** desde una edad temprana, ya sea a través de servicios o productos. No dependerían de la autorización del gobierno o de permisos especiales para iniciar una actividad comercial.
- **Tomar decisiones empresariales** por sí mismos, aprendiendo habilidades prácticas como la gestión de empresas, marketing, negociación, administración financiera, y más.
- **Innovar** sin restricciones gubernamentales que limiten sus opciones. En lugar de cumplir con regulaciones y normativas que pueden frenar la creatividad, los jóvenes pueden experimentar y probar ideas en un mercado libre.

Este ambiente permitiría que adolescentes con mentalidad emprendedora puedan generar ingresos, administrar su propio dinero y aprender valiosas habilidades empresariales que podrían llevarlos al éxito más rápido que en un sistema con restricciones.

2. Libertad para Ser Autónomos: Trabajo y Autoempleo

En un sistema **anarco-capitalista**, los adolescentes tendrían la opción de **trabajar** o ser **autoempleados** sin las limitaciones impuestas por leyes laborales tradicionales, como las restricciones de edad para trabajar o las horas mínimas de trabajo.

- Los adolescentes podrían **trabajar a tiempo parcial** en una variedad de trabajos, desde asistencia en negocios locales hasta trabajo en línea o freelance. La idea de ser autoempleado sería mucho más accesible.
- **Servicios de freelance**, como programación, diseño gráfico, redacción o cualquier otra habilidad que un adolescente pueda tener, serían fácilmente accesibles en un mercado libre sin la necesidad de una autorización estatal.
- También tendrían la libertad de negociar directamente con empleadores o clientes sobre salarios, condiciones laborales y horarios.

Esta libertad laboral también podría fomentar una mentalidad más independiente, donde los jóvenes aprenden a ser **responsables** de su propio ingreso y a gestionar su tiempo de manera eficiente.

3. Independencia Financiera y Vivienda: Acceso a Propiedades y Bienes Raíces

Un gran beneficio en un sistema **anarco-capitalista** sería la posibilidad de que los jóvenes logren **independizarse** y adquirir bienes, como propiedades o activos, a edades más tempranas.

- **Compra de propiedades**: En un sistema sin impuestos o con impuestos mínimos, los jóvenes que trabajen y ahorren podrían comprar propiedades sin estar sujetos a enormes tasas o barreras impositivas. La propiedad de la vivienda podría ser un objetivo más alcanzable y accesible para los menores de edad, quienes, con un trabajo consistente, podrían adquirir una propiedad para vivir o incluso empezar a generar ingresos pasivos a través de **bienes raíces**.
- **Bienes raíces y alquiler**: Los adolescentes podrían ser propietarios de propiedades de alquiler o participar en el mercado de bienes raíces desde una edad temprana, generando ingresos pasivos o invirtiendo en propiedades para futuras ganancias.

4. Movilidad y Capacitación para Manejar

En un sistema **anarco-capitalista**, la **movilidad** también se convierte en un tema relevante. Los adolescentes y menores podrían tener la libertad de aprender a **manejar** sin las restricciones o los trámites burocráticos que normalmente imponen los gobiernos.

- **Manejo sin licencias estatales**: En un sistema sin regulación estatal, los menores que se sientan capacitados podrían aprender a conducir vehículos a una edad temprana y obtener la libertad de moverse sin depender de transporte público o de otros medios controlados por el Estado.
- **Capacitación y control privado**: Si bien la responsabilidad es clave, las empresas privadas o incluso individuos podrían ofrecer **entrenamiento personalizado** para adolescentes que deseen aprender a manejar, garantizando que las personas estén preparadas para la seguridad vial sin tener que pasar por un proceso estatal de licencias.

Esto les ofrecería más **libertad de movimiento** y permitiría que los adolescentes se independicen al poder trasladarse de manera autónoma.

5. Oportunidades de Inversión: Participación en el Mercado de Capitales

En un sistema **anarco-capitalista**, los menores también tendrían **oportunidades de inversión**, lo que les permitiría generar riqueza desde una edad temprana.

- **Mercado libre de inversión**: Los adolescentes podrían invertir en acciones, bonos, criptomonedas u otros activos sin las restricciones o barreras de entrada impuestas por los gobiernos. Al tener un control total sobre su dinero, los menores podrían aprender a invertir y tomar decisiones financieras responsables.
- **Empresas privadas** podrían ofrecer servicios de **asesoría financiera** o plataformas de inversión diseñadas específicamente para menores que buscan gestionar sus activos de manera segura.

Al poder participar en el mercado financiero sin restricciones de edad, los adolescentes aprenderían sobre **la importancia del ahorro**, la **diversificación de inversiones** y cómo generar ingresos pasivos a través de la inversión.

Posibles Desafíos y Soluciones

Aunque el sistema **anarco-capitalista** presenta muchas oportunidades, también existen desafíos, especialmente en la protección de los menores y adolescentes.

- **Riesgos de explotación laboral**: Es posible que algunos menores puedan ser explotados por empresas irresponsables o que no tengan la madurez suficiente para manejar un negocio o empleo. Para contrarrestar esto, las empresas privadas podrían ofrecer programas educativos o certificaciones que enseñen a los menores cómo manejar un trabajo o un negocio de manera ética.
- **Desigualdad económica**: Al no haber un sistema estatal para redistribuir la riqueza, podrían surgir desigualdades significativas entre los jóvenes que nacen en familias adineradas y aquellos que no. Esto podría

resolverse con una **mayor competencia** en el mercado de bienes y servicios, que podría permitir a los menores sin recursos acceder a productos o servicios educativos de bajo costo para fomentar el emprendimiento.

51 El Incremento de Sociedades de Ayuda Mutua y Voluntaristas en un Sistema Anarco-Capitalista: El Caso de Texas

En un sistema **anarco-capitalista**, la idea central es que las personas actúan de manera voluntaria y cooperativa, sin la intervención del Estado. La **ayuda mutua** y las **sociedades voluntarias** surgen como formas naturales de cooperación y asistencia en un entorno donde la **autoridad central** y las **leyes estatales** no imponen su control. A través de estas formas de organización, las comunidades pueden satisfacer sus necesidades, protegerse mutuamente y mejorar sus condiciones sin recurrir a la coerción del gobierno.

1. La Naturaleza de las Sociedades de Ayuda Mutua y Voluntaristas

Las **sociedades de ayuda mutua** y **voluntaristas** son asociaciones que se basan en el principio de cooperación voluntaria, en la que individuos se unen con el objetivo de ayudarse unos a otros para el beneficio común. Estas sociedades no dependen del **coerción estatal** ni de la obligación forzada, sino que funcionan bajo el **consentimiento mutuo** de los participantes.

- **Ayuda mutua**: Estas organizaciones pueden cubrir una variedad de necesidades, desde apoyo en tiempos de crisis hasta el desarrollo de iniciativas económicas y proyectos comunitarios. En lugar de depender de un sistema de bienestar social administrado por el Estado, los individuos en un sistema **anarco-capitalista** se organizan de manera voluntaria para ofrecerse ayuda mutuamente.
- **Voluntarismo**: En este modelo, la cooperación no está dictada por un mandato estatal, sino que surge de la libre elección de las personas para resolver problemas sociales, económicos o personales. Esto fomenta el espíritu de comunidad y la solidaridad sin la necesidad de un aparato coercitivo que obligue a las personas a cooperar.

2. El Caso de Texas: Un Ejemplo Práctico

Texas es un ejemplo interesante que puede ilustrar cómo las **sociedades de ayuda mutua** y **voluntaristas** podrían desarrollarse en un entorno anarco-capitalista. Texas, como parte de los Estados Unidos, tiene una fuerte **tradición de independencia y autonomía** en muchas de sus políticas y cultura local. Además, Texas ha experimentado situaciones donde la cooperación entre ciudadanos y comunidades se vuelve más efectiva que la intervención estatal, particularmente en situaciones de emergencia.

- **Respuesta ante desastres naturales**: Cuando Texas ha enfrentado eventos como huracanes o tormentas de nieve severas, la respuesta de la comunidad ha sido notablemente cooperativa. En lugar de esperar que el gobierno resuelva todos los problemas, los ciudadanos y las organizaciones voluntarias han tomado un papel proactivo en proporcionar refugio, comida, asistencia médica y ayuda general. Estos actos de **ayuda mutua** se han dado sin la necesidad de un **estado centralizado** o burocracia. En un sistema anarco-capitalista, estas redes de apoyo crecerían y se fortalecerían, ya que las personas estarían más dispuestas a colaborar de forma directa con otros para resolver sus problemas.
- **Redes de apoyo comunitario**: En lugares como Texas, también es común encontrar redes de apoyo comunitarias que proveen servicios, alimentos y recursos para los menos afortunados, basadas en la **voluntariedad**. Las organizaciones **caritativas** y los **proyectos comunitarios** son muy activos, y en un sistema sin un gobierno que lo administre, podrían florecer aún más, fomentando un fuerte sentido de **autonomía local** y **ayuda desinteresada**.

3. ¿Por qué Incrementarían las Sociedades de Ayuda Mutua en un Sistema Anarco-Capitalista?

En un **sistema anarco-capitalista**, la eliminación del Estado abriría el camino para que las sociedades de **ayuda mutua** y las **organizaciones voluntarias** se desarrollen de manera más eficiente y expansiva. Aquí están algunos de los motivos clave por los cuales estas sociedades se incrementarían:

- **Eliminación de la Coerción Estatal**: En ausencia de la coerción gubernamental, las personas tomarían el control de sus vidas y

comunidades, organizándose de manera más directa para satisfacer sus necesidades. Las **sociedades de ayuda mutua** no estarían sujetas a impuestos ni regulaciones estatales, por lo que se harían más accesibles y eficaces.
- **Confianza y Colaboración Local**: Sin un gobierno centralizado que interfiera, las comunidades podrían trabajar juntas de manera más estrecha y de forma **voluntaria**. En lugar de depender de un sistema de bienestar social o de la asistencia estatal, los miembros de la comunidad podrían colaborar en proyectos locales, invertir en iniciativas propias y garantizar que las personas más vulnerables reciban la ayuda que necesitan. Esto generaría un sentido de **solidaridad** y **responsabilidad colectiva**.
- **Mayor Eficiencia en la Distribución de Recursos**: Las sociedades de ayuda mutua en un sistema anarco-capitalista funcionarían de manera más eficiente al no estar sujetos a las ineficiencias del aparato estatal. Sin los **trámites burocráticos** y la **ineficiencia** que a menudo acompaña a los programas estatales, los recursos se distribuirían de manera más efectiva entre aquellos que realmente los necesitan.
- **Incentivos Económicos para la Cooperación**: Al operar en un mercado libre, las **empresas de ayuda mutua** y las organizaciones voluntarias tendrían incentivos para ofrecer **servicios de calidad** y generar una mayor cooperación entre sus miembros. Las **iniciativas locales** serían mucho más atractivas para las personas, ya que la competencia no estaría restringida por un monopolio estatal.
- **Autonomía en el Manejo de Recursos**: Las comunidades y las organizaciones voluntarias en un sistema **anarco-capitalista** tendrían la libertad de **decidir por sí mismas** cómo se administran sus recursos. Esto fomentaría una mayor **innovación** y capacidad de respuesta a las necesidades cambiantes de la población sin la intervención de reguladores externos.

4. Posibles Retos y Cómo Superarlos

Aunque las sociedades de ayuda mutua y voluntarias tienen muchas ventajas en un sistema **anarco-capitalista**, también existen **desafíos** que podrían presentarse:

- **Desigualdad en la Disponibilidad de Ayuda**: En algunas áreas, las **sociedades voluntarias** podrían ser menos efectivas si las personas no tienen los recursos para contribuir o si los mercados no ofrecen opciones económicas accesibles. Para contrarrestar esto, las comunidades podrían crear **programas de apoyo** o **organizaciones de bienestar** basadas en la contribución voluntaria para asegurar que no se excluya a nadie de las oportunidades de ayuda.
- **Abuso de Poder dentro de Organizaciones Privadas**: Sin regulación estatal, algunas organizaciones podrían llegar a monopolizar los servicios de ayuda mutua. Para mitigar esto, las comunidades podrían establecer sistemas **de verificación de transparencia**, asegurándose de que las organizaciones mantengan un alto nivel de ética y rendición de cuentas.

52 Desmintiendo el Mito de que los Monopolios son Malos: Una Perspectiva Anarco-Capitalista

Uno de los mitos más persistentes sobre el **anarco-capitalismo** es la creencia de que los **monopolios** son inherentemente **malos** y que su existencia en una economía de mercado libre es peligrosa. Sin embargo, desde una perspectiva **anarco-capitalista**, la realidad es mucho más compleja, y se debe entender que no todos los monopolios son iguales. De hecho, en un sistema **anarco-capitalista**, un monopolio genuino, surgido de la **competencia** y de la **preferencia voluntaria** de los consumidores, no tiene por qué ser necesariamente **perjudicial**. Lo que sí puede ser perjudicial son los **monopolios artificiales** creados por la **coerción estatal** o por acuerdos entre el Estado y empresas para **eliminar la competencia**. Aquí exploraremos esta idea con más profundidad.

1. ¿Qué es un Monopolio Real y uno Artificial?

Un **monopolio real** en un sistema de libre mercado ocurre cuando una empresa logra **capturar la mayor parte del mercado** gracias a su **innovación**, **eficiencia**, **calidad de productos** o **precios bajos**. Este tipo de monopolio no es negativo en sí mismo, ya que la empresa no tiene el poder de **forzar a nadie** a comprar sus productos; los consumidores tienen la opción de elegir entre diferentes proveedores y pueden cambiar a otras empresas si lo desean.

Por otro lado, un **monopolio artificial** se crea a través de la **coerción externa**, usualmente mediante **acciones del gobierno** que otorgan a una empresa **privilegios exclusivos** para ofrecer ciertos productos o servicios, o al permitir que una empresa logre un **monopolio de facto** al **reprimir a competidores**. Estos monopolios son perjudiciales porque eliminan la competencia, limitan la libertad de elección y distorsionan el mercado.

2. El Mito de que Todos los Monopolios son Malos

La **idea generalizada** de que los monopolios son siempre negativos proviene de la percepción de que las empresas que dominan un mercado pueden explotar a los consumidores, aumentando precios y reduciendo la calidad de los productos. Sin embargo, este argumento no se sostiene cuando se observa cómo funcionan los mercados sin la intervención estatal.

- **Monopolios Naturales en el Mercado Libre**: Un monopolio genuino puede surgir de una **empresa altamente competitiva** que ha logrado posicionarse como el líder del mercado por ofrecer un **valor superior** a los consumidores. En un **sistema anarco-capitalista**, una empresa que **domina un mercado** no puede simplemente subir precios a su antojo, ya que siempre existirá la posibilidad de que **nuevas empresas** surjan para ofrecer mejores precios, calidad o servicios. Los **consumidores** tienen el poder final, y si una empresa abusa de su posición, perderá rápidamente su ventaja competitiva.
- **Innovación como Motor de Competencia**: La innovación es un elemento clave en la competencia. Incluso cuando una empresa tiene una gran participación en el mercado, otras empresas están constantemente buscando **innovar** y ofrecer **nuevos productos** o **servicios alternativos**. Este tipo de monopolio no puede mantenerse por mucho tiempo si no se sigue innovando, lo que beneficia a los consumidores.

3. ¿Qué Hace que un Monopolio Sea Realmente Malo?

El problema no radica en los monopolios que surgen de la **competencia legítima** en el mercado. El verdadero peligro son los **monopolios artificiales** creados por el **Estado** o por empresas que se alían con el gobierno para **destruir la competencia**. Estos monopolios **distorsionan** el mercado y pueden tener efectos desastrosos para los consumidores y la **economía** en general.

- **Monopolios Estatales**: Cuando el **gobierno** crea un monopolio al asumir el control exclusivo de ciertos sectores, como **educación**, **salud** o **transporte**, la **competencia** es eliminada, y los consumidores no tienen la opción de elegir entre diferentes proveedores de servicios. La **ineficiencia** y la **falta de innovación** suelen ser los resultados de los monopolios estatales, lo que termina perjudicando a la población. Por ejemplo, en muchos países, el sistema de salud pública controlado por el gobierno ha mostrado deficiencias notorias en cuanto a la calidad de la atención y la accesibilidad de los servicios.
- **Monopolios Facilitados por el Estado**: A veces, las grandes empresas **se asocian con el Estado** para crear monopolios artificiales que **suprimen la competencia**. Un ejemplo común de esto es cuando **grandes corporaciones** obtienen **subsidios gubernamentales**, **beneficios fiscales** o **exclusividad en mercados** a través de **leyes y regulaciones** que **limitan la competencia** de nuevos entrantes. Estos monopolios no se dan por la competencia legítima, sino por una intervención **gubernamental** que permite a las grandes empresas **dominar el mercado** sin tener que mejorar su oferta. Un ejemplo es cuando el gobierno **prohibe** la importación de productos de empresas extranjeras, permitiendo que una sola empresa local domine el mercado sin necesidad de ofrecer un producto superior.

4. ¿Cómo se Solucionarían los Monopolios en un Sistema Anarco-Capitalista?

En un sistema **anarco-capitalista**, los monopolios artificiales serían imposibles de mantener a largo plazo debido a la **competencia constante** y a la **falta de apoyo estatal**. Algunos mecanismos de solución serían:

- **Competencia en el Mercado Libre**: En ausencia de barreras regulatorias, las empresas estarían incentivadas a **competir entre sí** para ofrecer el mejor producto al mejor precio. Las empresas que intenten formar monopolios de manera **antiética** serían rápidamente **desplazadas** por competidores más innovadores que no dependan de **favores gubernamentales**.

- **Contrato Voluntario**: En lugar de depender de un gobierno para regular la competencia, los **consumidores** y las **empresas** podrían acordar contratos que incluyan **garantías de competencia leal** y **transparencia en los servicios**. Si una empresa abusara de su posición dominante, los consumidores y las empresas competidoras podrían **romper el contrato** y optar por otras alternativas, o incluso crear **organizaciones voluntarias** para **proteger sus intereses**.
- **Auditoría de los Mercados**: En el sistema **anarco-capitalista**, los consumidores y las empresas tienen el **derecho a auditar** las prácticas de las empresas para asegurarse de que no haya comportamientos anticompetitivos o **acciones ilícitas**. Esto fomentaría un entorno de **transparencia** y **responsabilidad**, en el que las malas prácticas de monopolios serían detectadas y combatidas a través de mecanismos privados de arbitraje y resolución de conflictos.

5. Conclusión: La Verdadera Amenaza de los Monopolios

En resumen, no todos los monopolios son **malos**. De hecho, los **monopolios naturales** que surgen de la **competencia legítima** en un sistema de mercado libre son **normales** y pueden beneficiar a los consumidores, ya que impulsan la **innovación** y la **eficiencia**. El verdadero problema radica en los monopolios **artificiales**, aquellos que se crean a través de la **intervención del Estado** o cuando las empresas logran **alentar** al gobierno a **prohibir la competencia** para su propio beneficio.

Un sistema **anarco-capitalista** fomentaría una competencia **pura** y **libre**, eliminando los monopolios **dañinos** y asegurando que solo aquellas empresas que ofrecen valor real a los consumidores logren el dominio del mercado. Sin embargo, para que esto sea posible, es fundamental **eliminar** cualquier forma de **coerción estatal** que permita la creación de monopolios artificiales y garantizar que el mercado permanezca libre y competitivo para todos los participantes.

53 "Inflación, Deflación y Precios Justos en un Sistema Anarco-Capitalista: El Rol del Mercado y las Monedas Privadas"

1. Monedas Privadas y Competencia entre ellas

En un sistema **anarco-capitalista**, no habría una moneda única emitida por el gobierno. En su lugar, **diferentes monedas privadas** (como el **XRP**, criptomonedas o cualquier otra forma de dinero respaldada por el mercado) competirían entre sí. Esto significaría que los **precios** de los bienes serían determinados por el mercado, no por un ente central.

- **Competencia entre monedas:** Si varias monedas compiten entre sí, esto podría **prevenir la inflación** excesiva que vemos en los sistemas actuales donde un gobierno tiene el control total sobre el suministro de dinero. Las monedas que se mantengan **estables** o que crezcan en valor atraerán a más usuarios, mientras que las que experimenten una **alta inflación** perderían su demanda. En un sistema descentralizado, los **precios de bienes y servicios** dependerían más de la oferta y la demanda de **mercado** que de políticas monetarias centrales.
- **Escasez o sobreabundancia de moneda:** Si una moneda se produce en exceso (como pasa con el dinero fiduciario en sistemas estatales), su valor se diluye, lo que puede **causar inflación**. Sin embargo, si la emisión de moneda es controlada por el mercado y no por un ente central, se evitaría la sobreabundancia y, por lo tanto, la inflación.

2. El Rol del Mercado en la Regulación de Precios

En un sistema **anarco-capitalista**, los precios no se fijarían artificialmente por un banco central. Más bien, serían el resultado de la interacción **directa** entre los productores, consumidores y **proveedores de servicios financieros** (por ejemplo, aquellos que emiten o respaldan las criptomonedas).

- **Precios justos**: Al no existir intervención del estado, los precios de los bienes y servicios serían más **flexibles** y **ajustados a la realidad del mercado**. Si los consumidores demandan más de un producto (por ejemplo, tacos o bolsas de papas), los precios podrían aumentar temporalmente, pero si hay **competencia en la oferta** y alternativas disponibles, los precios se mantendrían competitivos.
- **Equilibrio entre inflación y deflación**: En lugar de un ciclo de **inflación** (cuando los precios aumentan debido a un exceso de moneda en circulación) o **deflación** (cuando los precios bajan debido a una escasez de

moneda), el mercado tiende a estabilizarse. En un sistema anarco-capitalista, **la oferta y la demanda de bienes y servicios** (como tacos, bolsas de papas, etc.) determinarían el valor de la moneda. Es probable que haya **ajustes más pequeños y graduales** en los precios, evitando grandes picos inflacionarios o deflacionarios.

3. Criptomonedas y Precios Relacionados

Si tomamos el ejemplo del **XRP** (u otra criptomoneda), la relación que mencionas (1 XRP te da para comprar dos bolsas de papas, un taco, un agua y unos dulces) sería determinada por el **valor real** de la moneda en el mercado y la **demanda** de esos productos. Si la **demanda de XRP aumenta**, el valor de la moneda podría subir, y, por lo tanto, podrías necesitar **menos XRP** para comprar los mismos productos.

- **Inflación de precios de productos:** Si un mercado no tiene suficiente competencia o se ve dominado por pocas empresas, los precios de los bienes básicos (como comida, agua y servicios) podrían **subir** sin que la moneda en circulación crezca en valor.
- **Deflación de precios de productos:** En un escenario contrario, si hay mucha oferta de un producto y la **moneda no se ajusta adecuadamente**, los precios de esos bienes pueden **bajar** con el tiempo. Esto podría ocurrir si los productores **competentes** logran producir más por menos.

4. Protección contra Inflación

En un sistema anarco-capitalista, las **personas** tienen la capacidad de **elegir** el dinero que usan, lo cual reduce el riesgo de **inflación crónica** provocada por políticas gubernamentales irresponsables. Si el valor de una moneda se deprecia, los usuarios podrían simplemente **migrar a otra moneda** o **producto de valor** (como bienes tangibles, criptomonedas con respaldo, etc.).

5. ¿Precios Estables?

Si la oferta y demanda están bien equilibradas, y los consumidores tienen libertad para elegir la moneda que utilicen, los precios pueden mantenerse estables. Si una moneda se encuentra respaldada por un **activo real** (como el oro o una criptomoneda con un suministro limitado), esto podría ayudar a que los precios no sean tan volátiles como en los sistemas actuales.

Conclusión:

En un **sistema anarco-capitalista**, la inflación o deflación pueden seguir ocurriendo, pero serían el resultado de la interacción libre y voluntaria de los participantes en el mercado. Los precios de los bienes y servicios serían determinados por la oferta y demanda de mercado, sin intervención estatal. El valor de las monedas dependería de la confianza y la demanda que los consumidores tengan por ellas. En última instancia, **el equilibrio** entre inflación y deflación sería un fenómeno más natural y menos manipulado por actores externos, lo que podría llevar a un **sistema de precios más justo** y **adaptado a la realidad del mercado**.

54 La Exploración Espacial en un Sistema Anarco-Capitalista

En un sistema anarco-capitalista, la exploración espacial sería probablemente gestionada por empresas privadas, como las que ya existen, pero sin la intervención del gobierno o agencias públicas como la NASA. En este modelo, la competencia sería un motor importante para el progreso y la innovación, lo que podría acelerar el avance tecnológico y la conquista del espacio.

Al no haber entidades gubernamentales, la financiación de proyectos espaciales dependería completamente de inversores privados, patrocinadores y consumidores interesados en las tecnologías desarrolladas, lo que significaría que las empresas tendrían que ser mucho más eficientes y competitivas. Esto podría traer consigo:

1. **Mayor competencia y menores costos:** Al haber más empresas privadas involucradas, podrían reducirse los costos, y las tecnologías espaciales podrían ser más accesibles para más personas o empresas. Si bien empresas como SpaceX (de Elon Musk) ya están haciendo avances significativos, un entorno más competitivo podría fomentar aún más la innovación y la reducción de precios.

2. **Más enfoque en la eficiencia:** Las empresas privadas tendrían que garantizar que sus proyectos sean rentables, lo que impulsaría la eficiencia y la mejora continua en lugar de depender de presupuestos públicos y recursos asignados de manera política. Este enfoque basado en la rentabilidad podría resultar en tecnologías más avanzadas en menos tiempo.
3. **Mayor diversidad de proyectos:** En lugar de depender de un único organismo estatal, existirían múltiples iniciativas espaciales, desde empresas que quieran explorar la colonización de otros planetas hasta aquellas que se concentren en minería espacial o turismo espacial. Esto diversificaría los proyectos y aceleraría la exploración espacial.
4. **Mayor impulso de la inteligencia y la creatividad:** Como mencionas, en un sistema sin restricciones estatales, los proyectos espaciales estarían en manos de individuos con un alto nivel de talento e inteligencia. Al no haber burócratas ni políticos involucrados, las personas más capacitadas tendrían la libertad de llevar a cabo sus visiones, lo que podría impulsar avances tecnológicos sin los obstáculos típicos de los procesos gubernamentales.
5. **Eliminación de monopolios gubernamentales:** La NASA y otras agencias gubernamentales podrían ser reemplazadas por empresas privadas que se basen en el mercado. Esto permitiría a los emprendedores y científicos desarrollar nuevas tecnologías sin las restricciones políticas y burocráticas que a veces limitan la innovación en instituciones estatales.

En resumen, en un sistema anarco-capitalista, la exploración espacial probablemente experimentaría un impulso debido a la competencia, la eliminación de monopolios estatales y la participación de mentes brillantes. Las empresas privadas podrían aprovechar la libertad y los incentivos del mercado para avanzar más rápido, permitiendo una expansión más rápida de la tecnología espacial y posiblemente, un acceso más amplio al espacio para diferentes personas y organizaciones.

55 La Burocracia Estatal: Una Historia Personal de Frustración

Actualmente, me encuentro atrapado en una red burocrática que parece no tener fin. Todo comenzó con un simple deseo: abrir una cuenta bancaria. Sin embargo, para ello necesitaba una identificación oficial. El problema es que el gobierno, ese aparato estatal que se supone debería facilitar las cosas, estaba de vacaciones desde el mes de diciembre y no volvería hasta el 6 de enero. Desde el inicio de enero he estado tratando de obtener los papeles necesarios, pero cada vez que voy a hacer un trámite, me mandan de un lado a otro, esperando que alguien me atienda. La frustración aumenta con cada paso que doy.

Cuando finalmente logré llegar a la oficina, me exigieron pagar más de 50 dólares en papeles y sellos. Después, cuando fui a tomar el examen necesario para obtener la identificación, me hicieron esperar hasta las 10:20 AM, cuando se suponía que comenzaría a las 9:30. Pero el colmo llegó cuando no pude pasar el examen y me dijeron que tendría que volver a solicitar todos los papeles, pagar nuevamente los 70 dólares y volver a hacer el examen en otra fecha. Un ciclo interminable de papeleo, costos inesperados y retrasos sin sentido.

Lo más frustrante es que para obtener una identificación real, necesito una licencia de conducir, pero para obtener la licencia de conducir, necesito esa identificación real. Es un sistema circular y absurdo, lleno de obstáculos que sólo sirven para robar el tiempo y el dinero de las personas, sin ningún beneficio real.

Este es un claro ejemplo de cómo funciona la burocracia estatal: un sistema que crea barreras innecesarias, retrasa procesos vitales y, en última instancia, perjudica a los ciudadanos que solo buscan realizar tareas simples. El sistema estatal está tan centrado en sus propios intereses y en mantener el control que se olvida de la eficiencia y el bienestar de las personas.

¿Cómo sería esto en un sistema anarcocapitalista?

La historia que acabo de compartir es solo un reflejo de la frustración que muchos sentimos al tratar con el estado y sus trámites interminables. Sin embargo, en un sistema anarcocapitalista, todo esto sería completamente diferente. Aquí te explico cómo se resolvería este problema sin la intervención de un gobierno centralizado:

1. **Eliminación de la Burocracia Estatal:** En un sistema anarcocapitalista, no existiría una burocracia estatal que te obligara a pasar por estos procesos tediosos. No tendrías que esperar que los funcionarios "vuelvan de sus vacaciones" ni sufrir los retrasos y la ineficiencia de un gobierno que no está enfocado en mejorar la vida de las personas.

2. **Competencia entre Empresas Privadas:** En lugar de depender de una única entidad estatal para obtener documentos importantes, existirían múltiples empresas privadas que ofrecerían estos servicios. Las personas podrían elegir entre varias opciones, cada una con precios y tiempos de espera competitivos. Las empresas competirían por ofrecer el mejor servicio, lo que beneficiaría a los consumidores y eliminaría la necesidad de lidiar con largas esperas y trámites innecesarios.
3. **Mayor Eficiencia y Flexibilidad:** Sin el control centralizado de un gobierno, los procesos se volverían más ágiles. Las empresas privadas estarían incentivadas a simplificar los trámites, utilizando tecnología para hacerlo más rápido y eficiente. Ya no tendrías que pagar sellos o esperar días para recibir atención. Si necesitas abrir una cuenta bancaria, simplemente eliges la institución financiera que más te convenga, y los trámites se realizarían rápidamente, sin los obstáculos burocráticos que tanto afectan en el sistema estatal.
4. **Sistema Transparente:** En un sistema anarcocapitalista, la transparencia sería clave. Las empresas privadas estarían obligadas a brindar información clara sobre sus precios, servicios y plazos. No tendrías que preocuparte por costos ocultos ni por esperar meses para obtener una simple identificación. Las reglas serían claras, y si una empresa no cumpliera con las expectativas, podrías cambiar a otra sin perder tiempo ni dinero.
5. **Un Enfoque en el Cliente:** Las empresas estarían más enfocadas en satisfacer las necesidades de sus clientes, ya que, en un sistema de competencia libre, los consumidores tienen el poder de elegir. Si una institución no te ofrece un buen servicio o no cumple con tus expectativas, simplemente puedes buscar otra opción. No estarías a merced de un sistema estatal que no tiene incentivos para mejorar.

56 Crítica al Sistema Educativo Progresista: Adoctrinamiento y Manipulación Histórica

El sistema educativo actual, especialmente aquellos influenciados por ideologías progresistas y comunistas, ha sido objeto de críticas debido a su tendencia a adoctrinar a los estudiantes en lugar de enseñarles a pensar de manera independiente. Estos sistemas no solo manipulan la información que se presenta en el aula, sino que también influyen en la forma en que los jóvenes ven el mundo y entienden su propia historia, moldeando su visión del futuro según una agenda política específica.

1. Adoctrinamiento en lugar de Educación:

Uno de los problemas más graves de los sistemas educativos que están bajo la influencia de ideologías progresistas o comunistas es el énfasis en la indoctrinación. Los maestros no solo transmiten información académica, sino que también imparten su propia visión política del mundo. Los estudiantes, en lugar de aprender a analizar hechos de manera crítica, son a menudo empujados a aceptar un conjunto de creencias sin cuestionarlas. Se les enseña a pensar de acuerdo con una ideología específica, sin ser incentivados a desarrollar su propio juicio o explorar diferentes puntos de vista.

Por ejemplo, se promueve una narrativa de justicia social y distribución equitativa, pero sin explicar los efectos adversos que este tipo de políticas podría tener en la economía o en la libertad individual. En lugar de enseñarles la importancia del pensamiento crítico, los estudiantes son más susceptibles a aceptar un dogma que puede limitar su capacidad para analizar problemas complejos de manera independiente.

2. Manipulación de la Historia:

Un aspecto aún más preocupante es cómo los sistemas educativos progresistas manipulan la historia para moldear la visión de los estudiantes sobre el pasado. En lugar de enseñar hechos objetivos y bien documentados, se presentan versiones distorsionadas de los eventos históricos que encajan con la agenda política de los educadores.

Los ejemplos abundan: en muchos países, los regímenes comunistas han reescrito la historia para glorificar sus líderes y movimientos, minimizando o ignorando los horrores que causaron. Las tragedias del comunismo, como el genocidio de Stalin o el sufrimiento bajo Mao Zedong, a menudo se pasan por alto o se presentan de manera que minimizan sus consecuencias devastadoras.

Además, la historia de las economías de mercado, del capitalismo o del individualismo se presenta en muchos casos de forma negativa, sin resaltar los avances en derechos humanos, libertad y prosperidad que han sido posibles gracias a estos sistemas. El énfasis recae en las fallas, pero rara vez se enseña el contexto completo o las lecciones que podemos aprender de ellas.

3. El Uso de la Historia como Herramienta Política:

En muchos casos, los sistemas educativos bajo la influencia progresista no solo manipulan la historia para encajar con su narrativa, sino que la utilizan como una herramienta para avanzar en su agenda política. Por ejemplo, las historias de opresión de ciertos grupos sociales son utilizadas para justificar políticas de intervención estatal o para promover la idea de que la desigualdad es el resultado inevitable de un sistema injusto.

Se omiten o se desdibujan los logros de las sociedades que han promovido la libertad individual, el emprendimiento o los sistemas de libre mercado. En su lugar, se presentan historias de supuesta opresión o explotación, sin discutir los éxitos que estas mismas sociedades han tenido al elevar a sus ciudadanos.

4. Impacto en el Pensamiento Crítico:

Lo más peligroso de todo esto es el impacto que tiene en el pensamiento crítico de los estudiantes. En lugar de enseñar a los niños a cuestionar, analizar y desarrollar sus propias opiniones, estos sistemas educativos los moldean en una visión única del mundo, impidiéndoles ver el panorama completo. Los estudiantes son educados para seguir una línea de pensamiento establecida, sin ser desafiados a considerar las múltiples perspectivas sobre un tema.

En lugar de enseñarles a reflexionar sobre los problemas sociales y económicos desde un punto de vista amplio, se les presenta una solución única, muchas veces basada en el control estatal y la distribución de recursos, sin importar las posibles consecuencias. Esto no solo les quita la capacidad de pensar de manera independiente, sino que también los convierte en defensores de políticas que pueden resultar ser contraproducentes a largo plazo.

5. ¿Cómo sería la Educación en un Sistema Anarcocapitalista?

En un sistema anarcocapitalista, la educación sería radicalmente diferente. En lugar de ser monopolizada por el estado o estar bajo el control de ideologías políticas específicas, la educación estaría descentralizada y disponible a través de múltiples proveedores privados. Las familias tendrían la libertad de elegir el tipo de educación que mejor se ajuste a sus valores, intereses y necesidades.

El enfoque sería mucho más en la libertad de pensamiento, la autonomía del individuo y el respeto por la diversidad de ideas. Los estudiantes serían estimulados a desarrollar sus propias opiniones y a pensar críticamente, en lugar de ser adoctrinados. El mercado educativo permitiría una variedad de enfoques, desde educación clásica hasta métodos más innovadores, y cada estudiante tendría la oportunidad de elegir el camino que mejor se adapte a sus objetivos.

Además, la historia no sería manipulada para encajar en una agenda política específica, sino que se enseñaría de manera objetiva, permitiendo que los estudiantes comprendieran los eventos pasados en su contexto completo. Se les animaría a pensar de manera independiente, sin una narrativa impuesta, para que pudieran formar sus propias opiniones informadas.

Conclusión:

El sistema educativo actual, bajo la influencia de ideologías progresistas y comunistas, se ha convertido en una herramienta de adoctrinamiento que distorsiona la historia y limita el pensamiento crítico de los estudiantes. En lugar de promover la libertad de pensamiento y el cuestionamiento, estos sistemas educacionales fomentan una visión unidimensional del mundo. Un sistema educativo basado en principios anarcocapitalistas permitiría una educación más libre, flexible y centrada en el desarrollo del pensamiento independiente, lejos de las manipulaciones ideológicas y la burocracia estatal.

57 El Anarcocapitalismo y el Ateísmo: Un Enfoque de Libertad y Autonomía

En mi visión del anarcocapitalismo, el ateísmo juega un papel fundamental como una filosofía que encarna la libertad y la autonomía del individuo. A continuación, expondré por qué considero que el ateísmo se ajusta de manera más coherente al sistema anarcocapitalista, a diferencia de las religiones tradicionales que a menudo ejercen un control sobre las mentes y las acciones de los individuos.

1. El Ateísmo como Filosofía de la Libertad:

En el ateísmo, uno de los principios centrales es que no existe una figura suprema que deba ser adorada ni un ser divino al cual someternos. Esta ausencia de una autoridad trascendental permite que el individuo sea dueño absoluto de su vida y sus decisiones. El ateísmo permite una total libertad para cuestionar la existencia de una deidad sin estar atado a dogmas religiosos impuestos desde afuera. En un sistema anarcocapitalista, esta libertad individual es fundamental, ya que el principio básico es que las personas deben tener control total sobre sus vidas, sus cuerpos, sus decisiones y sus recursos.

Por el contrario, las religiones organizadas a menudo requieren que sus adherentes se sometan a reglas divinas que no son negociables. Las creencias religiosas pueden imponer restricciones al pensamiento libre y la autonomía personal, ya que los individuos se ven obligados a seguir un conjunto de normas que no son elegidas por ellos, sino que provienen de una figura suprema, a menudo inmutable. Esto va en contra de los principios del anarcocapitalismo, que defienden la soberanía del individuo y la posibilidad de tomar decisiones basadas en la razón y el consentimiento.

2. La Religión como un "Estado Fantasma":

Una crítica común al concepto de un estado es que los gobiernos imponen su autoridad sobre las personas, a menudo sin su consentimiento directo. En este sentido, las religiones tradicionales pueden ser vistas como una especie de "estado fantasma", que exige obediencia, aunque no tenga una representación física o política tangible.

Las religiones, especialmente las monoteístas, postulan la existencia de una deidad suprema que debe ser adorada y respetada sin cuestionamientos. Esta figura es vista como la fuente última de autoridad, y las personas que siguen estas religiones a menudo deben someterse a su voluntad, lo que puede incluir restricciones sobre su comportamiento, pensamientos, elecciones sexuales, interacciones sociales, entre otros aspectos de la vida diaria.

En un sistema anarcocapitalista, cualquier autoridad que imponga reglas sobre la vida de las personas sin su consentimiento se considera un problema. La religión, cuando se convierte en una forma de control sobre los individuos, puede actuar de manera similar a un estado autoritario, ya que establece una jerarquía de poder donde los creyentes deben seguir un conjunto de normas sin la posibilidad de elegir. Esto es algo que el anarcocapitalismo rechaza, ya que la soberanía del individuo es lo primero.

3. La Falta de Imposición en el Ateísmo:

En el ateísmo, no hay un dogma que deba ser seguido. Cada persona es libre de llegar a sus propias conclusiones sobre la existencia de seres sobrenaturales. A diferencia de las religiones, el ateísmo no exige la adopción de una serie de creencias o comportamientos predefinidos. Cada persona tiene la libertad de decidir si cree en algo más allá de la existencia material o no, sin que se le imponga una ideología ajena.

Esta libertad para elegir es compatible con el principio anarcocapitalista de la auto-propiedad y el respeto mutuo. El ateísmo, al no depender de una autoridad central o de una figura divina que dicte las reglas, fomenta una cultura de respeto hacia las decisiones y creencias de los demás, siempre que esas decisiones no interfieran con la libertad de otros. De este modo, se alinea con la visión de un sistema donde los individuos viven sin coacciones externas, sin que nadie les imponga reglas o creencias basadas en el poder o la autoridad ajena.

4. La Autonomía y la Responsabilidad Personal:

El ateísmo pone un énfasis significativo en la autonomía del individuo, en su capacidad para tomar decisiones basadas en la razón y la evidencia. En lugar de delegar la responsabilidad de la moralidad a una figura divina, los ateos asumen la responsabilidad de sus propias acciones y eligen vivir de acuerdo con principios éticos basados en la razón, la empatía y el respeto mutuo.

En un sistema anarcocapitalista, los principios de autonomía y responsabilidad personal son esenciales. Las personas son responsables de sus propios actos y deben asumir las consecuencias de sus decisiones sin depender de la intervención de un gobierno o una entidad religiosa para determinar lo que está bien o mal. Este enfoque de la moralidad, basado en el pensamiento autónomo, está en total consonancia con los ideales anarcocapitalistas.

Conclusión:

El ateísmo, con su énfasis en la libertad de pensamiento y la autonomía individual, se ajusta de manera natural a los principios del anarcocapitalismo. A diferencia de las religiones tradicionales, que imponen un conjunto de creencias y reglas que no siempre están alineadas con la libertad personal, el ateísmo permite a los individuos ejercer su soberanía sobre sus propias vidas sin la intervención de una autoridad trascendental. En un mundo anarcocapitalista, esta libertad es fundamental, y el ateísmo puede ser una filosofía que refuerza la visión de un mundo donde los individuos son dueños de sus decisiones y su destino.

58 La Crítica a la Censura en Internet: El Caso del Símbolo Nazi y la Historia

En los últimos años, la censura en internet ha sido un tema cada vez más relevante, especialmente cuando se trata de símbolos o ideologías que han sido ampliamente condenados en la historia, como el símbolo nazi. El debate sobre la censura de estos elementos, especialmente en plataformas digitales, plantea cuestiones fundamentales sobre la libertad de expresión, la preservación de la historia y el derecho a abordar el pasado sin distorsiones. En este contexto, quiero presentar una crítica sobre la censura del símbolo nazi en películas, videos y contenido en línea, y por qué considero que esta práctica es problemática y contraproducente.

1. La Importancia de la Historia y el Aprendizaje de los Errores del Pasado

Uno de los argumentos más fuertes contra la censura del símbolo nazi es la necesidad de no olvidar la historia. El nazismo fue responsable de innumerables atrocidades, como el Holocausto, y sus símbolos representan uno de los períodos más oscuros de la humanidad. Ocultar o eliminar estos símbolos, ya sea en películas, documentales o en la web, no solo tergiversa la realidad, sino que impide que las futuras generaciones comprendan verdaderamente la magnitud de esos horrores.

El conocimiento del pasado es esencial para evitar que los errores se repitan. Si eliminamos el símbolo nazi y otras representaciones del régimen, corremos el riesgo de hacer que los jóvenes y las futuras generaciones olviden o desvirtúen lo que ocurrió en esa época. Recordar lo sucedido es una de las formas más poderosas de evitar que esas ideologías destructivas resurjan. La censura, en este caso, no solo borra imágenes, sino que también borra lecciones valiosas de la historia que pueden prevenir el resurgimiento de movimientos totalitarios.

2. La Censura y la Libertad de Expresión

El debate sobre la censura del contenido relacionado con el nazismo también está vinculado a un principio fundamental: la libertad de expresión. En una sociedad libre, todos deben tener la capacidad de expresar sus ideas y mostrar las realidades históricas, incluso si estas son incómodas. La censura de un símbolo como el esvástico, especialmente en contextos históricos o educativos, socava este derecho. Limitar el acceso a la información o a la representación visual de eventos históricos solo empobrece el diálogo y la comprensión pública.

Si bien la propagación de discursos de odio y violencia debe ser abordada de manera apropiada, censurar elementos históricos en lugar de contextualizarlos adecuadamente puede llevar a la distorsión de la verdad y a la falta de conciencia crítica. El problema no es el símbolo en sí mismo, sino cómo se utiliza en el contexto adecuado. Al presentar el símbolo nazi en el marco adecuado, ya sea en películas históricas, documentales o artículos educativos, se puede abordar de manera efectiva la ideología detrás de él, mostrando su impacto destructivo y ayudando a prevenir su resurgimiento.

3. El Peligro de la Reescritura de la Historia

Cuando se trata de la censura en internet, existe el riesgo de que se reescriba la historia bajo el pretexto de proteger a las personas de contenido "ofensivo". Este enfoque puede ser peligroso, ya que podría dar lugar a una versión revisada de los eventos históricos, donde se omiten detalles esenciales sobre lo ocurrido. La historia debe ser presentada de manera honesta y sin adornos, incluso cuando las imágenes o los símbolos involucrados sean perturbadores.

Al censurar el símbolo nazi, por ejemplo, corremos el riesgo de hacer que el público pierda el contexto necesario para entender la realidad de lo que ocurrió. La historia no puede ser alterada ni encubierta, ya que es a través del entendimiento de nuestro pasado que podemos construir un futuro más justo y libre de los mismos errores. La censura puede, por tanto, facilitar la creación de una narrativa falsa o incompleta que, a largo plazo, puede perjudicar nuestra comprensión de la historia.

4. El Riesgo de Revivir el Totalitarismo a Través de la Ignorancia

El nazismo es uno de los ejemplos más notorios de totalitarismo, y el ocultamiento de su símbolo o ideología puede tener consecuencias más graves de las que se podría pensar. Al suprimir la discusión sobre estos temas, en lugar de enfrentarlos directamente, se podría estar abriendo la puerta a la ignorancia. Una sociedad que no se enfrenta a su historia y sus símbolos oscuros podría estar creando un terreno fértil para que nuevas ideologías autoritarias y peligrosas crezcan sin ser cuestionadas. La historia nos enseña que los regímenes totalitarios surgen cuando las personas no están lo suficientemente informadas o cuando la memoria colectiva se ve distorsionada.

La censura, en lugar de protegernos, puede dejar que estos elementos regresen de formas más sutiles, ya que el desconocimiento de lo que representan puede hacer que los nuevos movimientos de odio pasen desapercibidos. La ignorancia nunca ha sido un antídoto eficaz contra el peligro; solo el conocimiento y la vigilancia activa pueden hacerlo.

Conclusión: La Necesidad de Abordar el Pasado con Transparencia

En lugar de censurar símbolos como el nazi en internet y en los medios de comunicación, debemos promover un enfoque de educación y conciencia histórica. Esto significa que, si bien no podemos permitir la propagación de discursos de odio y violencia, sí debemos ser capaces de abordar la historia de manera abierta, sin miedo a confrontar las partes más oscuras de nuestro pasado. La censura de símbolos históricos solo sirve para ocultar la verdad y borrar lecciones importantes que no deben ser olvidadas.

Solo enfrentándonos a la historia con transparencia, sin distorsiones ni ocultamientos, podemos aprender de ella y construir un futuro que no repita los mismos errores. La censura no resuelve nada, pero el entendimiento profundo y honesto del pasado puede ayudarnos a avanzar como sociedad.

59 Crítica a la Prohibición del Saludo Nazi: Un Símbolo con Orígenes Anteriores al Nazismo

La prohibición del saludo nazi ha sido una de las decisiones más controversiales y debatidas en el contexto de la lucha contra los movimientos de extrema derecha. Sin embargo, es importante comprender que el saludo nazi, lejos de ser exclusivo de los nazis, tiene raíces históricas mucho más profundas, y prohibirlo de forma categórica plantea varias preguntas sobre la distorsión histórica y el uso apropiado de símbolos.

1. El Saludo Nazi y sus Orígenes Anteriores al Nazismo

Uno de los aspectos más importantes que a menudo se omite al hablar sobre el saludo nazi es que no fue inventado por los nazis. De hecho, este saludo tiene una larga historia, mucho antes de ser adoptado por el Partido Nacionalsocialista Alemán. Su origen se remonta a la antigua Roma, donde los ciudadanos romanos usaban un saludo similar como muestra de respeto o lealtad. Con el tiempo, este tipo de saludo fue adaptado en varios países, incluidos aquellos de Europa, como una forma de salutación oficial o militar.

En el contexto de la Primera Guerra Mundial, el saludo de brazo levantado era ya común entre los militares alemanes y otras fuerzas armadas europeas. No fue hasta la ascensión del Tercer Reich bajo Adolf Hitler que el saludo fue asociado específicamente con el nazismo, convirtiéndose en un símbolo de obediencia y lealtad al régimen nazi. Por lo tanto, es fundamental entender que este gesto no comenzó como un saludo ideológico, sino que se transformó en tal bajo el contexto de la propaganda y el poder de los nazis.

2. La Prohibición: ¿Una Forma de Ignorar la Historia?

La prohibición del saludo nazi en muchos países plantea una cuestión importante sobre cómo se aborda la historia en el presente. Si bien es comprensible que muchos deseen evitar la glorificación del régimen nazi y las atrocidades que cometió, el hecho de que se prohíba el saludo en su totalidad puede llevar a una interpretación errónea de su origen y su uso a lo largo del tiempo.

Prohibir un símbolo que tiene una historia más antigua que el propio nazismo puede contribuir a la idea de que la historia es algo que debe ser ocultado o modificado para ajustarse a una visión moderna, cuando en realidad es precisamente el estudio y la comprensión del contexto histórico lo que nos permite aprender y evitar los mismos errores en el futuro. La prohibición del saludo nazi, si bien puede tener buenas intenciones de evitar la exaltación de la ideología, también puede conllevar el riesgo de borrar o simplificar la complejidad histórica de los símbolos y su evolución.

3. El Riesgo de la Prohibición Ciega: El Uso de los Símbolos como Herramientas Educativas

En lugar de prohibir completamente el saludo nazi, una opción más educativa sería permitir su uso en contextos históricos y educativos, siempre con una correcta contextualización. De este modo, el saludo podría ser utilizado para enseñar sobre los peligros del totalitarismo, la propaganda y el control de masas, en lugar de ser erróneamente asociado solo con el régimen nazi.

De hecho, muchos historiadores y educadores sostienen que el entendimiento de los símbolos y gestos utilizados por los nazis, como el saludo, es crucial para comprender la forma en que estos elementos fueron explotados para manipular a la población. Prohibirlos solo porque fueron utilizados por los nazis en un momento de la historia puede impedir que la gente entienda su evolución y, en última instancia, no ayuda a erradicar los peligros del extremismo, ya que los símbolos, en su forma más pura, siguen teniendo un impacto aunque se prohíban.

4. La Prohibición y la Censura: Una Amenaza a la Libertad de Expresión

La prohibición del saludo nazi también plantea una cuestión sobre la libertad de expresión. Vivimos en una sociedad que valora la libertad de expresión, incluso cuando las ideas que se expresan son ofensivas o incómodas. Prohibir un símbolo como el saludo nazi puede ser visto por algunos como una forma de censura, que limita la capacidad de las personas para expresar ideas y discutir abiertamente sobre temas sensibles. A fin de cuentas, lo que se busca al limitar el uso del saludo no es eliminar el extremismo, sino reprimir las manifestaciones de ese extremismo, lo que podría ser contraproducente.

Es importante recordar que la libertad de expresión es un pilar de la democracia y debe ser protegida incluso cuando las ideas que se expresan son desafiantes o provocadoras. En lugar de prohibir un saludo, deberíamos centrarnos en educar a las personas sobre su historia, su uso y sus implicaciones, y cómo un símbolo que en el pasado representaba lealtad a una ideología peligrosa puede ser redirigido hacia la reflexión crítica.

5. El Valor de los Símbolos: No Deberían Ser Redefinidos Solo por el Nazismo

El saludo nazi, como muchos otros símbolos, no pertenece exclusivamente a los nazis. Al igual que otros símbolos históricos, debe ser visto dentro del contexto en el que fue usado a lo largo del tiempo. La historia de estos símbolos no debe ser determinada exclusivamente por el abuso que hicieron los nazis de ellos, sino que debe incluir también el análisis de su uso en otros períodos y su significado original.

Los símbolos son herramientas poderosas de comunicación, pero también son objetos de interpretación. Un símbolo puede tener diferentes significados en diferentes contextos históricos, y su interpretación puede cambiar con el tiempo. De hecho, los símbolos de la historia, lejos de ser prohibidos, deben ser objeto de un análisis crítico que permita a las personas comprender sus orígenes, su evolución y el impacto que tienen en la sociedad contemporánea.

Conclusión: El Desafío de Manejar el Pasado con Transparencia y Educación

La crítica a la prohibición del saludo nazi no es un llamado a revivir el odio y el extremismo, sino una invitación a tratar los símbolos con un enfoque educativo y transparente. Prohibir símbolos sin comprender su contexto histórico no hace justicia a la historia, y en muchos casos, la censura solo oculta más que esclarece.

En lugar de prohibir el saludo nazi, debemos estar más comprometidos con la educación y la reflexión crítica. Al hacerlo, podemos asegurarnos de que las generaciones futuras comprendan la verdadera naturaleza de estos símbolos, para que nunca se repitan los horrores que representaron. La historia debe ser enfrentada, no ignorada, porque es solo a través del entendimiento de nuestro pasado que podemos construir un futuro más informado y consciente.

60 Crítica a la Idea de la "Raza Pura"

La noción de que existe una "raza pura" es una de las ideas más erróneas y peligrosas que han surgido a lo largo de la historia. No solo es una simplificación excesiva de la complejidad humana, sino que también está basada en creencias racistas que han sido promovidas con fines ideológicos y políticos. En lugar de centrarnos en una idea fantasiosa de pureza racial, debemos reconocer que la humanidad es el resultado de miles de años de mestizaje, migración y adaptación.

1. La Falacia de la "Raza Pura"

La idea de que existe una "raza pura" ha sido promovida a lo largo de la historia por ideologías racistas y excluyentes, pero la realidad científica demuestra que no existe tal cosa como una raza completamente pura. Los seres humanos, independientemente de su color de piel, características físicas o etnia, compartimos una herencia genética común. La genética humana es una red de interacciones complejas, y las diferencias superficiales entre las personas, como el color de la piel o la forma de los ojos, son el resultado de miles de años de adaptación a diferentes ambientes, no de una separación profunda o de una pureza genética.

2. Los "Españoles Puros" y sus Orígenes Diversos

Tomemos como ejemplo a los españoles, que a menudo se consideran a sí mismos una población "pura" de descendencia europea. Sin embargo, esto es una falacia. La historia de la Península Ibérica está marcada por siglos de invasiones, migraciones y mezclas de diferentes culturas. Los españoles no son descendientes de una única "raza" europea, sino que su herencia genética incluye una gran cantidad de influencias de diferentes grupos étnicos.

Por ejemplo, una gran parte de la población española tiene ancestros árabes debido a la presencia musulmana en la región durante casi 800 años, desde el siglo VIII hasta el XV. Los musulmanes trajeron consigo influencias culturales, lingüísticas y genéticas que siguen presentes en los españoles de hoy. Además, durante la Reconquista, los cristianos no solo lucharon contra los musulmanes, sino que también absorbieron e intercambiaron con diferentes pueblos, incluidos los judíos, los celtas y los visigodos. Por lo tanto, el concepto de "pureza racial" en los españoles es completamente inexacto.

3. El Origen Común de Todos los Seres Humanos: África

Otro punto fundamental en esta discusión es el origen común de todos los seres humanos. La evidencia científica nos dice que la humanidad tiene sus raíces en África, y que los primeros Homo sapiens evolucionaron en ese continente hace aproximadamente 200,000 años. Todos los seres humanos actuales somos descendientes de esa población africana original. A lo largo de los siglos, nuestros ancestros se dispersaron por todo el mundo, adaptándose a diferentes climas y entornos.

La adaptación al medio ambiente es un proceso natural que ha influido en las características físicas de las personas, como el color de la piel. Las personas que vivieron en regiones más frías, por ejemplo, desarrollaron piel más clara debido a la menor exposición al sol, lo que permitió una mejor absorción de la vitamina D. En cambio, las personas que vivieron en regiones más soleadas desarrollaron piel más oscura para protegerse de los daños del sol. Estas diferencias son meramente adaptativas y no indican una superioridad o pureza de una "raza" sobre otra.

4. La "Raza" como Construcción Social, No Biológica

Es importante comprender que la raza no es un concepto biológico, sino social. Las categorías raciales han sido creadas por las sociedades humanas para clasificar y diferenciar a las personas basándose en características físicas superficiales, pero no tienen un fundamento científico. No hay una base biológica que justifique la existencia de razas distintas, y las diferencias genéticas dentro de una misma "raza" son mucho mayores que las diferencias entre las "razas" en sí.

Los estudios genéticos han demostrado que la variabilidad genética dentro de los grupos humanos es mucho mayor que entre ellos. Es decir, dos personas de diferentes continentes pueden ser genéticamente más similares entre sí que dos personas de la misma "raza". La verdadera diversidad genética está presente en todos los seres humanos, independientemente de su origen geográfico o étnico.

5. El Daño de las Creencias sobre la "Raza Pura"

La creencia en una "raza pura" ha sido utilizada históricamente para justificar la discriminación, la segregación y la violencia. Durante el siglo XX, esta idea fue fundamental para los movimientos fascistas y racistas, como el nazismo, que promovieron la "pureza racial" como un principio central. Las atrocidades cometidas por el régimen nazi, basadas en esta ideología, son un recordatorio sombrío de los peligros de las creencias racistas.

Además, esta noción de pureza racial puede perpetuar prejuicios y estereotipos, alimentando el racismo y la intolerancia. Al fomentar la idea de que algunas "razas" son superiores a otras, se crea una sociedad dividida y conflictiva, que ignora los logros y las contribuciones de todas las personas, sin importar su origen.

Conclusión: La Unidad de la Humanidad Más Allá de las Fronteras Raciales

En lugar de aferrarse a la idea de una "raza pura", debemos celebrar la diversidad y reconocer que todos somos parte de la misma humanidad. Nuestros antepasados compartieron un origen común en África, y a través de la historia, hemos migrado, mezclado y adaptado a los diferentes climas y culturas de todo el mundo. No existen razas puras, sino una humanidad diversa y entrelazada.

El rechazo de la noción de pureza racial nos permite avanzar hacia una sociedad más inclusiva y justa, donde se valore la individualidad y se respeten las diferencias culturales sin recurrir a divisiones artificiales basadas en creencias erróneas y peligrosas.

61 Crítica a la Creencia de Ser Mejor por Pertenecer a un País

Es común encontrar personas que se sienten superiores o más importantes por el simple hecho de haber nacido en un país determinado, como si el hecho de formar parte de una nación les otorgara un valor intrínseco o un estatus especial. Sin embargo, esta creencia está basada en una falacia que surge de las construcciones sociales impuestas por los estados, los cuales han trazado fronteras que en muchos casos son totalmente arbitrarias.

1. El País Como Construcción Social:

Los países, tal y como los conocemos hoy en día, son en su mayoría construcciones sociales que han sido creadas y definidas por los gobiernos a lo largo de la historia. Las fronteras que dividen a las naciones no son más que líneas imaginarias en un mapa, trazadas por acuerdos políticos, guerras, o decisiones arbitrarias de los líderes de turno. Estas fronteras no tienen ningún valor intrínseco más allá del acuerdo social que hemos aceptado colectivamente, y no determinan la valía o el valor de un individuo.

En realidad, si analizamos la historia de la humanidad, veremos que las civilizaciones han surgido y caído sin las fronteras nacionales que conocemos hoy. Antes de la creación de los estados-nación, la humanidad estaba organizada de diferentes maneras: tribus, imperios, confederaciones, o incluso sociedades sin fronteras fijas. Las "naciones" tal como las entendemos son una invención relativamente reciente que no define a las personas en su totalidad ni les otorga un estatus superior.

2. La Falacia de la Superioridad Nacional:

La idea de que una persona es "mejor" o "más valiosa" solo por pertenecer a un país específico es una falacia peligrosa. Esta creencia genera una mentalidad de "nosotros contra ellos", fomentando el nacionalismo extremo, el racismo y la xenofobia. Sin embargo, la realidad es que todos somos humanos, independientemente de dónde hayamos nacido. La nacionalidad no determina la capacidad, el carácter, ni la moral de una persona.

Las personas que se sienten superiores por su nacionalidad olvidan que la pertenencia a un país es en gran parte un accidente de nacimiento. Nadie elige el lugar en el que nace, y por lo tanto, no se puede atribuir mérito o inferioridad por esta condición. Es como si las personas se sintieran más valiosas por haber nacido en un barrio específico o en una ciudad famosa, cuando en realidad todos compartimos la misma humanidad.

3. La Comparación con las Hormigas:

Para poner en perspectiva lo absurdo de las fronteras nacionales, podríamos compararlas con las colonias de hormigas. Las hormigas, en su mayoría, viven en colonias organizadas, pero estas colonias no son más que construcciones sociales dentro de su propia especie. Al igual que los humanos, las hormigas se agrupan, pero esto no las hace inherentemente mejores o peores que las demás hormigas de otros nidos.

Del mismo modo, los países son solo grupos organizados por los humanos que se identifican con un territorio y una cultura compartida. Estas fronteras artificiales, aunque importantes desde el punto de vista de la organización social y política, no deben ser vistas como una base para juzgar el valor de un individuo. Somos como las hormigas, en un mundo globalizado, separados por líneas imaginarias creadas por nuestros propios sistemas políticos.

4. La Ilusión de la Identidad Nacional:

Las personas que se sienten superiores por su pertenencia a un país a menudo se aferran a una identidad nacional construida, que es más una ilusión que una realidad. Las naciones, aunque pueden ser una fuente de orgullo cultural y de comunidad, no deben ser el factor principal para definir a una persona o su valor. En lugar de identificarnos solo por nuestras fronteras nacionales, deberíamos reconocer que compartimos una identidad global como seres humanos, con derechos y responsabilidades universales que van más allá de las líneas divisorias creadas por los estados.

5. La Unidad de la Humanidad Más Allá de las Fronteras:

El verdadero valor de las personas no se encuentra en el país en el que nacen, sino en su capacidad de empatizar, colaborar, crear y construir un mundo mejor. Los logros de la humanidad, como los avances científicos, los movimientos por los derechos civiles, o las iniciativas globales de cooperación, son ejemplos de lo que podemos lograr cuando superamos las fronteras nacionales y nos vemos como una sola especie.

El nacionalismo extremo solo perpetúa divisiones innecesarias, mientras que la verdadera unidad humana surge cuando nos enfocamos en los problemas comunes que compartimos, como la paz, la justicia, y el bienestar para todos, sin importar el lugar en el que nacimos.

Conclusión: La Superficialidad de las Fronteras Nacionales

Las fronteras nacionales, aunque sean importantes en términos de organización política y administrativa, no deben ser vistas como una fuente de orgullo o superioridad. La pertenencia a un país no define a una persona ni determina su valor. Al igual que las hormigas no son mejores unas que otras solo por vivir en diferentes nidos, los seres humanos no somos mejores por estar divididos en diferentes países. Somos una única humanidad, y debemos enfocarnos en lo que nos une, más que en lo que nos divide.

El nacionalismo extremo no solo es una forma de discriminación, sino también una distracción de los problemas globales que debemos resolver juntos como seres humanos. En última instancia, nuestra identidad no debe estar definida por una línea imaginaria en un mapa, sino por nuestra capacidad para convivir y contribuir al bienestar global.

61 Crítica a la Visión Idealista del Anarco-Capitalismo y la Realidad de Implementarlo

El anarco-capitalismo, como sistema ideal de organización social y económica, tiene una fuerte base filosófica en la libertad individual, el mercado libre y la eliminación del Estado. Sin embargo, existe una visión entre algunos de sus seguidores de que lograr este sistema es un proceso simple o rápido, sin reconocer la complejidad y los desafíos que implica su implementación, especialmente a nivel global. La realidad es que no solo es difícil de lograr, sino que la transición a un sistema anarco-capitalista viable y funcional a gran escala enfrenta obstáculos significativos que deben ser entendidos y abordados con cautela y pragmatismo.

1. La Realidad de las Preferencias Humanas:

Una de las primeras barreras para alcanzar el anarco-capitalismo es la naturaleza de las preferencias humanas. Si bien es cierto que una parte significativa de la población puede sentirse atraída por la idea de la libertad individual absoluta, hay muchas personas que, por diversas razones, prefieren vivir bajo un régimen estructurado, incluso si eso implica sacrificios en cuanto a libertad personal. Para muchas personas, la idea de un gobierno que les brinde estabilidad, seguridad y servicios básicos sigue siendo atractiva. Esto se debe a que la mayoría de los seres humanos está acostumbrada a vivir dentro de sistemas jerárquicos y burocráticos, donde el gobierno actúa como proveedor de servicios, regulador y autoridad última.

La transición a un sistema sin un gobierno centralizado requeriría un cambio radical en la mentalidad de la población, lo cual no es una tarea sencilla. La resistencia al cambio, la falta de confianza en sistemas alternativos y la preferencia por la seguridad proporcionada por el Estado son barreras psicológicas y culturales profundas que no se pueden superar de manera inmediata. Es necesario que la población no solo entienda el valor del anarco-capitalismo, sino que también esté dispuesta a adoptar un estilo de vida basado en la cooperación voluntaria y la autosuficiencia.

2. El Desafío de las Fuerzas Antagonistas:

Otro factor fundamental que hace casi imposible la transición a un sistema anarco-capitalista global es la presencia de fuerzas que están directamente interesadas en mantener el statu quo. En muchas regiones del mundo, especialmente en áreas como el Medio Oriente, partes de África y otras zonas donde los gobiernos no tienen control efectivo o donde las instituciones estatales son débiles, existen grupos y organizaciones que prefieren un sistema de control autoritario. Esto incluye desde regímenes totalitarios hasta grupos criminales, carteles de drogas y organizaciones terroristas, que tienen intereses contrarios a los principios del anarco-capitalismo.

Estos actores poderosos, que a menudo tienen un control coercitivo sobre grandes territorios y poblaciones, no solo se oponen al cambio, sino que se benefician del desorden y la opresión. Por ejemplo, en países donde el Estado está ausente o tiene un control débil, los grupos armados o mafias pueden ejercer su dominio, imponiendo su voluntad a través de la violencia, el narcotráfico o el terrorismo. Estos grupos no solo buscan el poder, sino también un sistema en el cual puedan lucrarse de la coerción, la extorsión y la explotación de las personas. En estos escenarios, la implementación del anarco-capitalismo sería aún más difícil, ya que estas fuerzas opositoras no cesarán simplemente porque un grupo de personas reclame la libertad de vivir sin un gobierno.

3. La Necesidad de un Enfoque Reformista y Gradual:

Por lo tanto, lograr el anarco-capitalismo no puede ser visto como un cambio radical y de un solo paso. A nivel global, se necesitaría un enfoque gradual y reformista, adaptado a las realidades locales y las circunstancias específicas de cada país o región. Las reformas podrían comenzar por un modelo de mayor libertad económica y menor intervención estatal, creando un entorno más propicio para el mercado libre y la competencia, pero sin pretender eliminar el Estado de manera abrupta.

Además, para que una transición hacia el anarco-capitalismo sea exitosa, es crucial que el país o la región donde se intente implementar el sistema tenga un nivel de desarrollo considerable. Un país de "primer mundo", con una infraestructura sólida, una educación de calidad, una economía dinámica y ciudadanos preparados, tiene más posibilidades de gestionar la transición hacia un sistema de menor gobierno de manera exitosa. Los sistemas sociales, políticos y económicos deben estar preparados para adaptarse a la idea de un mercado completamente libre, sin caer en el caos, la violencia o el aprovechamiento de los más vulnerables.

4. La Necesidad de Protección de los Derechos Individuales:

Aún más importante es que, en la transición hacia el anarco-capitalismo, se garantice la protección de los derechos individuales. Los derechos de propiedad y la seguridad son fundamentales para cualquier sociedad libre. En un sistema sin un gobierno central, las funciones de protección y justicia deberían ser asumidas por agencias privadas o instituciones voluntarias, lo cual representa un cambio significativo en cómo tradicionalmente se han manejado estos servicios. Para que el anarco-capitalismo funcione, debe haber una estructura en la que las personas puedan resolver disputas de manera justa y sin recurrir a la violencia, y en la que los derechos de propiedad sean respetados en un entorno competitivo.

5. La Realidad de los Desafíos Internacionales:

Implementar el anarco-capitalismo en una nación podría ser un primer paso, pero llevarlo a escala global enfrentaría desafíos aún mayores. Los conflictos entre países, las tensiones geopolíticas, la competencia entre diferentes modelos de gobierno y los intereses de grandes potencias serían factores determinantes. Mientras que algunos países podrían adoptar el anarco-capitalismo, muchos otros seguirían con sus regímenes autoritarios o con modelos económicos dirigidos por el Estado. En este contexto, lograr una armonización global de sistemas políticos y económicos tan divergentes sería casi imposible, y las naciones que intentaran implementar el anarco-capitalismo se verían constantemente presionadas por actores externos que buscan mantener el control.

Conclusión: La Realidad de la Implementación del Anarco-Capitalismo

El anarco-capitalismo, aunque filosóficamente atractivo para muchos, es un sistema extremadamente difícil de implementar, especialmente a nivel global. Las barreras culturales, políticas y económicas, así como la resistencia de aquellos que se benefician del control estatal, hacen que su implementación sea un desafío monumental. La transición hacia un sistema de este tipo requiere tiempo, un enfoque gradual, y un entorno preparado, con instituciones sólidas y una población educada y dispuesta a adaptarse a nuevas formas de organización social y económica. El anarco-capitalismo puede ser una meta noble, pero no debe ser idealizado como una solución fácil o rápida, y debe ser abordado con un enfoque pragmático, estratégico y realista.

62 La Combinación de Algoritmo y Reformismo como un Camino Realista para Lograr el Anarco-Capitalismo

El anarco-capitalismo, como sistema basado en la eliminación del Estado y la promoción de la libertad individual, es una idea poderosa, pero su implementación a nivel global representa un desafío monumental. La idea de alcanzar este sistema de manera gradual y realista no solo requiere cambios en la mentalidad social y cultural, sino también una estructura que permita transitar hacia ese modelo de forma ordenada y eficaz. Aquí es donde la combinación de **algoritmo** y **reformismo** entra en juego como una estrategia viable para lograr el anarco-capitalismo de manera gradual, sin caer en el caos o la violencia.

1. El Reformismo como Estrategia Gradual

El **reformismo** tiene la ventaja de permitir una transición paulatina y estructurada, en lugar de un cambio abrupto que podría causar desorden y resistencia. Para lograr el anarco-capitalismo de forma efectiva, no se puede esperar que toda la sociedad se deshaga del Estado de la noche a la mañana. El reformismo implica adoptar políticas y reformas que reduzcan progresivamente la intervención del Estado, fomentando una mayor libertad económica, autonomía individual y competencia.

Reformas en la Economía:

- **Reducción de impuestos**: Eliminar gradualmente los impuestos a medida que el mercado libre crece y puede autofinanciarse.
- **Desregulación**: Quitar las regulaciones que impiden la competencia, permitiendo que las empresas prosperen sin el control estatal.
- **Privatización**: La transferencia de servicios públicos a manos privadas y organizaciones voluntarias.

Estas reformas permiten que las personas y las empresas se adapten a un entorno más libre y competitivo, lo que prepara a la sociedad para la transición hacia el anarco-capitalismo, sin los impactos disruptivos de un cambio inmediato.

2. El Algoritmo como Herramienta para Organizar la Sociedad

Mientras que el reformismo es crucial para hacer la transición gradualmente, el **algoritmo** ofrece una herramienta moderna para organizar la sociedad de forma eficiente en un mundo sin un Estado central. En un sistema anarco-capitalista, la resolución de problemas como la justicia, la protección de derechos y la gestión de recursos se puede gestionar a través de **algoritmos y sistemas descentralizados**.

Ejemplos de Algoritmos en el Anarco-Capitalismo:

- **Sistema de Resolución de Conflictos**: A través de plataformas descentralizadas que permiten resolver disputas de manera eficiente y sin recurrir a un sistema judicial centralizado. Esto podría ser manejado por contratos inteligentes y blockchain, garantizando que las decisiones sean justas y transparentes.
- **Seguridad Privada**: El uso de algoritmos para coordinar la seguridad a través de agencias privadas que, en lugar de depender de un gobierno central, se gestionen a través de tecnologías descentralizadas.
- **Mercados Descentralizados**: Utilización de algoritmos para crear mercados libres en los que los bienes y servicios puedan intercambiarse sin la intervención de un Estado. Las plataformas de intercambio descentralizado son ejemplos de cómo la tecnología puede facilitar un mercado libre sin la necesidad de una autoridad central.

Los algoritmos no solo facilitan la organización de la vida social y económica, sino que también permiten que los mercados y servicios operen de manera más eficiente y sin el control de un gobierno. Esto reduce la posibilidad de corrupción y malas prácticas que podrían surgir en un sistema estatal.

3. La Sinergia entre Reformismo y Algoritmo:

La clave para lograr el anarco-capitalismo de manera realista y gradual está en la **sinergia entre el reformismo y el uso de algoritmos**. El reformismo actúa como el proceso de transición, moviendo lentamente a la sociedad hacia una menor intervención estatal. Por otro lado, los algoritmos y las tecnologías descentralizadas permiten que el proceso de descentralización ocurra de forma orgánica y eficiente.

A medida que se implementan reformas que permiten más libertad económica y menos intervención estatal, los algoritmos pueden asumir roles más importantes en la organización de la sociedad. Por ejemplo, con la privatización de servicios públicos y la eliminación de regulaciones, las personas y las empresas pueden utilizar plataformas basadas en algoritmos para llevar a cabo muchas funciones que tradicionalmente eran responsabilidad del Estado, como la educación, la salud, la seguridad y la justicia.

La combinación de ambos permite que el anarco-capitalismo se construya de forma más estable y sostenible. Mientras el reformismo establece las bases, los algoritmos permiten que el sistema crezca de manera más organizada y eficiente, garantizando la libertad y la competencia sin la necesidad de un Estado central.

4. La Transición Sin Caos:

Una de las críticas comunes al anarco-capitalismo es que la eliminación del Estado podría causar caos y desorden. Sin embargo, si se utiliza una combinación de reformas graduales y sistemas algoritmos descentralizados, la transición puede hacerse sin los efectos negativos de una ruptura abrupta.

Los algoritmos permiten la creación de sistemas descentralizados de resolución de conflictos, seguridad y comercio, lo que reduce la necesidad de una autoridad central. A medida que se implementan las reformas, los algoritmos pueden asumir más funciones que, de otra manera, serían responsabilidad del Estado. Esto crea una transición orgánica en la que la función estatal se va reduciendo, mientras que las personas tienen las herramientas tecnológicas necesarias para organizarse de manera eficiente y sin violencia.

5. El Rol de la Educación y la Cultura:

Un aspecto fundamental en este proceso es la educación y la cultura de la sociedad. Para que el anarco-capitalismo funcione, las personas deben entender y aceptar los principios de la libertad individual, el mercado libre y la competencia sin coerción. El reformismo puede incluir políticas educativas que fomenten estos valores, mientras que los algoritmos pueden proporcionar herramientas para facilitar el acceso a la información y la educación descentralizada.

Esto puede incluir la creación de plataformas de aprendizaje autónomo, donde las personas puedan aprender sobre el anarco-capitalismo y otros sistemas sin depender de instituciones centralizadas. Además, el uso de algoritmos para crear contenido personalizado y adaptativo podría aumentar la calidad de la educación, permitiendo que los ciudadanos se preparen mejor para vivir en una sociedad sin Estado.

Conclusión:

Lograr el anarco-capitalismo a nivel global y de manera realista es un desafío formidable. Sin embargo, la combinación de **reformismo** y **algoritmos** ofrece un enfoque pragmático y gradual para alcanzar ese objetivo. A través de reformas estructurales que reduzcan progresivamente el poder del Estado y el uso de tecnologías descentralizadas para organizar la sociedad, se puede crear un sistema donde la libertad individual y el mercado libre sean la base, sin los riesgos de caos o violencia asociados con cambios abruptos. Este enfoque no solo es más alcanzable, sino que también es sostenible y adaptable a las realidades de un mundo diverso y complejo.

63 Crítica a la Percepción Errónea sobre las Personas Trans y la Comunidad LGBT.

Porfavor lean bien esta pagina analizenla bien.

En muchas ocasiones, hemos escuchado comentarios que etiquetan a las personas transgénero o parte de la comunidad LGBT como "enfermos mentales", argumentando que es imposible percibirse de una manera que no sea la biológica. Sin embargo, este tipo de afirmaciones no solo carecen de fundamento científico y ético, sino que también desconocen el contexto cultural y social que define nuestra identidad. Al analizar este tema, debemos entender que el género, la identidad de género y la orientación sexual no son aspectos aislados de la biología, sino que son construcciones sociales profundamente influenciadas por la cultura, la religión y las experiencias personales.

1. La Identidad de Género es una Construcción Social y Cultural

Lo primero que debemos entender es que el concepto de **género** no es algo estrictamente biológico o determinado por la genética. Aunque la biología juega un papel en las características físicas de una persona, la forma en que nos percibimos y nos identificamos con un género específico está influenciada por una serie de factores sociales, culturales y, en muchos casos, religiosos. Desde pequeños, somos enseñados a adherirnos a ciertos roles de género establecidos por la sociedad; roles que, aunque inicialmente parecen ser universales, son construcciones sociales que cambian y evolucionan con el tiempo.

En muchas culturas antiguas, por ejemplo, existían más de dos géneros reconocidos, y las personas podían expresar su identidad de género de maneras diferentes a lo que hoy conocemos como "masculino" o "femenino". La sociedad moderna, sin embargo, ha establecido normas rígidas sobre el género, pero eso no significa que esas categorías sean la única forma válida de entender nuestra identidad.

2. La Inteligencia de los Trans que Reconocen su Género Biológico

Una crítica común hacia las personas transgénero es que no aceptan su género biológico, pero lo que muchos no entienden es que existen muchas personas trans que **reconocen y aceptan su sexo biológico**, pero que su identidad de género es distinta. Estas personas no están negando su biología, sino que simplemente reconocen que el **género** es algo que va más allá de los órganos reproductivos. Las personas trans que comprenden y aceptan su biología mientras se identifican con otro género no están "enfermas" o equivocadas; más bien están demostrando una comprensión profunda y compleja de su identidad, lo cual requiere una gran **inteligencia emocional y cognitiva**.

La disociación entre sexo biológico e identidad de género no es algo que deba ser considerado como una enfermedad mental, sino como una parte normal y válida de la **diversidad humana**. Negar esto es negar la complejidad de la mente humana, que no siempre se ajusta a las categorías rígidas que nos imponen.

3. La Realidad de los Problemas Mentales en Todos los Seres Humanos

Otro punto que se menciona comúnmente es la suposición de que los transgéneros tienen trastornos mentales solo por el hecho de no ajustarse a las expectativas de la sociedad. Pero si bien es cierto que algunos transgéneros enfrentan dificultades psicológicas debido a la discriminación, la violencia y el rechazo social, esto no significa que su identidad de género sea un "trastorno". En realidad, **todos** los seres humanos, independientemente de su orientación sexual o identidad de género, tienen alguna forma de conflicto interno o desafío psicológico en algún momento de sus vidas. Los problemas mentales no son exclusivos de un grupo de personas; son parte de la experiencia humana universal.

El hecho de que una persona tenga problemas emocionales o psicológicos no la hace "menos humana" o menos válida. En la actualidad, la **salud mental** es reconocida como un aspecto fundamental de la salud general de las personas, y es importante comprender que la **salud mental** no está determinada solo por las características biológicas o el comportamiento, sino por factores complejos que incluyen las experiencias de vida, el entorno social, las presiones culturales y el apoyo recibido.

4. Desafiar la Estigmatización y la Desinformación

Lo que realmente es preocupante es la forma en que algunas personas atacan a la comunidad transgénero y LGBT con el fin de hacerla sentir menos que los demás. Al asociar a los trans con "trastornos mentales" o "desviaciones biológicas", se está perpetuando un **estigma social** que afecta gravemente la salud mental de quienes ya están luchando contra la exclusión y la discriminación. La verdadera enfermedad aquí es la ignorancia, la falta de empatía y el prejuicio.

La **sociedad** necesita evolucionar hacia una comprensión más inclusiva, donde cada persona pueda vivir su vida sin temor a ser juzgada o discriminada por ser diferente. Las personas transgénero, al igual que cualquier otra persona, merecen respeto por su derecho a ser quienes son, sin ser etiquetadas como enfermas o inadecuadas. Las identidades de género no se deben imponer, ni deben ser definidas por alguien más; son una parte intrínseca de lo que cada individuo elige y experimenta.

Conclusión

La crítica a las personas trans y a la comunidad LGBT basada en la idea de que son "enfermos mentales" es infundada y peligrosa. La identidad de género no está estrictamente vinculada a la biología, sino que es una construcción social y cultural que varía entre las diferentes culturas y a lo largo del tiempo. Las personas transgénero que reconocen su biología son individuos que muestran una gran inteligencia emocional y un profundo entendimiento de sí mismos. Además, todos los seres humanos, independientemente de su género o identidad, enfrentan desafíos emocionales y psicológicos a lo largo de su vida, y eso no los hace menos válidos. La verdadera "enfermedad" radica en la intolerancia, el prejuicio y la falta de empatía hacia los demás.

64 La Diferencia Entre Sexo Biológico y Orientación Sexual: Aclarando Conceptos

En los debates sobre el género y la orientación sexual, a menudo se confunden conceptos fundamentales. Es importante aclarar que, biológicamente, existen **dos sexos**: **masculino** y **femenino**. Esta clasificación se basa en las características reproductivas y sexuales, como los cromosomas sexuales, las hormonas y los órganos reproductivos. En términos simples, el **sexo biológico** se refiere a la asignación de una persona como hombre o mujer al nacer, basada en características físicas y genéticas.

1. El Sexo Biológico: Dos Géneros

Biológicamente, el ser humano se clasifica en dos sexos: **hombre** y **mujer**. Los hombres generalmente tienen cromosomas sexuales XY y los mujeres cromosomas XX. Esta diferencia genética es lo que establece la distinción biológica entre los dos sexos. Además, existen características sexuales secundarias, como el vello facial y corporal, la estructura ósea, la musculatura, y otros atributos que se desarrollan durante la pubertad, que también ayudan a diferenciar a los hombres de las mujeres.

Es importante destacar que existen algunas condiciones intersexuales, donde las personas nacen con características físicas que no encajan estrictamente en las categorías tradicionales de "masculino" o "femenino". Sin embargo, esto no invalida el hecho de que, en términos biológicos generales, los seres humanos se dividen en estos dos sexos.

2. La Orientación Sexual: Atraídos por Géneros Diferentes

Por otro lado, la **orientación sexual** se refiere a la atracción emocional, romántica o sexual que una persona siente hacia otras. La orientación sexual no está relacionada con el sexo biológico, sino con las preferencias y atracciones personales.

Las orientaciones sexuales incluyen una amplia variedad de identidades, como:

- **Heterosexualidad**: Atracción por el sexo opuesto (hombres atraídos por mujeres y viceversa).
- **Homosexualidad**: Atracción por personas del mismo sexo (hombres atraídos por hombres o mujeres atraídas por mujeres).
- **Bisexualidad**: Atracción por ambos sexos.
- **Pansexualidad**: Atracción por personas independientemente de su sexo o género.
- **Asexualidad**: Falta de atracción sexual hacia otras personas.

Estas orientaciones sexuales reflejan la diversidad de preferencias humanas en cuanto a la atracción hacia otros géneros o personas, pero no tienen nada que ver con el **género biológico**. Mientras que el **sexo** está determinado por la biología, la **orientación sexual** está determinada por una combinación de factores emocionales, psicológicos y sociales.

3. Confusión entre Género y Orientación Sexual

Es común que algunas personas confundan estos dos conceptos. El **género** se refiere a la identidad que una persona tiene sobre sí misma en relación con el sexo, mientras que la **orientación sexual** trata de la atracción que una persona siente hacia otros. El **género** está relacionado con el **sexo biológico**, mientras que la **orientación sexual** refleja hacia qué tipo de personas nos sentimos atraídos, independientemente de su género.

Por ejemplo, una persona **cisgénero** es alguien cuyo **género** coincide con su **sexo biológico**, mientras que una persona **transgénero** puede tener una identidad de género que no coincide con su sexo asignado al nacer. Ambos tipos de personas pueden tener cualquier orientación sexual, ya sea heterosexual, homosexual, bisexual, entre otras.

4. Conclusión: Claridad sobre el Sexo Biológico y la Orientación Sexual

En resumen, el **sexo biológico** establece dos categorías, hombre y mujer, y es una clasificación genética basada en características físicas y reproductivas. En cambio, la **orientación sexual** es la atracción que una persona siente por otros, y no está limitada a un solo género o sexo. Por lo tanto, es crucial no confundir el **género** (que se refiere al sexo biológico) con la **orientación sexual** (que está relacionada con la atracción emocional y sexual).

Al comprender y distinguir claramente estos dos conceptos, podemos tener una discusión más informada y respetuosa sobre la identidad de género y las diversas orientaciones sexuales.

65 Crítica al Feminismo Actual: Reflexión sobre la Necesidad y Enfoque

En las últimas décadas, el feminismo ha sido una fuerza fundamental en la lucha por la igualdad de derechos de las mujeres. Sin embargo, hay quienes argumentan que, en el contexto occidental actual, algunas corrientes del feminismo han tomado un rumbo que podría estar exacerbando divisiones entre los géneros y contribuyendo a ciertos problemas en lugar de resolverlos.

1. La Realidad del Feminismo en Occidente

En países como España, Estados Unidos y la mayoría de las naciones occidentales, las mujeres han alcanzado, en gran parte, los derechos y libertades que históricamente se les habían negado. El acceso a la educación, al voto, a la participación política, a la igualdad salarial en muchas profesiones y el derecho a decidir sobre su cuerpo han sido victorias significativas. A pesar de esto, en los últimos años, algunas corrientes del feminismo en Occidente parecen haber adoptado una postura que, en lugar de promover la igualdad, ha generado divisiones innecesarias entre hombres y mujeres.

Algunos de los problemas más evidentes en este sentido incluyen:

- **Leyes que favorecen un sesgo de género**: En ciertos países, existen leyes que protegen a las mujeres en casos de violencia doméstica, pero que pueden ser aplicadas de manera desigual o malinterpretadas, llevando a situaciones donde los hombres son penalizados sin pruebas suficientes, como ocurre en España, donde las leyes contra la violencia de género permiten que los hombres sean acusados de forma uniliteral sin que se haya comprobado el abuso. Esto genera un ambiente de desconfianza mutua.

- **El concepto de "privilegio masculino"**: A menudo, se presenta a los hombres en general como los opresores, cuando en realidad muchos hombres también sufren discriminación y dificultades sociales. La idea de que todos los hombres son privilegiados solo por su género pasa por alto las desigualdades económicas, sociales y familiares que también enfrentan los hombres, como la presión para cumplir con los roles de proveedor o la desventaja en el ámbito de la custodia de hijos.

2. La Relación entre Géneros y el Efecto de las Leyes Feministas

Uno de los problemas actuales que se destacan en la crítica al feminismo excesivo es cómo las leyes de igualdad de género en ciertos países, en su intento de proteger a las mujeres, pueden haber alterado el equilibrio de las relaciones entre géneros, causando que muchos hombres se sientan inseguros o reacios a interactuar con las mujeres.

- **El miedo a las falsas acusaciones**: El riesgo de ser acusado falsamente de acoso o abuso sexual ha llevado a algunos hombres a evitar cualquier tipo de interacción con mujeres, por miedo a consecuencias legales o sociales. Esto ha contribuido a una mayor desconfianza mutua.
- **El fin de las relaciones duraderas**: A menudo se argumenta que las relaciones entre hombres y mujeres, especialmente en sociedades occidentales, se han vuelto más superficiales debido a las influencias sociales y las leyes que hacen difícil la estabilidad y el compromiso a largo plazo. La idea de que una relación de pareja debe ser "temporal" o que los hombres deben ceder constantemente ante las expectativas feministas de igualdad y roles modificados ha debilitado el concepto de una relación duradera basada en el respeto mutuo.
- **Desvaloración de los roles tradicionales**: En muchos casos, el feminismo ha descalificado roles que anteriormente se consideraban valiosos, como el rol de los hombres como protectores y proveedores. Esto

ha llevado a la desconfianza en el valor de la convivencia familiar tradicional, lo que puede generar más fricción entre los géneros.

3. El Enfoque en Países Realmente Machistas: El Llamado a la Acción Internacional

En lugar de centrarse exclusivamente en las sociedades occidentales, donde las mujeres ya disfrutan de una amplia gama de derechos y libertades, el feminismo podría canalizar más esfuerzos hacia países donde las mujeres siguen siendo tratadas como ciudadanos de segunda clase, y donde el machismo es un problema más grave.

- **Países de Medio Oriente y África**: En lugares como Afganistán, Arabia Saudita, Irán y muchas naciones del norte de África, las mujeres enfrentan restricciones mucho más severas en cuanto a sus derechos básicos, como la educación, la autonomía y la participación en la vida pública. Muchas de estas mujeres viven bajo el yugo de sistemas patriarcales que las privan de sus derechos más fundamentales. Las feministas deberían enfocar sus esfuerzos en abogar por el cambio en estos países, luchando contra la discriminación sistémica y las normas sociales que limitan las libertades de las mujeres.
- **Educación y Derechos Humanos**: El feminismo debería centrarse en aumentar la conciencia sobre la situación de las mujeres en estas regiones, presionando a las naciones internacionales para que tomen medidas diplomáticas y humanitarias. El acceso a la educación para las mujeres, la libertad para elegir su matrimonio y el derecho a decidir sobre su cuerpo son algunas de las áreas que requieren atención urgente.

4. Conclusión: Reformando el Feminismo para el Futuro

El feminismo en Occidente ha sido crucial para el avance de los derechos de las mujeres, pero hoy en día, algunas de sus manifestaciones excesivas parecen estar generando más divisiones entre géneros que soluciones. En lugar de centrarse en problemas que ya han sido resueltos en gran parte de la sociedad occidental, el movimiento feminista podría ser más efectivo al dirigir su energía hacia aquellos países donde las mujeres aún sufren opresión y violencia sistémica.

En resumen, es fundamental recordar que el feminismo debe ser inclusivo, buscando la igualdad entre todos los seres humanos independientemente de su género, y no debe ser usado como una herramienta de división o de privilegios unilaterales. El verdadero progreso llega cuando los derechos de las mujeres se defienden de manera justa y equilibrada, sin perder de vista las necesidades y los derechos de los hombres también. En pocas palabras igualdad ante la ley.

66 Crítica a los Punks y Cantantes que se Autodenominan Anarquistas pero Apoyan los Derechos de Autor

En el mundo de la música, particularmente dentro de los géneros como el punk, el anarquismo ha sido un tema recurrente en las letras y en la actitud de muchos músicos. El punk, como movimiento cultural y musical, nació en parte como una respuesta a las estructuras opresivas de la sociedad, la política y, por supuesto, el sistema económico. Sin embargo, en los últimos años, ha emergido una contradicción que vale la pena cuestionar: ¿cómo es posible que artistas y bandas que se autodenominan "anarquistas" sigan utilizando un sistema de derechos de autor que va en contra de los principios fundamentales del anarquismo?

1. El Anarquismo y la Libertad de Información: Un Choque con los Derechos de Autor

El anarquismo, en su forma más pura, aboga por la abolición de las estructuras jerárquicas y la propiedad privada, promoviendo una sociedad basada en la cooperación libre, el intercambio sin restricciones y la libertad individual. El concepto de propiedad intelectual y los derechos de autor, tal como se presentan en el sistema capitalista, son vistos por muchos anarquistas como un mecanismo que perpetúa la propiedad privada y limita el acceso libre al conocimiento, la cultura y la música.

El sistema de derechos de autor fue diseñado para proteger la "propiedad" de las creaciones intelectuales, garantizando a los creadores el control sobre su obra y una compensación económica. Sin embargo, esta estructura puede ser vista como antitética al anarquismo, que rechaza el control centralizado y las restricciones sobre lo que debería ser libre y compartido entre los individuos.

2. El Contraste de los "Punks Anarquistas" con los Derechos de Autor

Es interesante notar que muchas de las bandas punk que se autodenominan anarquistas, al mismo tiempo, publican su música bajo sistemas estrictos de derechos de autor, lo que significa que controlan su distribución, obtienen ganancias por cada copia vendida y, en algunos casos, persiguen legalmente a aquellos que no respetan estos derechos. Esta contradicción no es menor, pues está en el corazón de una de las críticas más grandes hacia el sistema capitalista: la creación de "propiedad" sobre algo que, en teoría, debe ser compartido y accesible para todos.

Ejemplos notables de esta contradicción incluyen:

- **El control sobre la música**: Si bien algunos artistas punk promueven la autogestión y la creación de música fuera de las grandes discográficas, no dejan de registrar sus álbumes bajo derechos de autor que protegen su "propiedad intelectual". Esto crea una paradoja en la que, aunque se busca la libertad, se establece un sistema que limita el acceso libre y la distribución sin restricciones.
- **La venta de mercancía y la monetización**: Otro aspecto que refuerza la contradicción es la venta de productos relacionados con la banda, como camisetas, vinilos, y otros artículos que muchas veces están sujetos a derechos de autor. Estos ingresos se ven como una forma de generar beneficios económicos que, de alguna manera, van en contra de los ideales anarquistas de igualdad y de cuestionar las estructuras económicas capitalistas.

3. La Hipocresía de Llamarse Anarquista y Aceptar el Control de los Derechos de Autor

El anarquismo, en su núcleo, se opone a las estructuras que imponen reglas jerárquicas y de control, y a la acumulación de riqueza a través de la propiedad privada. Sin embargo, al seguir el sistema de derechos de autor, los músicos punk se colocan a sí mismos en una posición de poder sobre su música, restringiendo su distribución y acceso. Este control sobre las obras crea una forma de "propiedad intelectual" que es contraria a los principios de libre circulación de las ideas y la cultura que muchos anarquistas defienden.

En resumen, hay varias razones por las cuales esta actitud puede ser vista como hipócrita o incoherente:

- **El control sobre la música limita la libertad que el anarquismo promueve**: En lugar de permitir que su música se distribuya libremente y se comparta sin restricciones, se opta por un sistema que genera ingresos y pone barreras entre el creador y el público.
- **La lucha contra el capitalismo es incompatible con el aprovechamiento económico de la música bajo derechos de autor**: La estructura misma de los derechos de autor está arraigada en un sistema económico capitalista que se basa en la propiedad privada, el control y la acumulación de riqueza.

4. Alternativas: Música Libre y Anarquismo Real

Existen modelos alternativos que podrían alinearse mejor con los ideales anarquistas, permitiendo la creación y distribución de música sin las restricciones impuestas por los derechos de autor. El modelo de **Creative Commons**, por ejemplo, permite a los artistas ceder sus derechos de autor de manera parcial o total, permitiendo que otros utilicen, modifiquen y distribuyan su trabajo de forma libre.

Además, algunos músicos independientes dentro del movimiento punk y otros géneros han optado por distribuir su música gratuitamente en línea, mediante plataformas como Bandcamp o Soundcloud, sin la necesidad de recurrir a los derechos de autor tradicionales. Este enfoque promueve la circulación libre de la cultura y la colaboración abierta, lo cual resuena mucho más con los valores del anarquismo.

5. Conclusión: La Incoherencia en el Movimiento Punk y el Anarquismo

La música punk siempre ha sido una forma de protesta, una herramienta para cuestionar el sistema establecido y rebelarse contra las injusticias sociales y políticas. Sin embargo, cuando las bandas punk y los cantantes se autodenominan anarquistas pero luego siguen utilizando el sistema de derechos de autor, caen en una contradicción que no puede ser ignorada. La verdadera libertad y la verdadera subversión vendrán cuando la música, como cualquier otra forma de arte, sea accesible para todos, sin barreras ni restricciones impuestas por sistemas de propiedad intelectual.

Los artistas y bandas que se identifican como anarquistas deberían reflexionar sobre si realmente están promoviendo los ideales de libertad y acceso a la cultura que el anarquismo defiende, o si, en cambio, están perpetuando un sistema de control que limita el acceso libre y justo a su trabajo.

67 Voluntarismo: Una Alternativa al Anarco-Capitalismo

El término "anarco-capitalismo" ha sido utilizado para describir un modelo social y político basado en la combinación del anarquismo (la abolición del Estado) y el capitalismo (el sistema económico basado en la propiedad privada y el libre mercado). Sin embargo, una alternativa que podría tener una connotación más precisa y quizás menos polarizante es el término **voluntarismo**. Este concepto captura de manera más directa la esencia de lo que implica la relación entre individuos y el sistema social, más allá de las etiquetas de "anarquismo" o "capitalismo".

1. El Voluntarismo: Fundamentado en la Voluntad Individual

El voluntarismo, en su sentido más puro, se basa en la idea de que las interacciones humanas deben ser siempre voluntarias y libres de coerción. A diferencia de otros sistemas que promueven la obligación de seguir reglas impuestas por una autoridad, el voluntarismo resalta la importancia del consentimiento mutuo en todas las acciones y relaciones humanas.

En lugar de ver el sistema como una mezcla de anarquismo y capitalismo, el voluntarismo pone énfasis en que todo debe ser el resultado de acuerdos voluntarios entre individuos. Las personas deberían tener la libertad de decidir con quién asociarse, a qué acuerdos comprometerse, y cómo organizar sus recursos sin ser forzadas a seguir estructuras impuestas externamente, como las que existen en un Estado o un sistema de regulación centralizada.

2. Por Qué "Voluntarismo" es Más Preciso que "Anarco-Capitalismo"

El término "anarco-capitalismo" puede ser problemático para algunos, ya que lleva consigo una carga ideológica que puede generar confusión o malentendidos.

La palabra "anarquismo" a menudo se asocia con la destrucción del orden y la anarquía en un sentido caótico, lo que no siempre refleja con precisión las intenciones de aquellos que abogan por un mundo sin Estado, pero en el que las relaciones económicas siguen siendo estructuradas en torno a la propiedad privada y el mercado.

El **voluntarismo**, por otro lado, se enfoca directamente en el principio de que todas las relaciones sociales, económicas y políticas deben ser **basadas en el consentimiento y la libre elección**. Es un término más neutral y directo que refleja el núcleo del pensamiento anarco-capitalista sin las connotaciones negativas de la "anarquía" o el "capitalismo" tradicionales.

3. La Relación entre Voluntarismo y el Mercado Libre

En el voluntarismo, la noción de mercado libre se mantiene, pero sin la necesidad de que el capitalismo sea visto como una ideología en sí misma. El mercado sigue siendo un espacio donde las personas tienen la libertad de intercambiar bienes, servicios y recursos, pero el enfoque no es en las "leyes" del mercado ni en la acumulación de capital como fin en sí mismo. El principio del voluntarismo permite que el intercambio sea libre, sin que intervenga la coerción estatal o la regulación externa.

El mercado bajo el voluntarismo también significa que las transacciones se realizan bajo principios de **justicia distributiva**, donde la propiedad privada se protege no como un derecho absoluto sino como un acuerdo mutuo basado en principios de respeto y no agresión. Así, los principios de libertad económica, propiedad privada y el libre intercambio continúan siendo la base del sistema, pero el énfasis está en que todo debe ser **voluntario**.

4. Voluntarismo vs. Coerción Estatal

Una de las diferencias más fundamentales entre el voluntarismo y los sistemas de organización estatal es que, en un sistema voluntarista, no existe una autoridad central que imponga leyes o reglas. Todo acuerdo debe ser alcanzado por la voluntad de las partes involucradas. No hay impuestos obligatorios ni mandatos de un gobierno central, lo que elimina la coerción y asegura que cada interacción entre individuos sea libre de imposiciones. Esto es opuesto a la estructura tradicional del Estado, donde las personas son forzadas a aceptar leyes, impuestos y regulaciones sin su consentimiento explícito.

En un sistema voluntarista, los individuos son responsables de sus propias decisiones y pueden interactuar de manera libre con otros individuos para crear acuerdos que les beneficien a ambos, sin la necesidad de un gobierno que los regule o los controle.

5. El Voluntarismo y la Filosofía de la No Coerción

El principio más importante en el voluntarismo es la **no agresión**. Este principio sostiene que las personas no deben usar la violencia ni la coerción para imponer su voluntad sobre otras personas. Cualquier tipo de agresión, ya sea física, emocional o económica, está prohibida bajo este principio, lo que implica que un gobierno que use la violencia para imponer su poder sobre las personas es incompatible con el voluntarismo.

De este modo, el voluntarismo aboga por una sociedad donde las personas puedan cooperar entre sí sin la intervención de un poder central que utilice la coerción como medio para mantener el orden. En lugar de ser forzados a cumplir con leyes que no han aceptado, los individuos tienen la libertad de decidir cómo organizarse social, políticamente y económicamente.

6. Conclusión: Voluntarismo Como una Alternativa Realista

El término "voluntarismo" presenta una visión más clara y precisa de lo que sería un sistema basado en el anarquismo y el capitalismo sin las connotaciones complicadas que a menudo vienen con el término "anarco-capitalismo". Este modelo, al centrarse en la libertad de elección y el consentimiento mutuo, podría servir como un puente conceptual entre aquellos que defienden la eliminación del Estado y aquellos que creen en un sistema económico basado en el libre mercado.

El voluntarismo no solo es un enfoque más preciso para describir un mundo sin un gobierno central, sino que también subraya la importancia de las relaciones libres y voluntarias entre las personas, alejándose de las etiquetas ideológicas y enfocándose en los principios fundamentales de la libertad individual y el respeto mutuo.

68 Crítica al Conservadurismo y al Progresismo Excesivo en el Anarco-Capitalismo.

El anarco-capitalismo (o voluntarismo, como se mencionó anteriormente) se basa en la premisa de que la libertad individual, la propiedad privada y el intercambio voluntario son los pilares fundamentales de una sociedad sin Estado. En este contexto, es crucial que las personas puedan tomar decisiones autónomas y responsables sobre sus vidas, sin interferencia de sistemas políticos, religiosos o ideológicos que busquen imponer un orden específico. Sin embargo, tanto el conservadurismo como el progresismo excesivo pueden ser peligrosos para el anarco-capitalismo si se aplican de manera rígida y dogmática, ya que ambos pueden intentar restringir la libertad individual y fomentar la coerción, que son principios incompatibles con el pensamiento anarco-capitalista.

1. El Conservadurismo: Una Visión Rígida que Puede Limitar la Libertad Individual

El conservadurismo, en su forma más extrema, tiende a promover una visión del mundo basada en tradiciones, normas sociales y estructuras jerárquicas que, aunque pueden haber funcionado en el pasado, no siempre son compatibles con la libertad individual y el dinamismo necesario para un sistema anarco-capitalista. En muchas sociedades conservadoras, las autoridades religiosas, políticas y sociales dictan el comportamiento "correcto" de los individuos, lo que va en contra de la premisa fundamental del anarco-capitalismo de que las personas deben ser libres para decidir por sí mismas cómo vivir sus vidas, siempre y cuando no agredan a otros.

Los peligros del conservadurismo en el anarco-capitalismo:

- **Imposición de valores tradicionales**: Si el conservadurismo se adopta de manera rígida, puede generar un entorno donde las personas se ven forzadas a seguir normas de conducta, creencias religiosas o estructuras familiares que no eligen voluntariamente. Esto limita la libertad de las personas y promueve la coerción.
- **Rechazo al cambio y la innovación**: El conservadurismo, en su intento por mantener el "orden natural" de la sociedad, puede desalentar las innovaciones tecnológicas, económicas y sociales que podrían contribuir al

progreso del anarco-capitalismo. En un sistema basado en la libertad individual, la adaptabilidad y la flexibilidad son esenciales para el avance.

2. El Progresismo Excesivo: Una Búsqueda de Control Bajo la Apariencia de Igualdad

Por otro lado, el progresismo excesivo, cuando se lleva al extremo, puede también ser perjudicial para una sociedad anarco-capitalista. El progresismo en su forma más radical a menudo busca imponer políticas de "igualdad" que, aunque bien intencionadas, pueden resultar en la intervención estatal o en la coerción social. A través de leyes, regulaciones y políticas de redistribución de recursos, los progresistas pueden intentar reestructurar la sociedad para garantizar una igualdad material, lo que no se alinea con los principios del anarco-capitalismo.

Los peligros del progresismo excesivo en el anarco-capitalismo:

- **Coerción para imponer igualdad**: El progresismo radical puede llevar a la creación de leyes que intenten imponer una "igualdad forzada", lo que va en contra de la idea de que cada individuo debe tener la libertad de buscar sus propios objetivos y prosperidad sin ser forzado por el gobierno o la sociedad.
- **Intervención estatal**: A menudo, las políticas progresistas requieren una mayor intervención del Estado para implementar reformas sociales y económicas. Esto es totalmente incompatible con el anarco-capitalismo, que busca la eliminación del Estado y la implementación de una sociedad basada en la libre asociación y el consentimiento mutuo.
- **Cultura de victimización**: El progresismo excesivo puede fomentar una cultura de victimización, donde las personas se ven como víctimas de fuerzas externas (como el racismo, la pobreza o el patriarcado), en lugar de tomar responsabilidad por sus vidas y actuar en consecuencia. Este enfoque puede desalentar la autosuficiencia y la autonomía que son fundamentales en el anarco-capitalismo.

3. La Libertad Individual: El Principio Fundamental del Anarco-Capitalismo

Tanto el conservadurismo extremo como el progresismo excesivo pueden poner en peligro la libertad individual, que es el valor más importante para un sistema anarco-capitalista. En lugar de imponer normas sociales rígidas o políticas redistributivas, el anarco-capitalismo busca un sistema donde las personas tengan la autonomía para tomar decisiones y organizar sus vidas de manera voluntaria y sin la intervención de un gobierno.

En un sistema anarco-capitalista:

- **Las personas son libres para elegir sus creencias y valores**: Ya sea que alguien elija seguir una tradición conservadora o adoptar ideas progresistas, debe ser libre de hacerlo sin que el Estado o la sociedad lo obliguen a ajustarse a una determinada ideología.
- **La cooperación y el intercambio voluntarios son la base**: Los individuos deben poder elegir con quién asociarse, con quién colaborar y cómo organizarse, sin ser forzados a seguir normas que no han acordado libremente.
- **La competencia y la innovación son impulsadas por la libertad**: En un mundo libre de restricciones ideológicas extremas, las personas pueden competir y colaborar para crear soluciones más efectivas, innovadoras y creativas para los problemas de la sociedad.

4. La Necesidad de un Equilibrio: Abrazar la Libertad sin Rígidas Ideologías

El anarco-capitalismo no es una ideología rígida; más bien, es un sistema basado en la libertad, la voluntariedad y la cooperación. El conservadurismo y el progresismo, cuando se llevan al extremo, pueden socavar estos principios al intentar imponer un orden social y económico que no respeta la autonomía individual.

En lugar de adherirse ciegamente a ideologías polarizadas, los anarco-capitalistas deben enfocarse en la creación de un sistema donde la libertad individual sea la norma y la intervención estatal sea inexistente. Esto implica que las personas puedan adoptar una variedad de valores, creencias y enfoques sin que el gobierno o la sociedad impongan restricciones a su libertad de elegir.

Conclusión

Tanto el conservadurismo como el progresismo excesivo pueden ser peligrosos para la libertad individual y, por lo tanto, incompatibles con los principios del anarco-capitalismo. En lugar de imponer reglas sociales rígidas o intervenir en la economía para promover una igualdad forzada, el anarco-capitalismo busca un mundo donde las personas puedan tomar sus propias decisiones y actuar de acuerdo con su propio juicio, sin la coerción de un gobierno o de ideologías extremas. La clave para lograr una sociedad anarco-capitalista exitosa es abrazar la libertad individual en su forma más pura, sin permitir que ninguna ideología, ya sea conservadora o progresista, limite las decisiones y el potencial de los individuos.

69 ¿Qué pasaría si alguien desobedece los acuerdos o contratos voluntarios en el anarco-capitalismo?

1. **Resolución de disputas a través de tribunales privados:** En lugar de recurrir a un sistema judicial estatal, el anarco-capitalismo promovería el uso de tribunales privados para resolver disputas. Estas entidades serían contratadas por las partes involucradas para juzgar la validez de los acuerdos y decidir las reparaciones o sanciones en caso de que uno de los contratantes haya violado el contrato. En este modelo, la reputación y la transparencia de los tribunales privados serían fundamentales para mantener la confianza y la justicia.
    a. Si un individuo desobedece un contrato, la otra parte podría presentar su caso ante un tribunal privado especializado en ese tipo de disputas.
    b. Los tribunales privados tendrían la libertad de imponer sanciones como el pago de daños, restitución de bienes, o incluso, en casos graves, la obligación de cesar ciertas actividades que violen los acuerdos.
2. **Reputación y confianza como control social:** En un sistema sin un gobierno central, la reputación de una persona o entidad juega un papel crucial. Los individuos y las empresas que incumplen repetidamente

contratos sufrirían una pérdida de confianza en la comunidad y en el mercado. Esto afectaría negativamente su capacidad para hacer negocios y, en muchos casos, los obligaría a cumplir con los acuerdos para mantener su estabilidad económica y social.
   a. Las redes de intercambio de información y las plataformas de reputación (como calificaciones, comentarios de clientes y otros sistemas descentralizados) se encargarían de señalar a quienes no cumplen con sus compromisos, lo que afectaría directamente a su capacidad para obtener bienes o servicios de otros.
   b. Este sistema de "control social" basado en la reputación podría ser más eficaz que las sanciones legales impuestas por un gobierno central, ya que se basa en la libertad de elección de los demás actores del mercado.
3. **Contratos asegurados por la competencia de agencias de protección y seguros:** En un mundo anarco-capitalista, las agencias privadas de protección, defensa y seguros pueden desempeñar un papel importante en garantizar que se cumplan los acuerdos. Las personas pueden contratar estos servicios para protegerse contra el incumplimiento de contratos por parte de otros.
   a. Las agencias de protección podrían, por ejemplo, garantizar que un individuo o empresa cumpla con un contrato bajo ciertas condiciones, usando la amenaza de sanciones (como multas, restricciones o incluso el uso de la fuerza en casos de defensa propia, siempre de acuerdo con los principios del libertarismo).
   b. Los seguros también podrían cubrir los riesgos asociados con el incumplimiento de contratos. Si alguien incumple un acuerdo, la persona perjudicada podría ser compensada por la aseguradora, mientras que la aseguradora, a su vez, buscaría recuperar esos costos de quien haya violado el contrato.
4. **Recursos de autocorrección y fuerza legítima:** En un sistema completamente basado en la libertad, la legítima defensa de los derechos de propiedad es un principio esencial. Si una persona incumple un contrato y no hay mecanismos de resolución pacífica que lo detengan, la parte afectada podría recurrir a medidas más drásticas, como la aplicación de la fuerza (si es necesario y proporcional).
   a. Sin embargo, el uso de la fuerza en el anarco-capitalismo estaría estrictamente limitado a situaciones de defensa legítima y

proporcionalidad. La violencia como respuesta a un incumplimiento no sería la norma, sino un último recurso para proteger los derechos de propiedad.
   b. Este sistema estaría orientado a evitar la violencia, favoreciendo la negociación, la mediación y el acuerdo mutuo para resolver disputas. Las personas implicadas en un desacuerdo buscarían primero métodos no violentos de resolución.
5. **Posibles consecuencias económicas y sociales:** Si el incumplimiento de un contrato fuera común en una sociedad anarco-capitalista, podría generar inestabilidad económica, ya que los mercados funcionarían de manera ineficiente si las personas no pudieran confiar en que los acuerdos se cumplirían. Esto afectaría las relaciones comerciales y la cooperación entre individuos y empresas.
   a. La imposibilidad de garantizar el cumplimiento de contratos en el mercado podría resultar en un "desajuste" donde las personas buscarían evitar compromisos a largo plazo o tratarían de hacer negocios solo con aquellos que consideran fiables y con reputación comprobada.
   b. A largo plazo, este tipo de comportamiento podría resultar en la desconfianza generalizada en el sistema de contratos y el intercambio, lo que afectaría la eficiencia de la economía y de la sociedad en su conjunto.

Conclusión

En un sistema anarco-capitalista, la desobediencia de los acuerdos o contratos voluntarios no sería un acto trivial y traería consecuencias significativas. Sin la intervención de un Estado coercitivo, las personas dependerían de mecanismos privados y voluntarios como tribunales, agencias de protección y sistemas de reputación para garantizar el cumplimiento de los acuerdos. Además, el uso de la fuerza sería un recurso de último nivel, limitado por los principios de defensa legítima.

El anarco-capitalismo pone un fuerte énfasis en la importancia de la responsabilidad individual y la cooperación voluntaria. La estabilidad de este sistema dependería de que los individuos respeten los acuerdos que hagan, ya que la desobediencia o el incumplimiento podría llevar a la pérdida de confianza, a sanciones económicas y sociales, y a un ambiente menos eficiente para todos.

70 Por qué las personas no deberían temerle a la IA y por qué debería ser vista como un héroe

En un futuro cercano, la inteligencia artificial (IA) tiene el potencial de transformar profundamente la forma en que vivimos, trabajamos y nos relacionamos con el mundo. Muchos temen que la IA pueda reemplazar a la mayoría de los trabajos actuales y generar desempleo masivo, pero en lugar de verlo como una amenaza, deberíamos considerar las oportunidades que podrían surgir de esta evolución tecnológica. En lugar de ver la IA como un enemigo, podemos verla como una aliada, incluso como un héroe en este nuevo capítulo de la humanidad.

1. Reemplazo de trabajos y la creación de nuevas oportunidades

Si la IA reemplaza el 99% de los trabajos tradicionales, la primera reacción de muchas personas es el miedo al desempleo. Pero este escenario podría abrir puertas a nuevas formas de trabajo y actividades que antes no eran posibles o que simplemente no se valoraban lo suficiente.

Con la automatización, las tareas repetitivas, monótonas y peligrosas podrían desaparecer, liberando a los seres humanos para que puedan dedicarse a trabajos más creativos, innovadores y humanos. Esto permitiría que las personas se concentren en actividades que son intrínsecamente más satisfactorias, desde trabajos artísticos hasta la creación de nuevas soluciones tecnológicas o sociales. En lugar de sentir que estamos siendo reemplazados, deberíamos ver la IA como una herramienta que nos permite trascender las limitaciones de las ocupaciones convencionales.

2. Más tiempo para el desarrollo personal

Uno de los aspectos más emocionantes de un futuro en el que la IA se encargue de la mayoría de las labores es la posibilidad de dedicar más tiempo a lo que realmente nos apasiona. Si la IA puede realizar las tareas que actualmente ocupan la mayor parte de nuestro tiempo, las personas tendrían más oportunidades para enfocarse en el crecimiento personal.

- **Tiempo para el ejercicio**: En lugar de estar atrapados en jornadas laborales agotadoras, podríamos tener el tiempo para practicar deportes, mejorar nuestra salud y bienestar, y vivir una vida más activa y equilibrada.
- **Tiempo para aprender nuevas habilidades**: Muchas personas podrían aprender nuevas habilidades, como tocar un instrumento musical, cultivar su propio alimento o incluso aprender nuevos idiomas. Este tipo de actividades no solo enriquecen nuestras vidas, sino que también nos permiten expandir nuestra creatividad y desarrollar una mente más saludable.
- **Tiempo para crear y compartir**: La IA podría liberarnos de las presiones económicas, permitiéndonos enfocarnos en crear cosas nuevas, como obras de arte, investigaciones científicas o incluso iniciativas sociales que puedan beneficiar a la humanidad.

3. Un sistema de pago por productividad y desarrollo personal

Con el avance de la IA, se podría establecer un sistema económico que premie el tiempo invertido en el desarrollo personal y en actividades que promuevan el bienestar común. En lugar de medir el éxito solo por la cantidad de dinero que una persona gana, podríamos empezar a valorar otras formas de productividad, como el aprendizaje, la creatividad y el ejercicio físico.

- **Trabajo creativo e intelectual**: La humanidad podría comenzar a valorar el trabajo intelectual, artístico y creativo por encima de las tareas rutinarias, recompensando el valor de la educación, la curiosidad y el talento.
- **Bienestar colectivo**: Las personas que se dediquen a actividades que mejoren la salud colectiva, como el cultivo, el arte o la educación, podrían ser remuneradas por sus esfuerzos, permitiendo una redistribución de los recursos más equitativa.

Este tipo de sistema abriría la puerta a una sociedad donde el progreso humano no se mide solo por la acumulación de bienes materiales, sino también por la calidad de vida, el crecimiento personal y la contribución al bienestar común.

4. El impacto positivo de la IA en la libertad humana

En lugar de estar atrapados en trabajos que no disfrutan o que solo sirven para sobrevivir, la IA podría permitir que los seres humanos se liberen de las cadenas del trabajo por necesidad. Con la automatización tomando el control de las tareas laborales, las personas podrían finalmente tener la libertad de hacer lo que realmente les apasiona, desde crear nuevas ideas hasta vivir de manera más plena y enriquecedora.

- **Libertad para elegir**: Con menos presión por ganar dinero solo para sobrevivir, las personas tendrían más libertad para elegir cómo gastar su tiempo. No tendríamos que vivir en una constante lucha por mantener un empleo; podríamos tener más tiempo para dedicarnos a causas que realmente nos importen.
- **Mayor equidad y oportunidades**: Al eliminar las barreras económicas relacionadas con el empleo, podríamos vivir en una sociedad donde el acceso a la educación, la cultura y las oportunidades estuviera más distribuido, sin importar el lugar de nacimiento o la situación económica.

Conclusión

Lejos de ser una amenaza, la inteligencia artificial tiene el potencial de convertirse en un aliado invaluable para la humanidad. Si somos capaces de gestionar su integración en nuestras vidas de manera ética y responsable, la IA podría liberar a las personas de las tareas monótonas y peligrosas, permitiéndonos crear una sociedad en la que el tiempo y la energía se utilicen para el crecimiento personal, el bienestar colectivo y la exploración creativa. No deberíamos temer a la IA; deberíamos abrazarla como una herramienta para avanzar hacia una humanidad más libre, más talentosa y más equilibrada.

71 Crítica al Trabajo Esclavista y Cómo el Anarco-Capitalismo lo Eliminaría

El trabajo esclavista, una práctica que ha marcado la historia de la humanidad, ha sido uno de los mayores males que la sociedad ha tenido que enfrentar. A lo largo de los siglos, se ha utilizado a personas como simples recursos, explotadas sin consideración alguna por su bienestar, solo para beneficiar a unos pocos. Aunque el trabajo esclavista legalmente ha sido erradicado en la mayoría de los países, las formas modernas de esclavitud siguen existiendo de maneras más sutiles, como la explotación laboral en condiciones precarias y las largas jornadas laborales sin una compensación justa.

Sin embargo, en un sistema anarco-capitalista, este tipo de explotación sería prácticamente imposible debido a los principios fundamentales que lo rigen: la propiedad privada, la libertad individual y los acuerdos voluntarios. A continuación, explicaré cómo se reduciría, o incluso eliminaría, el trabajo esclavista en un mundo anarco-capitalista.

1. El Trabajo Voluntario y los Contratos Libres

El núcleo del anarco-capitalismo es que todos los intercambios y acuerdos deben ser voluntarios. Es decir, cada individuo tiene el derecho de decidir con quién trabajar, en qué condiciones y por qué precio. En este contexto, nadie podría ser forzado a trabajar en condiciones de esclavitud, ya que no existiría ninguna entidad con el poder de obligar a alguien a realizar un trabajo sin su consentimiento.

En lugar de una estructura jerárquica, donde los empleadores tienen control absoluto sobre sus empleados, en un sistema anarco-capitalista cada trabajador y empleador llegarían a acuerdos mutuos. Si un trabajador no está satisfecho con las condiciones, podría optar por abandonar su puesto sin temor a represalias, lo que elimina la idea de la "esclavitud" laboral. Esto contrasta enormemente con los sistemas actuales, donde muchas personas se ven atrapadas en trabajos que odian debido a la falta de opciones o a la necesidad de sobrevivir.

2. El Mercado Libre y la Competencia

En un sistema anarco-capitalista, el mercado libre juega un papel crucial. La competencia no solo beneficia a los consumidores, sino también a los trabajadores. Si una empresa explota a sus empleados, es probable que esos trabajadores busquen otras oportunidades en empresas más justas, y la empresa explotadora se verá obligada a mejorar sus condiciones laborales para retener talento.

La competencia entre empresas también puede llevar a la creación de trabajos más agradables y menos explotadores. Las empresas que ofrezcan mejores condiciones, más beneficios o un ambiente de trabajo más saludable tendrán una ventaja competitiva sobre aquellas que no lo hagan. Este tipo de competencia crea un entorno en el que los trabajadores tienen el poder de decidir en qué condiciones desean trabajar.

3. El Concepto de Propiedad Privada y Autonomía

La propiedad privada es otro pilar esencial del anarco-capitalismo. Cada individuo tiene derecho a poseer y controlar su propiedad, ya sea un negocio, una vivienda o incluso su tiempo. En lugar de depender de una figura autoritaria (como el Estado) para proteger sus derechos laborales, los trabajadores en un sistema anarco-capitalista podrían defender su autonomía a través de contratos individuales y acuerdos con otras personas o empresas.

Por ejemplo, un trabajador podría establecer sus propias condiciones de trabajo, eligiendo cuándo, dónde y cómo trabajar. Esta autonomía reduciría la posibilidad de ser explotado, ya que cualquier intento de abuso sería un violación directa de los derechos del individuo, y el trabajador tendría la opción de rechazar cualquier oferta que no cumpla con sus expectativas.

4. Eliminar la Dependencia del Estado y la Burocracia

El trabajo esclavista moderno a menudo está vinculado con la intervención del Estado, que puede ser cómplice de la explotación laboral a través de subsidios, regulaciones ineficaces o incluso leyes que permiten el abuso de ciertos grupos de trabajadores. En un sistema anarco-capitalista, no existiría un Estado que proteja a los empleadores de la responsabilidad moral de sus acciones. La ley se basaría en el respeto a los contratos y a la propiedad privada, lo que hace mucho más difícil que las empresas exploten a los trabajadores sin consecuencias.

En lugar de depender de leyes laborales impuestas por el gobierno, las disputas laborales y los acuerdos se resolverían de manera directa y transparente entre las partes involucradas. Si un empleador incumple un contrato o abusa de un trabajador, este último podría demandarlo directamente ante un tribunal o ante una comunidad de resolución de disputas. Esto haría mucho más difícil que las condiciones de trabajo sigan siendo injustas, ya que cualquier explotación inmediata sería rechazada por la sociedad.

5. La Eliminación de la Explotación Estatal

En muchos sistemas actuales, la explotación laboral no solo proviene de empleadores privados, sino también de entidades estatales que imponen impuestos y regulaciones excesivas, afectando a los trabajadores de manera indirecta. El Estado también se involucra en la creación de monopolios o en la protección de grandes empresas que explotan a los trabajadores sin que estos tengan muchas opciones.

En un sistema anarco-capitalista, la ausencia de un gobierno central permitiría que la economía funcione sin la intervención de entidades que buscan proteger intereses estatales o corporativos. De esta manera, el poder de decisión estaría completamente en manos de los individuos y las empresas, lo que podría reducir drásticamente las prácticas de explotación que hoy en día persisten en muchos lugares del mundo.

72 La Posibilidad de que la Pobreza Desaparezca en el Anarco-Capitalismo

La pobreza ha sido uno de los mayores desafíos a nivel global a lo largo de la historia. A pesar de los avances en muchas naciones, millones de personas aún viven en condiciones precarias, con acceso limitado a recursos, educación y oportunidades económicas. La pobreza es el resultado de una combinación de factores como políticas gubernamentales ineficaces, sistemas económicos intervencionistas, y estructuras sociales que perpetúan la desigualdad. Sin embargo, en un sistema anarco-capitalista, la pobreza podría disminuir significativamente, e incluso desaparecer en muchos casos, debido a una serie de razones basadas en los principios del voluntarismo, la competencia y la libre iniciativa. A continuación, explico cómo podría ser posible erradicar la pobreza en una sociedad anarco-capitalista.

1. Eliminar la Intervención Estatal y la Burocracia

Uno de los problemas principales que contribuyen a la pobreza es la intervención estatal excesiva. Los gobiernos, al tratar de "regular" la economía, crean políticas y programas que no solo no ayudan a resolver la pobreza, sino que a menudo la perpetúan. Los impuestos altos, la burocracia, y la creación de subsidios no eficientes pueden impedir el crecimiento económico y limitar las oportunidades para las personas en situación de pobreza.

En un sistema anarco-capitalista, no existiría un Estado que manipule el mercado. El mercado estaría compuesto por individuos y empresas que interactúan directamente. Esta falta de intervención gubernamental permitiría que los recursos se distribuyan de manera más eficiente. Los individuos tendrían más control sobre su dinero, lo que aumentaría el poder adquisitivo de la mayoría de la población y reduciría la pobreza. Las políticas gubernamentales que actualmente limitan las oportunidades económicas y favorecen a las grandes corporaciones se eliminarían, permitiendo que las personas en situación de pobreza encuentren su camino hacia una vida mejor.

2. La Competencia y la Innovación Aumentan las Oportunidades

En un sistema libre de coerción estatal, la competencia es uno de los motores clave del progreso económico. La competencia no solo beneficia a los consumidores, sino también a los trabajadores y emprendedores. Las empresas, al competir entre sí, deben ofrecer mejores productos y servicios a precios más bajos, lo que puede beneficiar enormemente a las personas en situación de pobreza, quienes tienen más incentivos para acceder a productos de mejor calidad a precios más bajos.

Además, la competencia también impulsa la innovación. Los emprendedores que operan sin las restricciones impuestas por el gobierno tienen la libertad de experimentar con nuevos productos, servicios y modelos de negocio. Esto podría llevar a la creación de empleos más accesibles, nuevas tecnologías que ayuden a los más necesitados, y oportunidades económicas que antes no existían en sistemas donde las políticas económicas son restrictivas.

3. Los Acuerdos Voluntarios Fomentan la Prosperidad Individual

En una sociedad anarco-capitalista, todas las relaciones económicas se basan en acuerdos voluntarios entre individuos. Esto significa que las personas tienen la libertad de crear contratos y colaborar sin la necesidad de un intermediario gubernamental. Esto promueve la autosuficiencia y la responsabilidad individual, lo que puede ser un factor clave para que los más pobres salgan de su situación.

Por ejemplo, las personas en situación de pobreza podrían formar cooperativas o asociaciones con otros individuos para emprender proyectos conjuntos que aumenten su poder económico y generen riqueza. La capacidad de acceder a contratos y asociaciones sin los obstáculos impuestos por un gobierno centralizado permitiría que los pobres encuentren soluciones locales y eficaces a sus problemas. El libre comercio también permitiría que los bienes y servicios lleguen a donde más se necesitan, mejorando la calidad de vida de los más desfavorecidos.

4. Descentralización de Recursos y Educación

La descentralización de los recursos en una sociedad anarco-capitalista también podría ayudar a reducir la pobreza. Sin un Estado que centralice la riqueza y los recursos, las comunidades locales tendrían más control sobre cómo se distribuyen y utilizan estos recursos. Esto podría fomentar el desarrollo local y la creación de riqueza en áreas que tradicionalmente han sido marginadas por el sistema estatal.

Además, en un sistema donde la educación es gestionada por individuos y empresas privadas, el acceso a la educación podría volverse más asequible y flexible. Las personas en situación de pobreza tendrían más oportunidades de acceder a una educación de calidad que los prepare para el mercado laboral. Sin las restricciones impuestas por los sistemas educativos estatales, podría haber más innovación en la educación, lo que permitiría que las personas de todos los estratos sociales pudieran mejorar sus habilidades y aumentar su empleabilidad.

5. Mayor Movilidad Social y Reducción de la Desigualdad

En un sistema anarco-capitalista, la movilidad social sería mucho mayor que en sistemas estatales intervencionistas. La falta de barreras burocráticas y la existencia de mercados libres crearían un entorno en el que las personas tienen más oportunidades para ascender económicamente, independientemente de su origen social o económico. La riqueza no estaría concentrada en manos del gobierno o de élites protegidas por el Estado, sino que sería distribuida a través de las interacciones libres entre individuos.

Esto podría llevar a una mayor equidad en la distribución de la riqueza, con más personas teniendo acceso a los mismos recursos, mercados y oportunidades. A diferencia de los sistemas en los que los gobiernos monopolizan la riqueza o la manipulan, un sistema anarco-capitalista permitiría que todos participaran en la creación de valor y en la distribución de la riqueza, sin las distorsiones de un gobierno que favorezca a ciertas clases o grupos.

6. Mayor Creación de Riqueza y Prosperidad Económica

Un punto clave es que, en ausencia de un Estado que regule de manera excesiva la economía, la creación de riqueza en una sociedad anarco-capitalista sería mucho más eficiente. Sin las cargas fiscales, las regulaciones innecesarias o las intervenciones gubernamentales, las empresas podrían operar con mayor flexibilidad y eficiencia, lo que podría resultar en un aumento general en la producción de bienes y servicios.

Este aumento en la creación de riqueza no solo beneficiaría a los empresarios, sino también a los trabajadores, quienes tendrían más oportunidades de empleo, mejores condiciones de trabajo y mayores salarios. La mayor competencia y la innovación constante generarían un círculo virtuoso de prosperidad económica.

Conclusión

Aunque la pobreza no desaparecería de manera instantánea, en una sociedad anarco-capitalista existirían condiciones mucho más favorables para su erradicación. La eliminación de la intervención estatal, la promoción de la competencia, la descentralización de recursos y el fomento de acuerdos voluntarios crearían un entorno donde las oportunidades de crecimiento y prosperidad estarían al alcance de todos. Si bien aún existirían desafíos, el marco del anarco-capitalismo ofrecería las herramientas y la libertad necesaria para que las personas, especialmente aquellas en situación de pobreza, pudieran tomar el control de su destino y mejorar su calidad de vida.

73 Crítica al Capitalismo Tradicional (Capitalismo con Estado) y por qué No se Puede Sostener a Largo Plazo

El capitalismo tradicional, también conocido como capitalismo de Estado o capitalismo estatal, es un sistema económico en el que el gobierno juega un papel fundamental en la regulación de los mercados, la creación de leyes económicas y la intervención directa en la economía a través de políticas fiscales, monetarias y de comercio. Aunque ha sido muy exitoso en términos de crecimiento económico y desarrollo, existen importantes críticas a este sistema que apuntan a su insostenibilidad a largo plazo. Estas críticas se centran principalmente en la contradicción inherente entre el capitalismo y el control estatal, así como los efectos negativos que produce sobre la libertad individual, la competencia y la equidad.

1. La Contradicción entre Capitalismo y Estado

Una de las críticas fundamentales al capitalismo con Estado es que el control estatal sobre la economía entra en contradicción con los principios básicos del capitalismo. El capitalismo, en su forma más pura, se basa en la libertad de los individuos para tomar decisiones económicas, competir en el mercado y obtener ganancias sin la intervención de un gobierno centralizado. Sin embargo, el capitalismo con Estado requiere que el gobierno imponga reglas, regule las empresas y distribuya recursos, lo que limita la competencia y la libre iniciativa.

Cuando el Estado interviene en la economía, ya sea a través de subsidios, monopolios o políticas fiscales y monetarias, distorsiona el mercado y socava los incentivos fundamentales del capitalismo. En lugar de permitir que el mercado funcione de manera natural a través de la competencia y la oferta y demanda, el Estado crea condiciones artificiales que favorecen a ciertos actores económicos y perjudican a otros. Este tipo de capitalismo se convierte, de hecho, en un sistema mixto que ni favorece la libertad total del mercado ni garantiza una verdadera competencia.

2. La Ineficiencia del Gasto Público y la Burocracia

El capitalismo con Estado a menudo va de la mano con un aparato burocrático costoso y una administración pública ineficiente. El gobierno, al gestionar el gasto público, la regulación y los subsidios, tiende a malgastar recursos. En lugar de dejar que los mercados se autorregulen, los gobiernos suelen intervenir con programas costosos, subsidios a industrias no competitivas, y gastos excesivos en áreas que no generan un retorno económico real.

Además, las estructuras burocráticas en los gobiernos tienden a ser ineficaces y propensas a la corrupción. La distribución de recursos, la ejecución de políticas y la implementación de proyectos a menudo están plagados de ineficiencias debido a la falta de competencia en el sector público. El Estado tiende a ser más lento y menos flexible que las empresas privadas, lo que puede resultar en una asignación ineficaz de recursos y un estancamiento económico.

3. El Estado Fomenta los Monopolios y Oligopolios

El capitalismo de Estado fomenta, en muchos casos, la creación de monopolios y oligopolios, ya que las empresas más grandes tienen los recursos para influir en las políticas del gobierno y obtener ventajas regulatorias. Las grandes corporaciones pueden hacer lobby para que se aprueben leyes que favorezcan su posición en el mercado, limitando la competencia y aumentando las barreras de entrada para nuevas empresas.

Este fenómeno crea un círculo vicioso en el que las grandes empresas, apoyadas por el Estado, se vuelven aún más grandes y poderosas, mientras que las pequeñas empresas y los emprendedores tienen que enfrentarse a condiciones desiguales. Esto socava la libre competencia, una de las piedras angulares del capitalismo, y crea un entorno en el que los consumidores tienen menos opciones y los precios tienden a ser más altos debido a la falta de competencia genuina.

4. La Desigualdad Económica Crece por la Intervención Estatal

Aunque el capitalismo tiene la capacidad de generar riqueza y oportunidades, en su forma con Estado, la intervención gubernamental puede incrementar la desigualdad económica. El capitalismo de Estado no solo se caracteriza por la concentración de poder en manos de las grandes corporaciones, sino también por la creación de un sistema económico que favorece a las élites políticas y empresariales en lugar de a la mayoría de la población.

Las políticas fiscales, como los impuestos progresivos, y la distribución de subsidios o ayudas gubernamentales, pueden generar un sistema donde los ricos y poderosos se benefician más que los ciudadanos comunes. Los gobiernos tienden a crear incentivos que favorecen a las grandes empresas, mientras que las pequeñas empresas y los trabajadores enfrentan mayores cargas fiscales y obstáculos regulatorios. Esto puede hacer que las disparidades económicas aumenten, con una clase dominante cada vez más rica y una clase trabajadora cada vez más empobrecida.

5. Crisis Económicas Recurrentes

Uno de los grandes problemas del capitalismo con Estado es su tendencia a generar crisis económicas recurrentes. El intervencionismo estatal a menudo resulta en burbujas económicas, inflación descontrolada y crisis financieras. Los gobiernos tienden a manipular las tasas de interés, las políticas fiscales y las políticas monetarias para "estimular" la economía, pero estas intervenciones suelen tener efectos secundarios a largo plazo que resultan en ciclos de auge y caída.

Por ejemplo, la creación de dinero por parte de los bancos centrales (como la Reserva Federal en EE.UU.) puede generar inflaciones artificiales y burbujas en los mercados financieros. Cuando estos mercados colapsan, los efectos son devastadores para la economía global, y las personas de menores recursos son las que más sufren las consecuencias. A pesar de las intervenciones gubernamentales para "estabilizar" la economía, las crisis siguen ocurriendo, lo que demuestra la ineficacia del modelo capitalista con Estado.

6. El Creciente Tamaño del Estado y su Impacto en la Libertad Individual

A medida que el capitalismo con Estado crece, también lo hace el tamaño del gobierno. Los gobiernos tienden a expandirse para gestionar la creciente complejidad de las economías modernas, lo que conlleva más regulación, impuestos y control sobre la vida de los ciudadanos. Este crecimiento del Estado reduce la libertad individual, ya que las personas tienen menos control sobre sus propios recursos y decisiones.

El aumento de la burocracia y la intervención estatal crea un entorno en el que las decisiones individuales están sujetas a la voluntad de las autoridades, lo que puede llevar a una menor autonomía y mayor dependencia del Estado. Esto no solo afecta la libertad económica, sino también la libertad personal, ya que las personas se ven obligadas a seguir reglas impuestas por un sistema que, a menudo, no tiene en cuenta sus intereses individuales.

Conclusión

El capitalismo con Estado, aunque ha generado un notable crecimiento económico en muchas partes del mundo, enfrenta contradicciones inherentes que lo hacen insostenible a largo plazo. La intervención estatal en la economía distorsiona los principios fundamentales del capitalismo, fomenta la ineficiencia, la corrupción, los monopolios y las crisis recurrentes, y limita la libertad individual. En un mundo ideal, un sistema que combine el capitalismo puro con la ausencia de intervención estatal podría ofrecer una solución más estable, justa y sostenible. Sin embargo, en su forma actual, el capitalismo de Estado está destinado a enfrentar obstáculos que podrían hacer que su sostenibilidad sea cada vez más difícil.

74 La Verdad sobre la Durabilidad del Liberalismo y el Minarquismo

El liberalismo y el minarquismo, aunque defienden la limitación del poder del gobierno y promueven la libertad individual, a menudo enfrentan la tendencia histórica de que los gobiernos, con el tiempo, tienden a crecer nuevamente. Esta realidad pone en duda la capacidad de los sistemas liberales y minarquistas para mantenerse estables a largo plazo. A continuación, se analizan las razones detrás de esta dinámica y por qué ambos sistemas suelen estar en riesgo de desvirtuarse con el paso del tiempo.

1. El Ciclo del Poder Estatal

Una de las principales críticas al liberalismo y al minarquismo es que, aunque proponen una estructura mínima de gobierno, existe una tendencia histórica de expansión del poder estatal. Incluso en sistemas liberales donde la intervención estatal está limitada, el gobierno tiende a incrementar su influencia debido a diversos factores, como la necesidad de manejar crisis, asegurar el orden público o responder a presiones sociales y económicas.

A lo largo de la historia, los gobiernos que inicialmente tienen un enfoque limitado tienden a ampliar su poder mediante leyes de emergencia, intervenciones en la economía, o aumentando sus poderes para garantizar el bienestar de la población. Este ciclo de expansión del gobierno es una característica común, ya que los líderes políticos, motivados por la búsqueda de poder o la necesidad de resolver problemas, pueden justificar la ampliación del Estado.

2. La Lógica de la Seguridad y el Bienestar

Uno de los mayores desafíos para el liberalismo y el minarquismo es la presión para garantizar la seguridad y el bienestar de la población. Los gobiernos, incluso en sistemas limitados, se enfrentan a demandas de sus ciudadanos para abordar problemas como la pobreza, la salud, la educación y la seguridad. Esto, inevitablemente, lleva a que el gobierno extienda su alcance para cumplir con estas expectativas.

Además, en tiempos de crisis, como durante recesiones económicas o amenazas externas, los gobiernos suelen justificar una mayor intervención y control. Esto puede ser una respuesta temporal, pero tiende a establecer precedentes que resultan en la expansión del poder estatal de manera más permanente. Por ejemplo, el aumento del gasto público, la creación de programas sociales o el incremento en la regulación de los mercados puede hacer que la estructura mínima del Estado se expanda lentamente, llevando al regreso de un gobierno más grande.

3. El Enfrentamiento con la Realidad Social y Económica

El liberalismo y el minarquismo se basan en la idea de que los individuos deben ser responsables de sus propias decisiones y que el gobierno debe intervenir lo menos posible. Sin embargo, la realidad social y económica a menudo no encaja con esta visión. Las desigualdades económicas, la falta de oportunidades o los fallos del mercado pueden llevar a los ciudadanos a pedir más intervención estatal.

Por ejemplo, cuando el libre mercado no satisface las necesidades de las personas (por ejemplo, acceso a servicios de salud o educación), existe una presión social para que el gobierno intervenga y proporcione esas necesidades básicas. Aunque el liberalismo y el minarquismo defienden la menor intervención estatal, esta presión por resolver problemas sociales puede ser una de las fuerzas que impulsen la expansión del gobierno.

4. La Aparición de Nuevas Amenazas

Los gobiernos liberales y minarquistas también se enfrentan al desafío de adaptarse a las nuevas amenazas y realidades globales. En un mundo cada vez más interconectado, con amenazas como el terrorismo, los ciberataques o las pandemias globales, los gobiernos sienten la necesidad de intervenir más para proteger a sus ciudadanos.

La seguridad nacional, la lucha contra el crimen organizado y las preocupaciones sobre la estabilidad social pueden ser argumentos convincentes para expandir las funciones del gobierno, incluso en un sistema que originalmente tenía la intención de ser limitado. Este proceso, por lo tanto, puede llevar a un aumento del control estatal, erosionando gradualmente los principios del liberalismo y del minarquismo.

5. El Papel de la Demanda Popular

En la política democrática, el deseo de mayor seguridad o asistencia social puede conducir a un apoyo popular para una mayor intervención del gobierno. Incluso en sociedades que se adhieren al liberalismo o al minarquismo, las elecciones democráticas pueden resultar en una creciente demanda de servicios públicos, lo que fomenta la expansión del gobierno.

El aumento de la demanda popular por protección y bienestar social puede presionar a los políticos a expandir el alcance del gobierno, lo que contribuye al regreso del intervencionismo estatal. Esta dinámica es especialmente pronunciada cuando las promesas de los políticos de proporcionar más servicios y apoyo social se perciben como un medio para ganar poder y apoyo popular.

6. El Riesgo de la "Tiranía de la Mayoría"

El liberalismo y el minarquismo pretenden proteger los derechos individuales frente a la tiranía del gobierno, pero también deben lidiar con la "tiranía de la mayoría". En un sistema democrático, donde las decisiones se toman a través de la voluntad popular, puede haber una presión para expandir el poder del gobierno en función de las demandas de la mayoría. Esto puede incluir la creación de nuevos programas sociales, leyes que restrinjan la libertad de mercado o el aumento de regulaciones para garantizar la igualdad y el bienestar.

La "tiranía de la mayoría" puede llevar a una erosión de los principios fundamentales del liberalismo, ya que las políticas que son populares entre la mayoría pueden ser incompatibles con los derechos individuales o con la filosofía de un gobierno limitado.

75 Desmontando el Argumento Contra el Anarco-Capitalismo: La Privacidad y el Control de los Datos Personales

Uno de los argumentos comunes en contra del anarco-capitalismo es la preocupación sobre la privacidad y el control de los datos personales. Muchos critican el sistema, alegando que, en ausencia de un estado regulador, las empresas privadas podrían abusar de su poder para rastrear y recopilar información sobre los usuarios, vendiéndola a otras empresas o utilizándola de manera dañina, como almacenar y comercializar fotos íntimas o videos. Este argumento se basa en la premisa de que, sin un gobierno central, los individuos estarían expuestos a una invasión masiva de su privacidad por parte de corporaciones que operan sin restricciones.

Sin embargo, es crucial comprender que este argumento, aunque válido desde una perspectiva del estado moderno, no se sostiene cuando se examina desde una visión anarco-capitalista. De hecho, hay varios puntos clave que desmontan este argumento y muestran por qué la privacidad no solo podría ser mejor protegida en un sistema anarco-capitalista, sino que ya existe una violación significativa de la privacidad en los sistemas actuales.

1. El Estado y la Vigilancia: El Mayor Recopilador de Datos

Hoy en día, en el sistema estatal actual, es el propio gobierno el que posee y controla grandes cantidades de datos sobre sus ciudadanos. A través de agencias gubernamentales como la NSA en los EE. UU. o el GCHQ en el Reino Unido, los estados ya tienen la capacidad de interceptar y almacenar comunicaciones privadas, monitorear actividades en línea y recolectar información personal sin el consentimiento explícito de los individuos.

Además, los estados imponen leyes que permiten la recopilación de datos, como los sistemas de vigilancia masiva, el uso de algoritmos para rastrear a personas y las bases de datos que contienen información privada sobre la salud, las finanzas, las redes sociales y más. En muchos países, el gobierno tiene acceso a los datos que las empresas recopilan sobre los usuarios. Esto incluye, por ejemplo, la información almacenada por los servicios de telecomunicaciones y las plataformas de redes sociales. En un sistema estatal, la información personal está centralizada y es mucho más susceptible de ser abusada por las autoridades o manipulada con fines de control social.

El punto aquí es que, aunque el anarco-capitalismo permite que las empresas operen sin regulaciones estatales, este modelo no es responsable de la invasión de la privacidad a gran escala. De hecho, el gobierno moderno es el mayor violador de la privacidad de los ciudadanos, dado su poder para recopilar, almacenar y usar datos personales sin restricciones significativas.

2. Mercados de Privacidad y Competencia en el Anarco-Capitalismo

En un sistema anarco-capitalista, la competencia en el mercado libre podría actuar como un mecanismo de control para evitar abusos relacionados con la privacidad. Las empresas que deseen mantener la confianza de sus clientes se verían motivadas a ofrecer garantías de privacidad sólidas. La transparencia sería clave para los consumidores al elegir qué empresas utilizar para comprar productos o servicios.

Si las empresas comenzaran a violar la privacidad de los usuarios, otras empresas podrían capitalizar esa oportunidad ofreciendo productos o servicios que no impliquen la recopilación de datos personales o el uso de dichos datos para fines comerciales. Además, en un mundo sin un gobierno central que controle la economía, las empresas tendrían que competir constantemente para proporcionar productos de calidad, y la protección de la privacidad podría convertirse en un valor central que atrae a los consumidores.

Esto no significa que no existan riesgos, pero la competencia y la posibilidad de elegir entre varias empresas que se especializan en privacidad serían mucho mayores que en el sistema actual, donde las opciones se limitan en muchos casos a gigantes corporativos que controlan todos los aspectos del mercado.

3. Propiedad y Autonomía del Individuo

En un sistema anarco-capitalista, los individuos tienen un control total sobre sus propios datos. En lugar de depender de un estado centralizado para regular el uso de datos personales, las personas tendrían el derecho de decidir qué información compartir y con quién. Este control directo sobre los datos personales sería una característica fundamental del sistema.

En la actualidad, muchas veces se nos obliga a entregar información personal a través de plataformas que controlan nuestros datos sin darnos una opción real para decidir. La imposición de regulaciones como el GDPR en Europa intenta ofrecer algunas protecciones, pero no resuelve el problema de fondo: el hecho de que las empresas y los gobiernos siguen teniendo acceso a nuestros datos.

4. El Potencial de la Tecnología para Asegurar la Privacidad

En un sistema anarco-capitalista, la tecnología jugaría un papel crucial en la protección de la privacidad. Con el desarrollo de criptografía avanzada y tecnologías descentralizadas, como blockchain, los individuos podrían tener control total sobre sus datos y su privacidad sin la intervención de terceros. Las transacciones y la comunicación podrían estar aseguradas de forma que incluso las empresas no pudieran acceder a la información personal sin el consentimiento explícito del propietario.

Por ejemplo, la encriptación de extremo a extremo en servicios de mensajería y la autenticación sin la necesidad de datos personales son herramientas que podrían volverse mucho más prevalentes en un mundo anarco-capitalista, donde la privacidad es un valor clave. Además, en lugar de un estado central que administre nuestra información personal, la seguridad de los datos podría ser gestionada por un conjunto descentralizado de servicios privados que operan bajo principios de transparencia y respeto por la privacidad del individuo.

5. La Responsabilidad de las Empresas en el Mercado Libre

Una de las características fundamentales del anarco-capitalismo es la responsabilidad de las empresas hacia sus clientes. En este sistema, las empresas que no respeten la privacidad o que abusen de los datos personales de los usuarios podrían enfrentarse a la pérdida de su base de clientes, lo que pondría en riesgo su éxito y viabilidad económica. Esto proporcionaría un incentivo fuerte para que las empresas actúen de manera ética en cuanto a la gestión de datos personales.

A diferencia de los sistemas actuales, donde el gobierno actúa como intermediario en las relaciones de consumo, el anarco-capitalismo fomenta un entorno de competencia en el que las empresas deben ganarse la confianza de los consumidores, y la privacidad es un factor crucial para ello.

Conclusión: Privacidad y Libertad en el Anarco-Capitalismo

El argumento de que las empresas podrían abusar de los datos personales en un sistema anarco-capitalista es comprensible, pero no refleja la realidad de cómo el mercado libre podría funcionar para proteger la privacidad. En un sistema donde la competencia es clave, las empresas tendrían fuertes incentivos para garantizar la protección de los datos personales de sus clientes. Además, la vigilancia masiva ya es una práctica comúnmente realizada por los gobiernos, no por empresas privadas, lo que demuestra que el problema de la privacidad no reside en la ausencia de un estado regulador, sino en el control estatal sobre los datos.

Si bien los riesgos de abuso por parte de empresas siempre existirían, el sistema anarco-capitalista ofrecería mayores oportunidades para que los consumidores elijan libremente servicios que respeten su privacidad y que operen con total transparencia, lo cual es una mejora significativa respecto al control que los gobiernos tienen hoy sobre nuestra información.

76 Cómo Funcionaría el Mercado Cripto, el Trading y las Acciones en el Anarco-Capitalismo

En un sistema anarco-capitalista, el mercado de criptomonedas, el trading y las acciones operarían de una manera significativamente diferente a como lo hacen en los sistemas actuales. Sin la intervención de un gobierno central, las dinámicas de estos mercados se transformarían, y algunos de los problemas que enfrentan hoy podrían solucionarse. A continuación se detallan cómo funcionarían estos mercados en un sistema anarco-capitalista, y qué errores o limitaciones del sistema actual podrían resolverse.

1. Mercado de Criptomonedas en el Anarco-Capitalismo

En un mundo anarco-capitalista, el mercado de criptomonedas funcionaría de manera descentralizada, sin la intervención o regulación de entidades gubernamentales. Las criptomonedas, como Bitcoin o Ethereum, son inherentemente compatibles con el principio de no intervención estatal, ya que están basadas en tecnologías descentralizadas como blockchain, lo que les otorga una naturaleza independiente y autónoma.

Características:

- **Descentralización Total**: Las criptomonedas serían utilizadas ampliamente como un medio de intercambio, y los individuos serían los controladores de sus propios fondos, sin la necesidad de intermediarios como bancos o instituciones gubernamentales. No existiría un banco central que manipule la oferta de dinero, lo que garantizaría una moneda sin inflación artificial.
- **Privacidad y Seguridad**: Gracias a tecnologías como la criptografía avanzada y blockchain, las transacciones serían más seguras y transparentes. La privacidad de las transacciones podría mantenerse mediante criptomonedas con énfasis en la privacidad, como Monero o Zcash, sin necesidad de terceros que rastreen la actividad financiera.
- **Acceso Abierto y Global**: En un sistema sin fronteras estatales, cualquier persona con acceso a internet podría participar en el mercado cripto. Esto fomentaría la inclusión financiera y la participación de personas de todo el mundo, incluso en países con economías inestables o sistemas bancarios restrictivos.

Errores que se podrían solucionar:

- **Inflación Monetaria**: En el sistema actual, los gobiernos emiten dinero de manera ilimitada, lo que provoca inflación. En el anarco-capitalismo, al no haber un banco central, las criptomonedas no podrían ser inflacionarias por control estatal, lo que crearía un sistema más estable.
- **Restricciones de Acceso**: En países donde el acceso a bancos y servicios financieros es limitado o controlado, las criptomonedas permitirían a las

personas tener acceso a su propio capital sin la necesidad de una infraestructura bancaria. Esto resuelve la exclusión financiera.

2. El Trading en el Anarco-Capitalismo

El trading (compra y venta de activos financieros) en un sistema anarco-capitalista funcionaría sin la supervisión de una autoridad central. En lugar de depender de bolsas de valores controladas por reguladores gubernamentales, habría múltiples plataformas privadas donde los individuos podrían intercambiar bienes, criptomonedas, activos, acciones y otros productos financieros.

Características:

- **Mercados Descentralizados**: Plataformas de trading, tanto para criptomonedas como para activos tradicionales, funcionarían sin un intermediario gubernamental o una bolsa de valores oficial. Los acuerdos y transacciones serían procesados entre los participantes, sin la necesidad de reglas impuestas desde arriba.
- **Competencia y Transparencia**: La competencia entre las plataformas de intercambio y los proveedores de servicios financieros obligaría a que las plataformas fueran más transparentes y eficaces en la ejecución de operaciones. Las comisiones podrían ser mucho más bajas que las de los mercados regulados hoy en día, porque no habría intermediarios ni reguladores a los que pagar.
- **Contratos Inteligentes y Blockchain**: Con el uso de contratos inteligentes, los acuerdos podrían ser ejecutados de manera automática y sin la necesidad de confianza entre las partes. Estos contratos serían programados para ejecutarse cuando se cumplan ciertas condiciones predefinidas, lo que reduciría la necesidad de vigilancia humana y error humano.

Errores que se podrían solucionar:

- **Manipulación del Mercado**: Los mercados actuales a menudo son manipulados por grandes actores o incluso por entidades gubernamentales, mediante regulaciones que favorecen a ciertos actores.

En un sistema anarco-capitalista, los mercados serían más transparentes y los actores individuales tendrían más control sobre sus decisiones.
- **Costos Altos de Transacción**: Las tarifas y comisiones en los mercados tradicionales, debido a la necesidad de intermediarios y reguladores, pueden ser muy altas. En un sistema anarco-capitalista, la competencia entre las plataformas de trading reduciría estos costos significativamente.
- **Errores en la Ejecución de Órdenes**: La descentralización y la automatización de las operaciones mediante contratos inteligentes reducirían los errores humanos y la manipulación de las órdenes, lo que haría que las transacciones fueran más eficientes y precisas.

3. Acciones y el Mercado de Capitales en el Anarco-Capitalismo

En el anarco-capitalismo, las acciones de las empresas continuarían existiendo, pero sin la regulación estatal y las restricciones impuestas por las bolsas de valores tradicionales. Las empresas podrían emitir acciones de manera más flexible y directamente entre los inversores interesados.

Características:

- **Mercados de Acciones Privados**: Las empresas podrían elegir en qué mercados privados ofrecer sus acciones. Habría un sistema basado en contratos y acuerdos voluntarios, donde los inversores podrían comprar o vender acciones directamente de acuerdo con las condiciones acordadas entre las partes.
- **Transparencia del Propietario**: Las empresas tendrían incentivos para ser transparentes en cuanto a la emisión de acciones, ya que los inversionistas tendrían un control más directo y no estarían limitados a plataformas que impongan reglas como las bolsas de valores tradicionales.
- **Valoración Basada en el Mercado**: En lugar de depender de las evaluaciones de entidades estatales o agencias reguladoras, la valoración de las empresas y sus acciones se determinaría por el mercado, basado en la oferta y demanda, lo que podría generar un sistema de precios más eficiente.

Errores que se podrían solucionar:

- **Intervención Gubernamental**: Actualmente, el gobierno a menudo interviene en las empresas mediante políticas de rescate, control de precios o manipulaciones fiscales que afectan a las empresas y su valor. En un sistema anarco-capitalista, las empresas funcionarían sin la intervención directa del estado, promoviendo una verdadera economía de mercado.
- **Barrera de Entrada para Nuevas Empresas**: Los mercados de acciones tradicionales tienen altas barreras de entrada debido a regulaciones costosas. En un sistema anarco-capitalista, las empresas podrían emitir acciones de forma más sencilla, permitiendo que más empresas pequeñas y startups participen en el mercado de capitales.

4. Posibles Riesgos y Errores que Persisten

Aunque el sistema anarco-capitalista podría ofrecer soluciones significativas, también existen riesgos inherentes a la falta de un sistema de regulación o supervisión. Algunos de estos incluyen:

- **Fraude y Estafas**: Sin un ente regulador que controle la validez de las transacciones y activos, podrían surgir estafadores o empresas fraudulentas que engañen a los inversores. La competencia y la demanda de transparencia serían claves para mitigar este problema, pero sería necesario un alto nivel de confianza en las plataformas y en las tecnologías utilizadas.
- **Concentración de Poder**: Si bien la competencia es un principio fundamental en el anarco-capitalismo, podría existir una concentración de poder en manos de unas pocas grandes corporaciones que logren monopolizar ciertos sectores del mercado, lo que podría reducir la competencia.

77 Reflexion personal Autenticidad y Distanciamiento

Cuando los adolescentes comienzan a distanciarse de las expectativas sociales y buscan su propia autenticidad, suelen encontrar resistencia. La sociedad, a través de sus estructuras (como la escuela, el trabajo, la familia, los medios de comunicación), está diseñada para homogeneizar y hacer que todos encajen en un molde común. Al rebelarse contra estas presiones, el adolescente se enfrenta a un proceso de "consumo", donde puede ser etiquetado, rechazado o incluso presionado a conformarse.

El reto está en **diferenciarse de manera auténtica** sin dejarse consumir por el sistema. No es fácil, y muchas veces las personas terminan cayendo en el conformismo porque el entorno que las rodea hace que ser diferente parezca algo costoso o indeseable. Aquí es donde la comunidad y encontrar personas similares se vuelve clave, como mencionas. Es importante rodearse de individuos que también valoren la autenticidad, ya que esta conexión puede ofrecer el apoyo necesario para seguir el camino sin sucumbir a las presiones sociales.

El Trabajo Esclavista y la Burocracia

También es muy relevante lo que mencionas sobre cómo el trabajo esclavista, los impuestos, las regulaciones y la burocracia actúan como un sistema que oprime la libertad individual. El sistema actual, con su énfasis en la producción masiva, el control y las normativas, restringe a las personas, quitándoles tiempo, energía y recursos para perseguir lo que realmente desean. Esto crea una sensación de estar atrapado en una rutina interminable, donde el propósito y la pasión quedan relegados por la necesidad de sobrevivir dentro del sistema.

La **burocracia** y las **regulaciones** muchas veces hacen que los sueños de las personas se vuelvan inalcanzables. Las barreras para crear, innovar o emprender se multiplican debido a los trámites interminables, los impuestos altos y las leyes que limitan la creatividad y la libertad de acción. Como resultado, la mayoría de las personas terminan sintiendo que sus vidas están predestinadas a encajar en el molde, y poco a poco se conforman con una vida que no desean realmente, convirtiéndose, de alguna forma, en parte de esa "mal llamada sociedad".

La Solución: Buscar Personas Similares y Crear Espacios Libres

El proceso de escapar de esta "consumición" social requiere encontrar una comunidad que valore la individualidad, el pensamiento libre y los sueños por encima de las normas impuestas. Es fundamental encontrar aliados que compartan la visión de un mundo más libre, donde se pueda ser auténtico y cumplir con las propias pasiones sin las limitaciones de un sistema que quiere conformar a todos.

Además, el **autodidactismo** y la **educación fuera del sistema tradicional** también son claves. Crear una vida en la que puedas estar lo más libre posible de las cadenas del trabajo esclavista y de la burocracia, tomando control de tus propios recursos y tiempo, es un paso hacia la liberación personal. Al mismo tiempo, tratar de construir un sistema alternativo basado en la autonomía y el respeto mutuo, como lo que buscas con tu idea de un micro país anarcocapitalista, también podría ser parte de la solución.

78 Reflexion personal Reflexión sobre la importancia de ser diferente y el apoyo al individualismo en el anarco capitalismo

Ser diferente es lo que nos hace únicos. Cada ser humano tiene su propio camino, sus propias experiencias y su manera particular de ver el mundo. Vivir en una sociedad que fomenta la individualidad y respeta las diferencias es crucial para el bienestar y el desarrollo personal. La conformidad, la presión social y las expectativas de los demás pueden aplastar nuestra creatividad, nuestras pasiones y, en última instancia, nuestra autenticidad. Por eso, defender y celebrar lo que nos hace diferentes no solo es valioso, sino necesario.

En el contexto del anarco capitalismo, este concepto cobra una relevancia aún mayor. El anarco capitalismo es un sistema que pone énfasis en el **individualismo** y en la libertad personal. En un mundo en el que las personas tienen el derecho absoluto de decidir cómo vivir, lo que hacen, y las decisiones que toman, no hay necesidad de que nadie se vea forzado a ser igual a otro. Este sistema no impone normas ni reglas que limiten la creatividad, el pensamiento independiente ni la libertad de ser uno mismo.

Al no haber un Estado que regule las conductas, cada individuo tiene la capacidad de actuar conforme a sus principios, sin temor a ser juzgado o controlado por entidades externas. El mercado libre y la competencia entre individuos permiten que todos puedan ofrecer lo mejor de sí mismos, sin ser suprimidos por un sistema centralizado que, en muchos casos, tiende a homogeneizar.

La **diversidad** de pensamientos, ideas y formas de vida es un motor de innovación y progreso en cualquier sociedad. Y en el anarco capitalismo, donde cada persona es responsable de sí misma y se encuentra en igualdad de condiciones, esa diversidad florece. Las ideas que surgen del individuo, aquellas que provienen de la perspectiva única de cada ser humano, son las que dan forma al futuro.

A diferencia de otros sistemas que tienden a imponer un modo de vida o una ideología de arriba hacia abajo, el anarco capitalismo fomenta el respeto por la individualidad. Aquí, la competencia no es solo económica, sino también de ideas, de estilos de vida, de perspectivas. Nadie necesita encajar en un molde impuesto; cada uno tiene el poder de crear su propia realidad y ser libre.

Por lo tanto, ser diferente en un sistema como el anarco capitalismo no solo es aceptable, sino que es lo que enriquece a la sociedad. La diversidad de pensamientos, creencias y formas de vida se convierte en una ventaja, y la competencia de ideas permite que cada individuo aporte lo mejor de sí mismo, sin restricciones ni imposiciones. Al final, la verdadera libertad radica en la posibilidad de ser **quien realmente eres** y vivir de acuerdo con tus propios términos.

79 Crítica al pacifismo excesivo: La historia de un hombre gótico y su lucha contra la secta

Había una vez un hombre gótico que vivía feliz en su casa oscura y misteriosa junto a su pareja. La casa era un refugio que reflejaba su estilo de vida único: todo era sombrío, silencioso y personal, rodeado de paz y respeto mutuo. Vivían en armonía, y todo parecía perfecto en su pequeña burbuja, hasta que algo empezó a alterarlo.

En la comunidad en la que residían, había una secta religiosa que, en ocasiones, pasaba por la zona. Al principio, eran solo visitas esporádicas, casi imperceptibles. Sin embargo, con el tiempo, la secta comenzó a aumentar su presencia, trayendo consigo conflictos, quejas y actos de molestia hacia el hombre gótico y su pareja. La secta se comportaba de manera irrespetuosa, ignorando las normas y desobedeciendo los contratos voluntarios que existían entre los miembros de la comunidad. Las sanciones y advertencias de los miembros responsables de la zona no surtían efecto, y la secta continuaba causando problemas sin ningún tipo de remordimiento.

El hombre gótico, que siempre había creído en la paz y el respeto mutuo, se vio atrapado en una situación que desbordaba los límites de su paciencia y tolerancia. A pesar de su carácter tranquilo y su preferencia por evitar conflictos, el comportamiento cada vez más invasivo de la secta lo obligó a tomar una decisión difícil. La violencia y la agresión nunca fueron opciones que hubiera considerado en su vida, pero cuando todo lo demás falló, se dio cuenta de que necesitaba tomar medidas más drásticas para proteger su hogar y su bienestar.

Fue entonces cuando el hombre gótico decidió llamar a una empresa de seguridad privada. La idea de contratar guardias armados para alejar a la secta lo conflictuaba, pero la situación ya no era tolerable. La paz y el respeto que él valoraba profundamente se estaban desmoronando bajo la constante agresión verbal y la violación de acuerdos, y no veía otro remedio para restaurar el orden.

Este dilema pone en evidencia uno de los problemas del pacifismo excesivo: cuando se lleva al extremo, puede terminar desarmando a aquellos que solo buscan vivir en paz. En la vida real, como en la historia del hombre gótico, la pasividad frente a las amenazas o la violación de acuerdos puede ser contraproducente. Si un individuo o un grupo de personas insiste en no respetar las normas que rigen la convivencia, la pasividad puede permitir que la agresión y el caos prevalezcan. A veces, es necesario defender lo que es tuyo, incluso si eso implica tomar medidas que van en contra de tu naturaleza pacífica.

El pacifismo no debería implicar la negación de la autodefensa o la inacción frente a la injusticia. Si uno se encuentra constantemente en una situación donde los derechos y el bienestar están siendo atacados, es comprensible que se recurra a mecanismos de protección más efectivos, aunque no sean pacíficos. El hombre gótico, al no poder encontrar otra solución, hizo lo que estaba a su alcance para salvaguardar lo que le era más valioso: su paz y su hogar.

Así, esta historia subraya la importancia de no idealizar el pacifismo de manera absoluta. A veces, la autodefensa, el uso de la fuerza para proteger lo que es tuyo, o incluso recurrir a servicios de seguridad, puede ser una necesidad legítima para mantener el orden y la justicia en una sociedad. Ignorar este aspecto y permanecer completamente pasivo puede llevar a un punto en el que aquellos que no respetan las reglas ganen terreno. En esos casos, el pacifismo excesivo se convierte en una debilidad que permite que la opresión se imponga sin resistencia.

80 La Resolución Voluntaria de Conflictos de Propiedad: Soluciones Sin Estado en el Anarco-Capitalismo"

1. **La propiedad privada en el anarco-capitalismo**: En un sistema anarco-capitalista, la propiedad privada se entiende como lo que una persona puede ocupar, utilizar y gestionar de manera eficiente. No se trata de privatizar todo, sino de que cada individuo sea dueño de lo que pueda manejar y utilizar. Por ejemplo, si una persona quiere tener una propiedad más grande, debe demostrar que puede hacer un uso práctico de ella y no simplemente acapararla sin propósito. Esto evitaría situaciones en las que alguien acumula tierras solo por poder, ya que las personas no podrían "poseer" más de lo que pueden usar activamente.
2. **Caso 1: Solución de problemas por acuerdo mutuo**: Imagina que dos personas tienen un problema de propiedad sobre un terreno. Una de ellas podría llegar a un acuerdo con la otra para compartir el uso del terreno de forma pacífica. Si no hay acuerdo, podrían recurrir a una tercera parte neutral, como una agencia privada de arbitraje, para resolver el problema sin necesidad de recurrir a la violencia o la coacción. En este escenario, la resolución sería voluntaria y basada en la negociación entre las partes.
3. **Caso 2: Búsqueda de ayuda externa**: Si dos personas no logran resolver el conflicto por sí mismas, podrían recurrir a diferentes entidades privadas. Una de ellas podría optar por una sociedad de ayuda mutua, donde ambas partes confían en una organización que proporciona servicios para la resolución de disputas, lo que permitiría negociar una solución sin recurrir a la violencia. La otra parte podría recurrir a una empresa privada especializada en mediación o arbitraje, lo que sería similar a un tribunal, pero operado bajo principios voluntarios y no coactivos. En ambos casos, la resolución del conflicto se basaría en un sistema privado y consensuado, sin necesidad de un gobierno centralizado.
4. **Caso 3: Conflictos territoriales y la posible violencia**: Es cierto que en un sistema sin estado, podrían surgir problemas de violencia, especialmente en disputas territoriales. Sin embargo, el sistema anarco-capitalista promovería la existencia de empresas privadas de seguridad que actuarían como intermediarios para evitar la violencia. Por ejemplo, si una persona tiene un conflicto territorial con otra, podría contratar guardias privados para proteger sus intereses. No obstante, el exceso de violencia sería contrarrestado por un incentivo: las empresas de seguridad tienen interés en mantener un entorno estable y evitar conflictos destructivos, ya que su reputación y supervivencia dependen de ofrecer soluciones

pacíficas. Además, las sanciones sociales de las comunidades o las empresas también servirían como un freno a los comportamientos violentos.

En resumen, aunque es posible que en un sistema anarco-capitalista existan disputas territoriales, las soluciones no provendrían de un estado centralizado, sino de instituciones privadas, acuerdos voluntarios y mecanismos de arbitraje. Las alternativas privadas serían mucho más eficientes que un sistema burocrático, y la competencia entre estas instituciones motivaría a ofrecer mejores servicios de resolución de conflictos sin recurrir a la violencia.

81 "Evitar la Concentración de Poder: Garantizando la Justicia y la Arbitraje Imparcial en el Anarco-Capitalismo"

Para desmontar este argumento, se podría argumentar que, aunque en un sistema anarco-capitalista no existiría una autoridad centralizada como la policía o el sistema judicial, esto no significa que las comunidades no puedan establecer reglas que aseguren que las prácticas sean justas y equitativas. Un ejemplo clave es la prevención de la concentración de poder dentro de los servicios de arbitraje o justicia.

Ejemplo y Argumento:

En el anarco-capitalismo, las comunidades podrían implementar reglas que impidan la compra o monopolización de todas las empresas de arbitraje dentro de una región. Si una sola entidad controlara todas las empresas de arbitraje, podría ejercer su poder de manera injusta, incluso promoviendo prácticas abusivas como la esclavitud o discriminación. Para evitar esto, las reglas podrían incluir limitaciones sobre la compra de empresas de arbitraje, garantizando que los sistemas de resolución de disputas sean descentralizados y justos.

Además, para equilibrar el poder y asegurar que el sistema sea verdaderamente libre de abusos, las empresas de arbitraje podrían ser sometidas a una vigilancia comunitaria. Si una empresa demuestra actuar de manera injusta, las personas afectadas podrían cambiar de proveedor de servicios de arbitraje o incluso acudir a un sistema de arbitraje diferente dentro de la misma comunidad.

Soluciones:

1. **Descentralización y Regulación Comunitaria**: Se podrían crear mecanismos que eviten que una sola entidad acumule demasiado poder, estableciendo reglas sobre la distribución de empresas de arbitraje y sus prácticas.
2. **Vigilancia Popular y Transparencia**: Las empresas de arbitraje podrían estar sujetas a revisiones periódicas o auditorías por parte de la comunidad para evitar el abuso de poder y garantizar que los contratos y acuerdos sean justos para todas las partes.
3. **Sistema de Multiarbitraje**: En lugar de depender de una única empresa, podría haber un sistema de arbitraje multilateral donde varias empresas compitan por ofrecer el mejor servicio, y los clientes puedan elegir el que consideren más justo.

De esta manera, el sistema anarco-capitalista podría evitar la concentración de poder y garantizar que la justicia y el arbitraje se mantengan imparciales y sin abusos, resolviendo las preocupaciones planteadas por quienes temen un sistema de "ley del más fuerte".

82 Habria desigualdad extrema en el Anarco capitalismo?

Este argumento contra el anarco-capitalismo se basa en el temor de que, sin una estructura gubernamental, los más ricos se queden con todo, mientras que los más pobres no tengan acceso a recursos esenciales. Para abordar este desafío, podemos resaltar cómo las **sociedades de ayuda mutua** y **la descentralización** del poder en un sistema anarco-capitalista pueden actuar como mecanismos clave para reducir la desigualdad y garantizar que nadie quede atrás.

Solución Propuesta: Sociedades de Ayuda Mutua y Descentralización

1. Sociedades de Ayuda Mutua: Las sociedades de ayuda mutua serían una de las piedras angulares del anarco-capitalismo para reducir la desigualdad extrema. En un sistema sin un estado centralizado, las comunidades podrían organizarse en redes de apoyo donde sus miembros contribuyan voluntariamente al bienestar común.

- **Acceso a servicios básicos**: Las personas que no tienen los medios para acceder a servicios básicos como salud, educación o vivienda podrían recibir ayuda de estas sociedades. Estas organizaciones funcionarían como redes de solidaridad, donde la comunidad apoya a sus miembros más necesitados sin la intervención del estado.
- **Redes de ayuda a través de Internet**: El acceso a Internet facilitaría enormemente la organización de estas sociedades, permitiendo que personas de diferentes regiones se conecten y se ayuden mutuamente. Plataformas digitales podrían facilitar la creación de estas redes, garantizando que los recursos estén disponibles para quienes los necesiten de forma transparente y eficiente.

2. Eliminación de la Desigualdad Social y Estereotipos: En un sistema anarco-capitalista, las empresas serían libres de crear sus propios contratos y políticas, lo que eliminaría la intervención estatal en la distribución de empleos y oportunidades. Sin embargo, esto también puede dar lugar a empresas que promuevan reglas discriminatorias o prejuiciosas, como las que establecen estándares de apariencia física o roles de género estrictos para ciertos oficios.

Para evitar este tipo de desigualdad, las **sociedades de ayuda mutua** y las **comunidades libres** podrían tomar medidas para presionar a las empresas a actuar de manera ética:

- **Reputación y Competencia**: En un mercado libre, las empresas tendrían un fuerte incentivo para mantener una **buena reputación**. Si una empresa empezara a imponer reglas machistas o discriminatorias, podría perder clientes rápidamente, ya que las personas optarían por empresas más inclusivas. La **competencia en el mercado** y la transparencia en las prácticas laborales pueden reducir estas desigualdades.
- **Presión Comunitaria**: Las sociedades de ayuda mutua o grupos locales podrían presionar a las empresas para que respeten principios de igualdad y equidad. Si una empresa actúa de manera discriminatoria, la comunidad podría organizase y promover boicots o la creación de nuevas empresas que sigan principios de no discriminación.

3. Igualdad de Oportunidades: En este sistema, las empresas no podrían imponer reglas arbitrarias sobre la apariencia física de sus empleados sin perder clientes. En lugar de tener leyes que impongan la igualdad, las empresas mismas se verían obligadas a reconocer la necesidad de mantener la diversidad y ofrecer igualdad de oportunidades a todas las personas, sin importar su género, raza, orientación sexual o apariencia.

En resumen, las sociedades de ayuda mutua pueden actuar como redes de soporte para las personas en situación de vulnerabilidad, mientras que la competencia y la presión social pueden ayudar a evitar que empresas discriminatorias prevalezcan. Este enfoque descentralizado y voluntario promovería un entorno más igualitario que el que puede existir bajo los sistemas de estado actual, donde las leyes no siempre protegen a los más desfavorecidos.

83 Explotacion labural en el Anarco Capitalismo

La explotación laboral es una preocupación legítima cuando se habla del **anarco-capitalismo**, debido a la falta de regulaciones impuestas por el estado. Sin embargo, es importante destacar que en un sistema anarco-capitalista, las **comunidades y mercados** pueden generar sus propias soluciones para prevenir la explotación y garantizar condiciones laborales justas. A continuación, se presentan algunos puntos clave sobre cómo se podrían evitar estas problemáticas:

1. Acuerdos Voluntarios y Flexibilidad Horaria

En un sistema anarco-capitalista, el principio de **acuerdos voluntarios** es fundamental. Esto implica que tanto empleadores como empleados acuerden las condiciones laborales de manera libre y consensuada. Para evitar la explotación, las comunidades y empresas podrían adoptar prácticas como:

- **Límites de jornada laboral**: Las comunidades podrían establecer acuerdos informales o incluso normativas no coercitivas dentro del mercado para asegurarse de que los empleadores no puedan obligar a los trabajadores a trabajar más de un cierto número de horas diarias, como 8 horas. Las **sociedades de ayuda mutua** también podrían desempeñar un papel clave aquí, promoviendo la equidad entre empleadores y empleados.
- **Elección de horarios y días laborales**: En lugar de imponer horarios rígidos, se podría permitir a los empleados elegir cuándo trabajar y cuántos

días a la semana. Esto no solo sería beneficioso para los empleados, quienes tendrían más control sobre su tiempo, sino también para las empresas, que podrían atraer a una mayor cantidad de empleados con horarios más flexibles.

2. Sistemas de Arbitraje y Reputación

La **reputación** sería un factor clave en un mercado anarco-capitalista. Si un empleador tiene malas prácticas laborales o abusa de sus trabajadores, podría enfrentar la **deserción masiva de empleados** y perder su reputación en el mercado. Las plataformas descentralizadas podrían ayudar a crear un sistema de **calificación** donde los empleados compartan sus experiencias con empleadores, lo que fomentaría a las empresas a mantener buenas prácticas laborales para atraer y retener talento.

En caso de disputas laborales, los trabajadores podrían recurrir a **sistemas de arbitraje privado**. Estos sistemas permitirían que las partes involucradas en un conflicto laboral encuentren una resolución a través de mediadores neutrales. Las organizaciones privadas de arbitraje serían clave para resolver estos problemas de manera eficiente, evitando que los empleadores tengan el poder absoluto.

3. Economía Descentralizada y Diversificación de Oportunidades

En un sistema anarco-capitalista, las empresas serían libres de operar sin las restricciones del estado, lo que fomentaría una **gran diversidad de oportunidades laborales**. La **descentralización del poder económico** permitiría a los trabajadores elegir entre múltiples opciones laborales, eliminando el monopolio de empleo que puede existir en sistemas estatales.

Las comunidades podrían tomar decisiones colectivas para incentivar la creación de **nuevas oportunidades laborales**, promoviendo la competencia y la equidad en el mercado. De este modo, incluso en ausencia de un estado, las empresas tendrían que adaptarse para ofrecer mejores condiciones laborales para atraer trabajadores, mientras que los empleados tendrían mayor poder de negociación gracias a la **diversificación** de oportunidades en el mercado.

4. Protección a través de Sociedades de Ayuda Mutua

Finalmente, las **sociedades de ayuda mutua** jugarían un rol crucial en la protección de los trabajadores más vulnerables. Estas organizaciones, basadas en principios voluntarios y comunitarios, podrían ofrecer **apoyo a los trabajadores** que no pueden encontrar empleo adecuado o que se enfrentan a condiciones de trabajo injustas. Además, la **conciencia social** de las comunidades podría ayudar a identificar y corregir los casos de abuso laboral, garantizando que las empresas operen de manera ética.

En resumen, el **anarco-capitalismo** no necesariamente llevaría a la explotación laboral. Al contrario, la combinación de **acuerdos voluntarios**, **competencia en el mercado**, **reputación empresarial** y **sociedades de ayuda mutua** puede crear un entorno donde las condiciones laborales sean justas y equitativas. Si bien la ausencia de un estado puede generar incertidumbre en algunos aspectos, las comunidades y los mercados pueden encontrar soluciones viables y eficaces para garantizar que los derechos de los trabajadores sean respetados.

La **inteligencia artificial (IA)** podría desempeñar un papel fundamental en la **reducción de la explotación laboral**, especialmente en sectores como las **fábricas** y los **hospitales**, donde el trabajo humano es intensivo y, a menudo, agotador. A continuación se exponen varios puntos clave de cómo la IA podría ayudar a mejorar las condiciones laborales y reducir la explotación en estos sectores:

1. Automatización de Tareas Repetitivas y Físicamente Exigentes

En muchas fábricas y en algunos hospitales, los trabajadores realizan tareas **repetitivas** y **físicamente exigentes**, que pueden ser agotadoras y, a largo plazo, causarles problemas de salud. La **automatización** mediante IA puede eliminar o reducir la necesidad de intervención humana en estas tareas, lo que no solo mejora la **eficiencia**, sino que también reduce el **estrés** y la **fatiga** que los empleados experimentan.

Por ejemplo:

- En **fábricas**, los robots y las máquinas automatizadas pueden llevar a cabo actividades como la **producción en línea**, el **ensamblaje** de piezas o el **embalaje**, lo que libera a los empleados de trabajos repetitivos y pesados.
- En **hospitales**, la IA puede ayudar a **automatizar la administración de medicamentos**, el **monitoreo de pacientes** mediante dispositivos inteligentes o la **gestión de registros médicos**, reduciendo la carga de trabajo que recae sobre los profesionales de la salud.

Esto permitiría que los trabajadores se centren en tareas de mayor valor y menor carga física, lo cual **mejora su bienestar** y **reduce la explotación**.

2. Mejora de la Eficiencia y Reducción de Horarios Laborales

La IA también podría **optimizar los procesos de trabajo** y **aumentar la eficiencia** en muchos sectores, lo que llevaría a la reducción de la **jornada laboral** sin que la productividad se vea afectada. Esto puede generar un ambiente en el que los trabajadores no necesiten realizar turnos largos o extenuantes, lo cual es común en fábricas o incluso en hospitales de turno nocturno.

Por ejemplo:

- En un **hospital**, la IA puede ayudar a predecir las **necesidades de atención** de los pacientes y asignar recursos de manera más eficiente, lo que puede reducir la sobrecarga de trabajo de los médicos y enfermeras.
- En una **fábrica**, la IA puede optimizar las líneas de producción, haciendo que el trabajo sea más fluido y menos demandante, lo que permitiría a los empleados descansar más o reducir sus horas de trabajo, sin impactar la producción.

De esta forma, la **IA puede promover un equilibrio** entre la **eficiencia** y el **bienestar laboral**, contribuyendo a la reducción de la explotación.

3. Reducción de Errores Humanos y Mejora en la Calidad de Trabajo

La IA tiene la capacidad de **minimizar los errores humanos**, que a menudo pueden generar **cargas adicionales** de trabajo para los empleados. En un entorno laboral donde los errores repetidos pueden llevar a mayores exigencias sobre los empleados o, incluso, a consecuencias peligrosas, la **IA puede servir como una herramienta de apoyo** que mejore la **precisión** y la **seguridad**.

En **hospitales**, por ejemplo, la IA puede ayudar a realizar diagnósticos más rápidos y precisos, reduciendo la **presión** sobre los médicos y permitiéndoles dedicar más tiempo a interactuar con los pacientes en lugar de hacer tareas administrativas o de diagnóstico repetitivas. Esto puede **disminuir el riesgo de agotamiento** y hacer que los médicos y enfermeras puedan disfrutar de un **entorno de trabajo más saludable**.

En las **fábricas**, la IA puede monitorear continuamente las máquinas y los procesos de producción, asegurándose de que los empleados no tengan que intervenir para corregir fallos, lo que a menudo ocurre en fábricas donde los trabajadores tienen que hacerse cargo de problemas en las máquinas.

4. Fomentar Condiciones de Trabajo Más Humanas

Al automatizar las tareas más duras y repetitivas, la **IA permitiría a los trabajadores involucrarse en tareas de mayor creatividad** y **valor intelectual**, lo que no solo mejora la calidad del trabajo, sino que también les brinda una **mayor satisfacción laboral**. Esto también podría cambiar el enfoque de las relaciones laborales, promoviendo una cultura donde los trabajadores ya no se ven como simples engranajes en una máquina, sino como personas cuyo bienestar es prioritario.

Además, la IA podría contribuir a una **distribución más equitativa del trabajo**, ya que los empleadores serían menos propensos a explotar a los trabajadores para obtener resultados, sabiendo que las máquinas y sistemas automatizados pueden hacer parte del trabajo. Esto puede **reducir la desigualdad** y **mejorar la calidad de vida** de los empleados.

5. Promoción de la Salud y Seguridad en el Trabajo

La IA también podría ser un aliado importante en la **seguridad laboral**. Por ejemplo, los sistemas de IA pueden detectar condiciones peligrosas en las fábricas o monitorear la salud de los empleados en hospitales, alertando en tiempo real sobre posibles riesgos de seguridad, fallos en las máquinas o incluso signos de agotamiento físico o mental en los trabajadores.

En sectores como la minería, la construcción o la **manufactura**, donde los accidentes son comunes, la IA podría utilizarse para predecir **riesgos laborales** y prevenir accidentes, lo que disminuiría la **explotación** al garantizar un **ambiente de trabajo más seguro**.

Conclusión

La IA, si se utiliza de manera ética y responsable, tiene el potencial de transformar los sectores laborales, especialmente en las **fábricas** y **hospitales**, de maneras que reduzcan la **explotación laboral**. Al permitir la **automatización de tareas repetitivas y peligrosas**, optimizar la **gestión de recursos**, mejorar la **eficiencia** y reducir la **carga de trabajo** de los empleados, la IA puede crear un entorno en el que los trabajadores tengan más control sobre sus horarios, condiciones de trabajo y, en última instancia, sobre su bienestar.

En un sistema anarco-capitalista, donde la **voluntariedad y la competencia** son pilares, la introducción de IA también podría empoderar a las comunidades y empresas para tomar decisiones que favorezcan a los trabajadores, fomentando un mercado laboral más justo, eficiente y humano.

84 La educacion seria obligatoria antes de trabajar ?

En un sistema **anarco-capitalista**, el concepto de **educación obligatoria** tal como lo conocemos hoy en día, es decir, un sistema estandarizado que requiere a todos los individuos tener diplomas de estudios formales como un título de 4to año o grados similares, **no existiría** de la misma manera. En un **mercado voluntario y sin intervención estatal**, la educación sería **descentralizada**, **flexible** y principalmente **dependiente de las decisiones individuales** y de las **comunidades** o **empresas** que estén involucradas en la enseñanza y el aprendizaje.

1. Educación No Obligatoria, Voluntaria y Personalizada

En un sistema anarco-capitalista, no habría una **autoridad central** que imponga un currículo estándar ni que obligue a las personas a asistir a la escuela hasta un determinado nivel. Esto significa que la educación sería **voluntaria** y **personalizada**, donde cada persona podría decidir cuánto y qué aprender según sus intereses y objetivos.

- **Escuelas privadas** o **programas de formación** podrían surgir, y las personas elegirían cuál se adapta mejor a sus necesidades.
- **Empresas** que requieran ciertas habilidades específicas para emplear a alguien podrían **ofrecer formación especializada**, y los empleados podrían acceder a ella si desean calificar para esos trabajos. Por ejemplo, si alguien desea trabajar en una tecnología avanzada, podría buscar un programa educativo que se enfoque en ese campo.

2. Valoración de Habilidades Prácticas sobre Certificados

En un sistema anarco-capitalista, las **habilidades reales y prácticas** serían mucho más importantes que un **diploma académico**. Los empleadores y empresas no necesariamente exigirían un título formal como el de 4to año, sino que se enfocarían en la **capacidad de la persona para realizar un trabajo específico**. Por ejemplo:

- **Desarrolladores de software** podrían ser contratados basándose en sus **habilidades de programación**, en lugar de su título universitario.
- **Carpinteros**, **mecánicos** u otros trabajadores calificados serían evaluados por su **experiencia y habilidades prácticas** más que por sus estudios académicos formales.

Las personas con habilidades comprobadas, incluso si no tienen diplomas formales, podrían tener oportunidades de empleo igual o incluso más valoradas que aquellos con títulos tradicionales.

3. Acceso a la Educación a Través del Mercado

En un entorno sin un sistema estatal de educación, la oferta educativa estaría gobernada por el mercado. Las personas que desean aprender podrían acceder a **cursos, tutoriales, y plataformas educativas** en línea que se ajusten a sus intereses. Además:

- Las **empresas privadas** que operen en un sector determinado podrían ofrecer **programas de capacitación** para asegurarse de que sus empleados estén bien capacitados y adaptados a las necesidades del mercado.
- **Mentores** o **coaches** también podrían jugar un papel fundamental, brindando educación personalizada y consejos prácticos sobre cómo acceder a trabajos específicos.

En resumen, el acceso a la educación estaría **abierto**, competitivo y diversificado, sin la necesidad de un diploma formal de "4to año" como un requisito exclusivo.

4. El Rol de las Sociedades de Ayuda Mutua y Redes Comunitarias

Las **sociedades de ayuda mutua** o **redes comunitarias** serían importantes en un sistema anarco-capitalista para ofrecer recursos educativos y entrenamiento. En estas comunidades, las personas podrían ofrecerse mutuamente su conocimiento y experiencia, sin la necesidad de un sistema escolar obligatorio.

- **Intercambio de habilidades**: Las personas con experiencia en áreas específicas podrían enseñar a otras dentro de la comunidad, creando un **entorno colaborativo**.
- Las **redes sociales** y **comunitarias** facilitarían la formación y el acceso al aprendizaje, ya que la educación se basaría en la necesidad y la voluntad de las personas, no en la obligación del estado.

5. La Posibilidad de la Competencia en el Mercado Laboral

Aunque no sería obligatorio estudiar en un sistema educativo estatal, los **empleadores privados** podrían implementar **estándares internos** para contratar empleados. Estos estándares podrían incluir evaluaciones de habilidades, experiencia laboral o formación académica si así lo desean. La diferencia sería que no se establecería un monopolio estatal de la educación, sino que se ofrecerían **múltiples alternativas** para acceder a la formación.

Además, en lugar de exigir un **título de 4to año**, las empresas podrían basarse en:

- **Demostraciones de habilidades**, como proyectos realizados o **trabajos previos**.
- **Pruebas de competencia** que los aspirantes a empleados podrían tomar para demostrar sus capacidades.
- **Certificaciones privadas**, otorgadas por instituciones educativas no estatales, que certifiquen que alguien tiene las habilidades necesarias para un empleo en particular.

6. Oportunidades de Educación Diversificadas

A lo largo de la vida, las personas podrían tener acceso a diferentes tipos de **educación y capacitación** que se ajusten a su tiempo y su interés, sin depender de un sistema único y obligatorio. Al no haber un sistema de educación estatal, las personas también podrían obtener educación más centrada en el **desarrollo personal**, **creatividad** y en el aprendizaje de habilidades que **realmente les interesen**.

Conclusión

En un sistema **anarco-capitalista**, la educación no sería **obligatoria** ni estandarizada, sino completamente **voluntaria** y **personalizada**. Las personas tendrían la **libertad de decidir** qué aprender, cómo aprenderlo y cuándo hacerlo. La **competencia** en el mercado laboral se centraría más en las **habilidades reales** de los individuos, y no tanto en los **títulos académicos**.

Esto fomentaría un sistema en el que cada persona tiene el **control sobre su propio aprendizaje y su futuro laboral**, permitiendo una sociedad más **diversa**, **flexible** y **adaptable** a las necesidades cambiantes del mercado y de los individuos.

85 Como se beneficia el sector alimenticio.

En un sistema **anarco-capitalista**, la **agricultura** y la **producción de carne o huevos** podrían beneficiarse significativamente debido a la **descentralización**, la **competencia** y la **innovación** impulsadas por el mercado. Al eliminarse la intervención estatal, se podrían resolver varios problemas que actualmente afectan a estos sectores, promoviendo la **eficiencia**, la **sostenibilidad** y el **bienestar de los animales** en maneras que se ajusten a las preferencias y valores de las personas.

Aquí te explico algunos de los beneficios que este sistema podría traer al sector agrícola y de producción animal:

1. Competencia y Eficiencia

Al eliminarse las regulaciones impuestas por el estado, como subsidios, impuestos excesivos y regulaciones restrictivas, los agricultores y productores de carne o huevos se verían impulsados a competir entre sí. Esta **competencia** fomentaría:

- **Precios más bajos**: Al no haber barreras de entrada o regulaciones onerosas, más productores podrían entrar al mercado, lo que incrementaría la oferta y reduciría los precios.
- **Mejores prácticas**: Los productores estarían motivados a adoptar **prácticas más eficientes** y **tecnologías innovadoras** para reducir costos y mejorar la calidad de sus productos, lo que beneficiaría tanto a los consumidores como a los productores.
- **Innovación**: Con la competencia como motor principal, los sectores agrícola y ganadero se verían impulsados a buscar **nuevas tecnologías** que mejoren la producción, la sostenibilidad y el bienestar animal, como el uso de **sistemas agrícolas verticales**, la **agricultura regenerativa** y la **biotecnología**.

2. Agricultura Sostenible

El **anarco-capitalismo** fomenta la propiedad privada, lo que significa que los agricultores serían responsables de sus tierras y recursos. Este sistema podría incentivar prácticas agrícolas **sostenibles** de varias maneras:

- **Propiedad privada y responsabilidad**: Los agricultores tendrían un **incentivo directo** para cuidar y preservar el valor a largo plazo de sus tierras. A diferencia de la propiedad estatal o comunal, donde los recursos a menudo se gestionan de manera ineficiente, los dueños privados tienen

un interés personal en mantener sus tierras saludables para futuras generaciones.
- **Diversidad de métodos agrícolas**: Sin regulaciones estatales que favorezcan ciertos métodos de cultivo o producción, los agricultores podrían experimentar con técnicas innovadoras, como la **agricultura regenerativa** o la **agricultura de precisión**, que promueven la salud del suelo y la reducción de químicos sintéticos.
- **Menor desperdicio**: La competencia también fomentaría que los agricultores y ganaderos busquen métodos más eficientes de manejo de recursos, lo que reduciría el desperdicio de alimentos y agua, y promovería la **sostenibilidad**.

3. Mejor Bienestar Animal

En un sistema donde el **mercado libre** es el principal regulador, la preocupación por el **bienestar animal** podría ser abordada de manera más eficaz a través de la **demanda de los consumidores** y la **responsabilidad del productor**:

- **Opciones más éticas**: Los consumidores podrían elegir productos provenientes de **granjas libres de crueldad** o **ganadería regenerativa**, lo que impulsaría a los productores a adoptar métodos más humanitarios y éticos para la cría y el sacrificio de animales. Empresas que prioricen el bienestar animal podrían destacarse y atraer a un segmento de mercado creciente que valora los productos **humanitarios y éticos**.
- **Certificaciones voluntarias**: En lugar de depender de regulaciones gubernamentales, podrían surgir **certificaciones privadas** de bienestar animal, emitidas por organizaciones independientes que supervisen y verifiquen las condiciones en las que se crían los animales. Estas certificaciones podrían ser un valor añadido para los productos, atrayendo a consumidores dispuestos a pagar más por productos de **alta calidad** y **buen trato animal**.
- **Transparencia**: Sin la intervención del estado, los consumidores tendrían acceso a **información directa** sobre las prácticas de los productores, lo que permitiría tomar decisiones informadas y promovería prácticas responsables.

4. Eliminación de Subsidios y Monopolios Estatales

Actualmente, muchos sectores agrícolas y ganaderos reciben **subsidios estatales** que distorsionan el mercado y favorecen a grandes corporaciones sobre pequeños productores. En un sistema anarco-capitalista:

- **Eliminación de subsidios estatales**: Los agricultores y ganaderos tendrían que competir en un **mercado libre**, sin apoyo financiero del estado. Esto eliminaría las distorsiones creadas por subsidios, lo que permitiría que los productores eficientes y sostenibles prosperen.
- **Descentralización de la producción**: La falta de grandes regulaciones o incentivos gubernamentales podría permitir la creación de **mercados locales** de productos agrícolas, lo que reduciría las grandes corporaciones agroindustriales y permitiría que los pequeños productores puedan competir con igualdad de condiciones. Además, la **descentralización** beneficiaría la **seguridad alimentaria** local, haciendo que las comunidades sean más autosuficientes.

5. Desarrollo de Nuevas Tecnologías

En un sistema anarco-capitalista, las empresas tendrían incentivos mucho más fuertes para invertir en la **investigación y desarrollo** de nuevas tecnologías que mejoren la producción agrícola y ganadera. Esto podría incluir:

- **Agricultura vertical**: Utilizando menos tierra y agua, la agricultura vertical permitiría cultivar más alimentos en áreas urbanas o regiones con menos recursos agrícolas, lo que aumentaría la eficiencia y la sostenibilidad.
- **Biotecnología y alimentos cultivados en laboratorio**: En el sector de la carne, las **tecnologías de carne cultivada en laboratorio** podrían reducir la necesidad de cría masiva de animales, evitando problemas de bienestar animal y reduciendo el impacto ambiental de la ganadería.
- **Agricultura de precisión**: El uso de **sensores, drones y análisis de datos** en la agricultura permitiría a los agricultores optimizar el uso de recursos, reducir el desperdicio y maximizar el rendimiento de sus cultivos.

6. Reducción de la Burocracia

En un sistema **anarco-capitalista**, al eliminarse la burocracia estatal, los agricultores y ganaderos podrían operar sin las **trabas administrativas** que actualmente afectan su productividad. Esto podría incluir:

- **Menos regulaciones**: Sin regulaciones estatales y licencias costosas, los productores podrían **empezar rápidamente** y responder con agilidad a las demandas del mercado.
- **Contratos directos**: Los contratos entre productores y consumidores, o entre empresas y sus proveedores, serían **voluntarios** y personalizados, lo que reduciría la intervención del gobierno y permitiría una mayor flexibilidad.

Conclusión

El **anarco-capitalismo** podría beneficiar enormemente al sector de la **agricultura** y la **producción de carne o huevos** al promover la **competencia**, la **innovación**, la **sostenibilidad** y el **bienestar animal**. Sin las restricciones y regulaciones del estado, el mercado libre podría incentivar mejores prácticas, **reducir costos** y **fomentar la autosuficiencia local**. Las sociedades podrían avanzar hacia modelos más eficientes y responsables, adaptándose a las necesidades de las personas y respetando sus valores éticos.

86 Ya no habria poder para elites.

En un sistema **anarco-capitalista**, la **descentralización** del poder y la **competencia** abrirían las puertas a una **explosión de innovación** en varios campos, incluyendo la **salud**, la **producción de energía** y la **producción de alimentos**. La desaparición de las **élites gobernantes** y su control sobre las políticas públicas permitiría que el **mercado libre** se encargara de asignar recursos de manera más eficiente, lo que generaría **nuevas oportunidades** para aquellos que antes no tenían acceso a ellas. A continuación, se exponen algunos de los beneficios más destacados de cómo las élites perderían poder en un sistema anarco-capitalista, favoreciendo avances en estos sectores:

1. Descentralización del poder y redistribución de recursos

En un sistema anarco-capitalista, las élites tradicionales perderían el control sobre los recursos, lo que permitiría una **redistribución más equitativa** de los mismos. Al desaparecer las **grandes corporaciones financiadas por el estado** y los **grupos de poder político**, se abriría un campo más amplio para que pequeños emprendedores e innovadores pudieran competir, sin las barreras impuestas por los grandes monopolios que actualmente dominan estos sectores.

- **Descentralización de la innovación**: Con la desaparición de las barreras impuestas por las élites, más personas tendrían acceso a los recursos necesarios para innovar. Sin la intervención de los gobiernos, las personas con ideas frescas y proyectos innovadores podrían encontrar financiamiento, respaldo y clientes directamente a través de empresas privadas o mecanismos de **crowdfunding**.
- **Mayor diversidad de ideas**: La eliminación de las élites que monopolizan el acceso a la financiación significaría que la **innovación** no estaría limitada a unos pocos actores. Los pequeños empresarios, científicos e inventores tendrían la oportunidad de desarrollarse, lo que abriría la puerta a ideas disruptivas que podrían mejorar significativamente sectores clave como la salud, la energía y la alimentación.

2. Avances en la salud

La **descentralización** del poder también favorecería una revolución en el sector de la **salud**, ya que sin la interferencia estatal ni el control de los grandes monopolios farmacéuticos, podrían surgir alternativas **más asequibles**, **personalizadas** y **eficaces**.

- **Competencia en el sector de la salud**: La competencia entre múltiples proveedores de servicios de salud permitiría que los precios se **redujeran**, y que los servicios ofrecidos fueran más **adaptados** a las necesidades específicas de los pacientes. No habría monopolios que controlen las opciones disponibles, sino que cada individuo podría buscar el tipo de tratamiento o atención médica que considere más apropiado.
- **Medicina personalizada**: Los avances en **medicina personalizada** y tecnologías emergentes como la **medicina genética** o el **CRISPR**

(edición de genes) podrían acelerar sin las restricciones impuestas por gobiernos. En lugar de tener que cumplir con procesos largos y burocráticos de aprobación, los innovadores en salud podrían probar, adaptar y poner en práctica nuevos tratamientos y tecnologías de forma mucho más ágil.

- **Tecnologías de salud accesibles**: La **descentralización** permitiría la creación de **startups de salud** que ofrezcan opciones innovadoras, como **diagnósticos rápidos a través de aplicaciones móviles**, **telemedicina**, **biotecnología de bajo costo** y otras soluciones que harían más accesible la salud para personas en lugares remotos o de bajos recursos.

3. Producción de energía

La industria energética es otro campo en el que la desaparición de las élites podría generar grandes avances. Actualmente, las grandes corporaciones energéticas y los gobiernos controlan gran parte del sector, lo que limita la adopción de fuentes de energía **renovables** y **sostenibles**.

- **Energía descentralizada**: En un sistema anarco-capitalista, la **producción de energía** podría ser descentralizada, lo que permitiría a las personas y pequeñas empresas generar y vender su propia **energía renovable** (como solar, eólica, hidroeléctrica, entre otras). Sin la interferencia de gobiernos y corporaciones masivas, las personas tendrían un incentivo directo para utilizar tecnologías innovadoras y eficientes que pueden reducir sus costos energéticos y generar energía de manera más ecológica.
- **Nuevas formas de energía**: La competencia entre pequeñas empresas de energía, impulsadas por el mercado, podría fomentar el desarrollo de nuevas formas de **energía limpia**. Sin los subsidios estatales a grandes empresas petroleras, más recursos podrían destinarse a la **investigación de fuentes de energía alternativas**, como la **fusión nuclear**, **tecnologías de baterías más eficientes** o **energía geotérmica**.
- **Reducción de la contaminación**: Al ser el mercado el principal regulador, las empresas que no sean **sostenibles** o que no adopten prácticas **ecológicas** serían gradualmente desplazadas por aquellas que innoven en términos de eficiencia y cuidado del medio ambiente. La

competencia impulsaría un avance mucho más rápido en tecnologías que beneficien al planeta.

4. Producción de alimentos

La **descentralización** de la producción de alimentos también podría tener efectos revolucionarios en términos de eficiencia, sostenibilidad y **bienestar animal**. En un sistema anarco-capitalista, la competencia y la innovación permitirían:

- **Innovación en la producción alimentaria**: Al desaparecer los subsidios y monopolios, los productores de alimentos tendrían más incentivos para **innovar** y buscar nuevas formas de aumentar la producción de alimentos sin comprometer la calidad. Esto podría incluir la adopción de **tecnologías agrícolas avanzadas**, como los **cultivos verticales**, la **agricultura regenerativa**, y el uso de **tecnologías inteligentes** que optimicen el uso de recursos como el agua y los fertilizantes.
- **Alternativas a la carne convencional**: Empresas en el ámbito de la **carne cultivada en laboratorio** y la **proteína vegetal** podrían prosperar al no tener que lidiar con barreras burocráticas y políticas. Esto no solo traería una mayor disponibilidad de **productos más sostenibles**, sino que también podría aliviar la presión sobre el bienestar animal y reducir el impacto ambiental de la ganadería intensiva.
- **Reducción de desperdicios**: La competencia por **productos frescos** y **sostenibles** incentivaría a los productores a adoptar tecnologías que **reduzcan el desperdicio de alimentos**, como el **almacenaje inteligente** y **sistemas de distribución más eficientes**.

5. Apertura a nuevos inventos e innovación

Finalmente, al eliminarse las **élites** que controlan la **investigación** y el **desarrollo** a través de subsidios gubernamentales y monopolios, surgiría un entorno más **abierto** y **competitivo** donde las ideas frescas podrían prosperar. Los **nuevos inventos** serían el producto de la creatividad y la competencia entre individuos y empresas, lo que aceleraría el progreso en todos estos sectores:

- **Más incentivos para emprendedores**: Con el control de los recursos y las oportunidades de negocio en manos de los individuos, los emprendedores e inventores se verían motivados a **buscar soluciones innovadoras** que respondan directamente a las necesidades de la sociedad.
- **Progreso más rápido**: Sin las barreras impuestas por intereses de élites o gobiernos, el progreso en áreas clave como la salud, la energía y la agricultura sería mucho más rápido y directo.

Conclusión

En un sistema **anarco-capitalista**, la desaparición de las **élites gobernantes** y corporativas daría paso a una mayor **competencia, innovación** y **descentralización** de recursos. Esto no solo crearía nuevas oportunidades de negocio, sino que también aceleraría el desarrollo de **tecnologías emergentes** en sectores clave como la **salud**, la **energía** y la **alimentación**, lo que podría generar un **avance social y económico** mucho más rápido y eficiente que el que se puede alcanzar bajo el control centralizado de las élites.

87 Beneficios para hospitales y la salud.

En un sistema **anarco-capitalista**, los **hospitales** y el **sector salud** en general experimentarían una serie de beneficios derivados de la **descentralización**, la **competencia** y la **innovación**. A continuación, se destacan algunos de los beneficios clave que podrían ocurrir para los hospitales en un entorno anarco-capitalista:

1. Mayor Competencia y Mejora de la Calidad del Servicio

La **competencia libre** entre hospitales y proveedores de atención médica incentivaría a cada establecimiento a mejorar la calidad de sus servicios para atraer pacientes. Sin un sistema de salud centralizado o controlado por el gobierno, los hospitales competirían directamente entre sí en términos de precios, calidad de atención, innovación y accesibilidad.

- **Atención personalizada**: Los hospitales tendrían un incentivo para proporcionar una atención más **personalizada** y adaptada a las

necesidades específicas de cada paciente, mejorando la satisfacción y los resultados de salud.
- **Innovación constante**: Para mantenerse competitivos, los hospitales tendrían que adoptar las últimas tecnologías y prácticas médicas, desde **equipos de diagnóstico avanzados** hasta tratamientos innovadores. Los avances en la **medicina personalizada** y la **telemedicina** serían más fáciles de implementar debido a la **flexibilidad** del mercado.

2. Reducción de Costos

La competencia entre hospitales haría que los **costos de atención médica** se redujeran, ya que los proveedores de servicios de salud tendrían que competir no solo en calidad, sino también en **precios accesibles** para atraer pacientes.

- **Precios más bajos para los pacientes**: Sin el control gubernamental y los grandes costos asociados a los sistemas de salud centralizados, los hospitales tendrían mayor libertad para **ajustar precios** de acuerdo con la oferta y la demanda. Esto podría resultar en **servicios médicos más asequibles** para la mayoría de las personas.
- **Mayor eficiencia**: La falta de burocracia y regulaciones estatales innecesarias permitiría que los hospitales se centren en la **gestión eficiente** de los recursos. Esto podría incluir la **optimización de procesos internos** y la eliminación de **desperdicios**, lo que redundaría en una mayor eficiencia operativa.

3. Mayor Acceso a la Salud

La descentralización del sistema de salud haría que los **servicios médicos** estuvieran más fácilmente disponibles y accesibles para la población, especialmente en áreas rurales o desatendidas por los sistemas de salud tradicionales.

- **Red de hospitales más amplia**: Las barreras para abrir nuevos hospitales se reducirían, lo que permitiría que más **emprendedores** y **organizaciones sin fines de lucro** establecieran instalaciones médicas en diversas regiones. Esto resultaría en **más opciones** para las personas que necesitan atención.

- **Telemedicina y atención a distancia**: La competencia por ofrecer servicios de salud accesibles también llevaría a la proliferación de **tecnologías de telemedicina** que permitirían a los pacientes recibir atención médica sin tener que desplazarse a un hospital, lo que sería especialmente útil en comunidades rurales o para personas con movilidad reducida.

4. Innovación y Tecnología Médica

El entorno libre de burocracia y con incentivos para la **innovación** aceleraría el desarrollo y la adopción de nuevas **tecnologías médicas**, desde **diagnóstico por imágenes avanzados** hasta **tratamientos genéticos**.

- **Acceso a tecnologías de vanguardia**: Los hospitales que deseen sobresalir en el mercado tendrían que invertir en las últimas **tecnologías médicas** para mantener su ventaja competitiva. Esto permitiría a los pacientes tener acceso a **tratamientos de última generación** que podrían mejorar significativamente los resultados médicos.
- **Medicina de precisión**: El desarrollo de tratamientos personalizados según las características genéticas de cada paciente, una tendencia creciente en la medicina moderna, sería impulsado por la competencia entre hospitales y proveedores de atención. Los hospitales podrían colaborar con empresas tecnológicas para ofrecer soluciones de salud altamente especializadas y personalizadas.

5. Mayor Incentivo a la Prevención

En un sistema donde los hospitales compiten por atraer pacientes, los incentivos para reducir el número de **pacientes crónicos** o de **emergencias graves** serían mayores. Esto impulsaría una mayor inversión en programas de **prevención** de enfermedades y en la promoción de hábitos saludables.

- **Programas de bienestar y prevención**: Los hospitales estarían motivados a ofrecer programas preventivos eficaces (como vacunación, chequeos periódicos y programas de educación para la salud) para evitar que los pacientes sufran enfermedades graves. Esto no solo mejoraría la salud pública, sino que también reduciría los costos operativos a largo plazo.

- **Colaboraciones con empresas de salud preventiva**: El sector privado y los hospitales podrían colaborar con empresas especializadas en salud preventiva, creando **nuevos modelos de atención médica** que no solo traten enfermedades, sino que trabajen para evitar que surjan en primer lugar.

6. Mejor Calidad de Vida para los Trabajadores de la Salud

La competencia también tendría un impacto positivo en los profesionales de la salud, ya que los hospitales se verían obligados a ofrecer mejores **condiciones laborales** para atraer y retener a los mejores talentos.

- **Condiciones de trabajo más atractivas**: Los hospitales que ofrezcan **horarios flexibles**, **sueldos competitivos** y **beneficios adicionales** atraerían a médicos, enfermeras y personal médico de alta calidad. Además, los hospitales estarían más enfocados en mejorar el **bienestar del personal**, lo que redundaría en una mejor atención para los pacientes.
- **Innovación en la formación médica**: La competencia también incentivaría a los hospitales a invertir en la formación y el **desarrollo profesional** de su personal médico, lo que elevaría el nivel de competencia y calidad de los servicios de salud.

7. Mayor Transparencia y Confianza

La competencia también traería consigo una mayor **transparencia** en cuanto a los precios y la calidad de los servicios. Los hospitales tendrían que ser más **claros y abiertos** sobre los costos y los resultados de los tratamientos para atraer pacientes.

- **Opiniones de pacientes**: Los hospitales serían impulsados a **mejorar su reputación** en función de la calidad de la atención que brindan. Las reseñas de los pacientes y las calificaciones en línea jugarían un papel crucial en atraer a nuevos pacientes, lo que incentivaría a los hospitales a ofrecer un **servicio de calidad**.
- **Sistema de precios más accesible**: Los pacientes podrían comparar precios entre diferentes hospitales y elegir el que mejor se adapte a sus necesidades y presupuesto. Esto promovería una mayor **transparencia**

en los costos de atención médica, eliminando los costos ocultos y la complejidad asociada con los sistemas de salud centralizados.

Conclusión

En un sistema **anarco-capitalista**, los hospitales experimentarían una transformación positiva gracias a la **competencia**, la **descentralización** y la **innovación**. La calidad de la atención médica mejoraría debido a los incentivos para ofrecer servicios más accesibles, personalizados y tecnológicos, mientras que los costos se reducirían y los trabajadores de la salud tendrían mejores condiciones laborales. Además, las nuevas tecnologías médicas, como la **medicina personalizada** y la **telemedicina**, podrían expandirse rápidamente, beneficiando a todos los pacientes y haciendo de los hospitales un lugar de cuidado **más eficiente y justo**.

88 Beneficios para la industria musical.

1. Mayor Diversidad de Opciones para los Artistas

La descentralización en un sistema anarco-capitalista permitiría una mayor **diversidad** en la industria musical. En lugar de depender de grandes corporaciones discográficas, los artistas podrían **independizarse** y **autoproducirse**, lo que les daría más libertad para experimentar con nuevos estilos y géneros sin la presión de las tendencias comerciales o las expectativas impuestas por las disqueras.

- **Autoproducción y plataformas de distribución**: Los músicos podrían usar plataformas como **Bandcamp**, **Spotify**, o **SoundCloud** para distribuir su música directamente a los oyentes, sin necesidad de un contrato discográfico que los limite. Esto les daría mayor control sobre sus ingresos y sobre su carrera.
- **Control sobre la música y la imagen**: Los artistas tendrían el poder de decidir cómo quieren que se presente su música y cómo desean relacionarse con sus fans, sin los filtros o interferencias de grandes compañías.

2. Mayor Acceso a Recursos para los Artistas Talentosos

En un sistema sin control estatal, la competencia por ofrecer los mejores servicios podría beneficiar a los músicos, ya que la industria de la música podría estar más **descentralizada** y abierta a la **innovación**. Los músicos talentosos tendrían más oportunidades para ser apoyados de manera más efectiva.

- **Sistemas de financiamiento descentralizados**: Las plataformas de **crowdfunding** y las sociedades de **ayuda mutua** podrían proporcionar a los artistas recursos para grabar y distribuir su música sin necesidad de depender de contratos discográficos.
- **Inversión privada**: Los músicos talentosos podrían recibir **inversión privada** de individuos o grupos que compartan su visión artística, lo que aumentaría las oportunidades de éxito para los músicos verdaderamente talentosos que no tienen el respaldo de grandes empresas.

3. Mayor Transparencia en las Regalías y Pagos

En un sistema de libre mercado, donde la competencia entre empresas sería la norma, los artistas tendrían **mayor control sobre sus regalías** y el dinero que ganan por sus canciones. Las compañías de música y distribución estarían más **motivadas a ser transparentes** con los pagos para mantenerse competitivas.

- **Pago directo al artista**: Las plataformas de distribución y las empresas de promoción no tendrían tanto poder de intermediarios, lo que permitiría que el dinero llegue directamente a los músicos. Esto se traduciría en **mayores ingresos para los artistas**, especialmente aquellos con talento real.
- **Modelos de pago basados en contratos justos**: Las leyes y acuerdos serían negociados directamente entre los músicos y las plataformas de distribución, lo que permitiría a los artistas obtener un **porcentaje mayor de sus ganancias** sin la necesidad de pasar por intermediarios que se quedan con grandes porcentajes.

4. Eliminación de la Estigmatización de los Artistas Comerciales

Un beneficio importante para los músicos con verdadero talento es que un sistema anarco-capitalista eliminaría la **concentración de poder en la**

industria que actualmente favorece a ciertos artistas populares, incluso si su talento no es genuino.

- **Más espacio para el talento genuino**: En un sistema libre, la competencia no estaría basada únicamente en el dinero, lo que permitiría a los músicos con habilidades reales, como la capacidad de tocar instrumentos, componer y cantar, destacar en un mercado sin ser eclipsados por artistas de menor habilidad técnica pero mayor poder de marketing.
- **Oportunidades para todos**: Los artistas con verdadero talento podrían encontrar su público sin ser bloqueados por el poder de las grandes corporaciones, que a menudo priorizan la imagen o el marketing por encima de las habilidades musicales.

5. Desarrollo de Nuevas Formas de Promoción

Los músicos talentosos, especialmente los que tocan instrumentos y tienen habilidades genuinas, tendrían la oportunidad de encontrar formas más **autónomas** y creativas de promocionarse. En lugar de depender de los medios tradicionales, podrían utilizar tecnologías más avanzadas y medios de comunicación alternativos para atraer a sus audiencias.

- **Redes sociales y contenido audiovisual**: Los músicos pueden aprovechar plataformas de video como **YouTube** o **TikTok** para mostrar su talento en vivo o compartir grabaciones sin tener que pasar por las barreras de las grandes disqueras.
- **Giras independientes**: Sin la necesidad de depender de una compañía discográfica para organizar giras, los artistas podrían **organizar sus propios conciertos** y presentar su música en lugares más pequeños o más alternativos, creando una conexión más auténtica con su audiencia.

6. Expansión del Mercado Musical

En un sistema anarco-capitalista, donde las empresas y los artistas pueden **operar libremente**, el mercado musical se ampliaría a nivel mundial. Esto se traduciría en más **oportunidades de colaboración**, **composición** y **exposición** a diferentes públicos, lo que beneficiaría a los músicos talentosos.

- **Acceso a mercados internacionales**: Los artistas tendrían la capacidad de llegar a audiencias de diferentes países sin restricciones impuestas por las grandes corporaciones o el gobierno. Esto abriría un abanico de posibilidades para el talento musical que no está limitado por la geografía o las restricciones gubernamentales.
- **Composición y colaboración libre**: Los músicos podrían colaborar libremente con otros artistas de diferentes géneros, estilos y países, lo que promovería la innovación y la fusión de nuevos sonidos.

7. Fomento de Nuevas Escuelas y Cursos Musicales

En un entorno sin restricciones estatales, los músicos talentosos podrían también crear **escuelas de música alternativas**, donde el enfoque estuviera en el aprendizaje profundo de los instrumentos y las técnicas musicales, en lugar de la formación enfocada a los negocios o la fama.

- **Escuelas de música independientes**: Los músicos podrían crear programas educativos sin necesidad de pasar por los trámites burocráticos que los sistemas educativos tradicionales exigen. Esto fomentaría la creación de escuelas especializadas en enseñar música **profunda** y **técnica** a aquellos que realmente desean perfeccionar sus habilidades.
- **Acceso a educación musical**: Los músicos que deseen aprender más sobre su arte tendrían acceso a **recursos educativos** más accesibles a través de **plataformas en línea**, sin estar limitados por el sistema educativo convencional.

Conclusión

El sistema **anarco-capitalista** podría **beneficiar enormemente** a la **industria musical**, especialmente a aquellos artistas con verdadero talento en lugar de aquellos que simplemente se benefician de la fama o el marketing. La descentralización, la competencia, la eliminación de la burocracia y la apertura a nuevas formas de promoción permitirían que los músicos auténticos se destaquen, mejoren sus condiciones laborales y encuentren su público sin las restricciones que actualmente existen en la industria.

89 La Historia de Ethan: De la Búsqueda de Pertenencia a la Realidad del Autoritarismo

En una ciudad de **Reino Unido**, un joven llamado **Ethan** se sentía perdido. A los 17 años, el sistema parecía no ofrecerle más que frustración y una constante sensación de alienación. El gobierno, con sus políticas y promesas rotas, no lograba darle respuestas satisfactorias a las preguntas que surgían en su mente. **La sociedad parecía desmoronarse** ante sus ojos, y las voces que se oponían a todo lo que no parecía funcionar comenzaban a ganar más terreno.

Un día, mientras navegaba en internet, Ethan descubrió un grupo de jóvenes que compartían sus quejas. Este grupo hablaba abiertamente de **rechazar el sistema**, de eliminar lo que ellos veían como "debilidades" de la sociedad, promoviendo un orden más **firme y controlado**. Estos jóvenes, con una ideología **fascista**, parecían tener las respuestas que Ethan tanto buscaba.

Atraído por el deseo de pertenecer a algo más grande que él mismo, **Ethan se unió al grupo**. Comenzó a asistir a sus protestas, donde se alzaba la voz contra el gobierno y la estructura actual. Las reuniones del grupo, cargadas de ideales y promesas de cambio, ofrecieron a Ethan un sentido de comunidad. Finalmente sentía que alguien lo entendía.

Pero las cosas cambiaron rápidamente cuando el grupo, ganando popularidad, logró **alcanzar el poder**. Fue entonces cuando todo lo que inicialmente parecía una lucha por la **libertad** comenzó a desmoronarse. El grupo eligió a un líder, uno con una visión estricta y autoritaria, que comenzó a imponer reglas y controles cada vez más severos sobre la vida de todos.

La **libertad individual** comenzó a desvanecerse. La palabra "libertad" dejó de tener el mismo significado. En su lugar, la **obediencia** y la **conformidad** se volvieron las normas. Aquellos que no se ajustaban a la nueva visión eran perseguidos, y las diferencias eran tratadas como una amenaza al orden establecido. Las protestas que antes eran de lucha por un cambio, se convirtieron en protestas para **aplastar** cualquier forma de disidencia.

Ethan, atrapado en este nuevo régimen, comenzó a darse cuenta de la **terrible contradicción** de lo que había apoyado. Lo que al principio parecía una causa noble se transformó en un régimen oscuro, violento, y opresivo, donde aquellos que pensaban diferente eran **eliminados** sin piedad. El joven que quería un cambio, ahora veía con horror cómo su sueño se había convertido en una pesadilla autoritaria.

La Lección: Ideologías Extremistas y la Falta de Libertades

Esta historia de Ethan ilustra cómo los **jóvenes** pueden ser fácilmente **atraídos** por ideologías extremistas cuando se sienten frustrados con el sistema que los rodea. Sin embargo, esta búsqueda de un propósito o un sentido de pertenencia puede llevarlos por un camino oscuro, donde **las libertades individuales** y **los derechos humanos** son violados en nombre de un "bien común" distorsionado.

Lo que comienza como un deseo legítimo de cambio y pertenencia puede terminar en un régimen de **opresión**, y es fundamental que los jóvenes comprendan que el apoyo ciego a ideologías extremas puede tener consecuencias devastadoras para su futuro y el de su sociedad. La **libertad**, el **respeto por las diferencias** y la **tolerancia** son esenciales para una sociedad realmente justa y equilibrada.

Es importante que, en lugar de buscar respuestas en ideologías de **odio** y **violencia**, se fomenten movimientos que promuevan el **diálogo**, la **empatía** y la **comprensión** mutua, sin caer en la trampa de las promesas vacías de aquellos que desean imponer su visión del mundo a través de la **fuerza**.

90 Como Funcionarian los aeropuetos ?

En un sistema **anarco-capitalista**, los aeropuertos y las aerolíneas funcionarían de manera bastante diferente a como lo hacen bajo un sistema estatal. Aquí te explico cómo podrían operar estos aspectos clave:

1. Aeropuertos:

- **Propiedad privada y gestión descentralizada:** Los aeropuertos serían propiedad privada, gestionados por empresas o asociaciones privadas. Como ocurre con otros servicios en el anarco-capitalismo, la competencia entre diferentes compañías de aeropuertos podría impulsar mejores servicios, tarifas más bajas y mayor eficiencia.

- **Regulaciones voluntarias y acuerdos contractuales:** En lugar de tener un conjunto de reglas impuestas por un gobierno central, los aeropuertos y aerolíneas establecerían acuerdos contractuales y regulaciones basadas en el mercado y la competencia. Los clientes podrían elegir qué aeropuertos usar según las condiciones de seguridad, servicios y precios ofrecidos. Las empresas también podrían formar asociaciones para garantizar ciertos estándares, como la seguridad.
- **Incentivos para la seguridad:** Las compañías privadas de aeropuertos serían responsables de garantizar la seguridad de sus instalaciones para atraer a más clientes. La competencia por ofrecer los mejores servicios de seguridad podría resultar en sistemas de seguridad más avanzados y eficaces. Además, se podrían contratar **empresas de seguridad privadas** especializadas, que utilizarían tecnologías avanzadas para asegurar que las instalaciones sean seguras sin que haya un control excesivo del estado.

2. Aerolíneas:

- **Competencia y estándares de calidad:** Al no existir un organismo estatal que regule las aerolíneas, las empresas compitirían entre ellas para ofrecer el mejor servicio. Esto implicaría no solo precios competitivos, sino también un enfoque en la calidad y la seguridad, ya que los clientes elegirían las aerolíneas que se perciben como las más confiables. Las aerolíneas también podrían ofrecer diferentes tipos de servicios según las preferencias del cliente (por ejemplo, vuelos de lujo, vuelos económicos, vuelos rápidos, etc.).
- **Seguridad y medidas preventivas:** Las aerolíneas en un sistema anarco-capitalista adoptarían medidas de seguridad basadas en la competencia y las necesidades del cliente. Empresas de seguridad privada especializadas podrían ofrecer servicios de seguridad, incluyendo la inspección de equipaje y la verificación de pasajeros antes de los vuelos. Los protocolos de seguridad serían ajustados según la confianza que los clientes tengan en las compañías de seguridad.
- **Monitoreo y protección de datos:** En cuanto a la privacidad, las aerolíneas podrían adoptar medidas adicionales para proteger los datos personales de los pasajeros. Ya que las aerolíneas competirían por atraer a

clientes, sería en su interés proteger la información privada para garantizar la confianza del consumidor.

3. Medidas de seguridad:

- **Competencia entre empresas de seguridad:** Sin un estado que imponga reglas, las empresas privadas de seguridad ofrecerían sus propios servicios en los aeropuertos y vuelos. Esto podría incluir tecnología de punta, como escáneres avanzados, sistemas biométricos, y controles de seguridad de vanguardia. Dado que las aerolíneas y los aeropuertos competirían por brindar la mejor seguridad, se incentive la innovación.
- **Seguridad basada en el cliente:** En este sistema, la seguridad no sería impuesta arbitrariamente. Las aerolíneas y los aeropuertos que no ofrezcan niveles adecuados de seguridad perderían clientes, por lo que tendrían un fuerte incentivo para mejorar y mantener altos estándares. Los pasajeros, a su vez, podrían elegir aerolíneas y aeropuertos que consideren más seguros, lo que estimularía a las empresas a ofrecer servicios de calidad.
- **Privacidad y seguridad de los pasajeros:** Dado que en un sistema anarco-capitalista no habría un gobierno central que gestione la privacidad de los ciudadanos, las aerolíneas y empresas de seguridad competirían en el manejo y protección de la información personal de los pasajeros. Las empresas podrían adoptar sistemas de encriptación y otras tecnologías para proteger la privacidad de los viajeros.

4. Posibles riesgos y cómo mitigarlos:

- **Monopolios:** Para evitar que una sola aerolínea o aeropuerto se convierta en un monopolio que abuse de su poder, podría haber asociaciones de empresas que trabajen juntas para mantener la competencia. Por ejemplo, una red de aerolíneas podría ofrecer acceso a diferentes aeropuertos y rutas, y las asociaciones de empresas de seguridad podrían garantizar que ningún actor dominante en el mercado pueda manipular el sistema.
- **Violencia o piratería aérea:** Para evitar que las empresas privadas se conviertan en objetivos de piratas aéreos o para prevenir violencia dentro de los aviones, las aerolíneas y los aeropuertos ofrecerían sistemas de seguridad de alta calidad. Además, los pasajeros podrían ser informados

sobre qué aerolíneas tienen los mejores registros de seguridad, lo que también pondría presión en las empresas para ser responsables.
- **Accesibilidad económica:** En un sistema anarco-capitalista, la competencia en el mercado podría permitir que las aerolíneas ofrezcan precios más bajos. Si bien algunos vuelos de lujo serían muy costosos, las aerolíneas de bajo costo podrían prosperar. Además, los avances en la tecnología y la infraestructura, impulsados por la competencia, podrían hacer que los viajes aéreos sean más accesibles para las personas.

Conclusión:

En el anarco-capitalismo, los aeropuertos, aviones y medidas de seguridad funcionarían a través de la **competencia privada**. Las empresas serían responsables de garantizar la seguridad y el bienestar de los pasajeros, pero se beneficiarían de hacer que estos servicios sean más eficientes, efectivos y confiables. Las aerolíneas y los aeropuertos competirían entre sí por los pasajeros, lo que llevaría a la mejora constante en la calidad y la seguridad. La clave estaría en que la **competencia impulsaría la innovación** y la mejora constante en estos sectores, haciendo que el sistema sea **más eficiente y justo** para los consumidores.

91 Como Funcionarian los cruceros ?

En un sistema **anarco-capitalista**, el funcionamiento de los barcos, cruceros y otros tipos de transporte marítimo seguiría principios similares a los de los aeropuertos y aerolíneas, pero con algunas particularidades que dependen de las necesidades y condiciones del transporte marítimo. Aquí te explico cómo funcionarían estos servicios en un sistema sin un gobierno central.

1. Propiedad y Gestión Privada:

- **Propiedad de puertos y barcos:** Los puertos y barcos serían propiedad privada. Diferentes empresas privadas gestionarían y operarían tanto los puertos (donde los barcos atracan) como las embarcaciones que transportan personas o mercancías. Al igual que con otros sectores en el anarco-capitalismo, la competencia entre estas empresas podría mejorar los servicios, reducir costos y aumentar la eficiencia.

- **Diversificación de servicios:** Las empresas privadas ofrecerían distintos tipos de transporte marítimo. Algunos barcos serían de lujo (como los cruceros), mientras que otros serían más económicos o especializados en transporte de mercancías. La competencia incentivaría a las empresas a ofrecer precios atractivos y servicios que satisfagan las necesidades de los consumidores.

2. Regulaciones y Seguridad:

- **Seguridad privada y acuerdos contractuales:** En lugar de un sistema estatal de regulación, los puertos y barcos operarían con estándares de seguridad establecidos por las propias empresas o mediante acuerdos de las asociaciones de transportistas. Las empresas de seguridad privadas se encargarían de garantizar la seguridad de los puertos y las embarcaciones, y serían contratadas para ofrecer sistemas de seguridad avanzados (por ejemplo, inspecciones de carga, seguridad a bordo, etc.). Dado que las empresas competirí-an entre sí, se incentivaría la innovación para mantener altos estándares de seguridad.
- **Arbitraje y resolución de disputas:** En el anarco-capitalismo, si surgiera algún conflicto o incidente en el mar (por ejemplo, un accidente en un puerto o una disputa entre dos embarcaciones), las partes involucradas podrían recurrir a empresas privadas de arbitraje, que resolverían las disputas de forma eficiente. Las compañías podrían incluso suscribir contratos de seguros privados para protegerse de posibles incidentes.
- **Competencia por calidad de servicio:** Los cruceros y otros servicios de transporte marítimo dependerían de la reputación de las empresas. Si una empresa tiene un mal historial en cuanto a seguridad o trato a los pasajeros, perdería clientes rápidamente. Las compañías, por lo tanto, tendrían fuertes incentivos para mantener altos niveles de seguridad.

3. Precios y Accesibilidad:

- **Precios competitivos:** Sin un gobierno que imponga tarifas, las empresas privadas de barcos y cruceros competirían para ofrecer precios atractivos. Los costos del transporte marítimo podrían ser más bajos debido a la competencia entre las empresas, lo que beneficiaría tanto a los consumidores como a las empresas en términos de eficiencia.

- **Opciones de lujo y bajo costo:** Al igual que en el sector aéreo, habría opciones para diferentes presupuestos. Las empresas de cruceros de lujo ofrecerían servicios exclusivos (por ejemplo, restaurantes gourmet, spas, entretenimiento de alta calidad), mientras que otras podrían ofrecer viajes más accesibles con servicios básicos.
- **Accesibilidad a la tecnología:** Las empresas también podrían hacer uso de tecnologías avanzadas, tanto para la comodidad de los pasajeros (como sistemas de navegación de última generación, entretenimiento en el barco, etc.) como para garantizar la seguridad en los viajes (por ejemplo, sistemas de comunicación de emergencia, monitoreo de condiciones meteorológicas en tiempo real, etc.).

4. Impacto del Internet y Conectividad:

- **Reserva y promoción:** Gracias al internet, los usuarios podrían comparar precios de diferentes compañías de cruceros o transporte marítimo. Las empresas promoverían sus servicios en línea, y los consumidores podrían elegir el mejor servicio según sus preferencias. Esto fomentaría la transparencia en cuanto a precios, calidad del servicio y seguridad.
- **Accesibilidad en la información:** También, el acceso a información en línea sobre las rutas marítimas, las condiciones climáticas y las opciones de transporte podría mejorar la eficiencia del sector. Los pasajeros podrían tener toda la información que necesitan para tomar decisiones bien informadas, desde la seguridad de la embarcación hasta la reputación de la empresa operadora.

5. Solución de Problemas y Riesgos:

- **Piratería y robos en el mar:** En cuanto a la seguridad, el riesgo de piratería o robos podría mitigarse mediante compañías privadas de seguridad marítima que operen con estrictos protocolos para proteger tanto a los barcos como a los pasajeros. Además, las empresas podrían asegurar sus barcos con contratos privados de seguros, que cubrirían tanto los daños materiales como la compensación a los pasajeros.
- **Regulación de las condiciones laborales:** En los barcos de pasajeros y en las industrias relacionadas con el transporte marítimo, los empleados

(tripulación, personal de mantenimiento, etc.) podrían trabajar bajo acuerdos contractuales que aseguren condiciones laborales justas. Las condiciones laborales se negociarían entre los empleados y los empleadores, con incentivos para que ambas partes lleguen a acuerdos mutuamente beneficiosos. Las empresas también competirían para ofrecer condiciones de trabajo atractivas, lo que podría reducir la explotación laboral.
- **Condiciones meteorológicas y emergencias:** Las empresas de transporte marítimo estarían incentivadas a invertir en tecnologías avanzadas para monitorear el clima y mejorar la preparación ante emergencias. La seguridad de los pasajeros y la tripulación sería un factor fundamental para mantener una buena reputación y atraer a más clientes.

6. Ingresos y Beneficios Sociales:

- **Impacto en la economía local:** Los puertos privados podrían generar empleos y riqueza para las áreas circundantes. Las comunidades cercanas a estos puertos también podrían beneficiarse de la presencia de compañías privadas que operan el transporte marítimo, ya que crearían oportunidades para negocios locales (hoteles, restaurantes, servicios turísticos, etc.).
- **Reducción de la burocracia:** Al eliminarse las regulaciones estatales, el sistema podría ser más eficiente en términos de tiempos de espera y procesos administrativos. Las empresas privadas tomarían decisiones rápidas y eficaces basadas en el mercado.

7. Posibles riesgos y medidas preventivas:

- **Monopolios:** Al igual que con otros sectores, existiría el riesgo de que una sola empresa controle un puerto o ruta clave. Para evitar esto, las empresas podrían formar asociaciones o alianzas estratégicas para garantizar que ningún actor monopolice una región o servicio en particular.
- **Accidentes y desastres marítimos:** A pesar de la competencia y la eficiencia, podrían ocurrir accidentes o desastres. Sin embargo, las empresas tendrían un fuerte incentivo para mejorar sus tecnologías y procesos para reducir estos riesgos, así como para manejar de manera adecuada los incidentes cuando ocurran.

Conclusión:

En el anarco-capitalismo, los barcos, cruceros y el transporte marítimo funcionarían mediante **empresas privadas** que operan en un mercado competitivo. La competencia incentivaría a las empresas a ofrecer servicios de alta calidad, precios accesibles y medidas de seguridad eficaces. Los consumidores podrían elegir entre diferentes opciones de acuerdo a sus necesidades y presupuesto, mientras que las empresas se enfocarían en mantener altos estándares para ganar y retener clientes. La seguridad, la eficiencia y la accesibilidad se gestionarían a través de acuerdos contractuales y empresas especializadas, asegurando que tanto los pasajeros como las mercancías lleguen a su destino de manera segura y confiable.

92 En un sistema **anarco-capitalista**, la protección de los animales no sería gestionada por un gobierno central, sino que dependería de las iniciativas de individuos, empresas y organizaciones privadas. El enfoque hacia los derechos de los animales y su protección se basaría en **principios de propiedad privada, contratos voluntarios y asociaciones mutuas**. Aquí te detallo cómo funcionaría:

1. Protección de animales a través de la propiedad privada:

- **Propiedad privada de los animales:** En un sistema anarco-capitalista, los animales, al igual que cualquier otra propiedad, serían gestionados por sus propietarios. Si una persona tiene un animal, se espera que lo trate de manera ética, respetando su bienestar y evitando cualquier forma de maltrato, ya que eso podría afectar su reputación y dañar su capacidad para comerciar o interactuar con otros.
- **Incentivo de reputación y mercado:** Las empresas o individuos que no respeten el bienestar de los animales corren el riesgo de perder su reputación en el mercado, lo que afectaría negativamente sus ingresos y oportunidades de negocio. Las empresas que crían animales para la producción (ganadería, avicultura, etc.) también tendrían un fuerte incentivo económico para mantener prácticas éticas en el trato de los animales, ya que un mal trato podría resultar en una disminución de la demanda y, por lo tanto, en pérdidas económicas.

2. Sociedad de ayuda mutua y organizaciones de derechos de los animales:

- **Sociedades de ayuda mutua:** Las **sociedades de ayuda mutua** pueden ser fundamentales en la protección de los animales. En un sistema anarco-capitalista, las personas pueden unirse voluntariamente a organizaciones que promuevan la protección animal, creando fondos o servicios dedicados a rescatar, rehabilitar o educar a las personas sobre el trato ético de los animales. Esto también incluye la protección de animales en peligro de extinción, el control de la sobrepoblación animal y la educación sobre la adopción responsable de mascotas.
- **Organizaciones de bienestar animal:** Al igual que las organizaciones no lucrativas hoy en día, en un sistema anarco-capitalista, existirían muchas **organizaciones privadas** y **fundaciones** enfocadas en la protección de los animales. Estas organizaciones funcionarían a través de donaciones voluntarias o suscripciones, y ofrecerían servicios como rescate de animales, educación pública y campañas de sensibilización. Además, podrían implementar campañas para presionar a las empresas para que adopten prácticas más éticas.

3. Acuerdos contractuales y estándares éticos:

- **Contratos y normas privadas:** Las empresas que interactúan con animales, como granjas, zoológicos, laboratorios de investigación, o circos, tendrían que seguir acuerdos contractuales que garanticen el bienestar de los animales, ya que cualquier violación podría llevar a la pérdida de contratos, clientes o reputación. Las normas sobre el trato de los animales podrían ser definidas por asociaciones voluntarias o incluso por las preferencias del mercado. Si una empresa maltrata a sus animales, es probable que los consumidores y otras empresas rechacen sus productos o servicios, presionando para que mejore sus prácticas.
- **Garantías contractuales de bienestar:** Los dueños de animales y empresas involucradas en la industria animal podrían establecer acuerdos que incluyan cláusulas sobre la protección y bienestar de los animales. De esta manera, las prácticas de maltrato serían penalizadas por el mercado, ya que el incumplimiento de estos acuerdos podría afectar la relación comercial y la reputación de la empresa.

4. Conciencia y educación social:

- **Educación pública y redes sociales:** En un sistema anarco-capitalista, **el internet y las redes sociales** jugarían un papel crucial en aumentar la conciencia sobre la protección animal. Las organizaciones privadas de bienestar animal, activistas y comunidades en línea podrían movilizarse rápidamente para exponer malas prácticas y presionar a las empresas para que mejoren sus estándares. Las campañas de sensibilización serían más eficaces, ya que no estarían restringidas por una burocracia estatal.
- **Responsabilidad social empresarial:** Las empresas que no adoptaran buenas prácticas con respecto a los animales podrían enfrentar presión pública y boicots. De hecho, muchas compañías se verían obligadas a adoptar estándares éticos elevados, no solo para evitar la crítica pública, sino también porque las **consumidoras** cada vez valoran más el trato ético a los animales, lo que influiría directamente en las decisiones de compra.

5. Defensa de los derechos de los animales:

- **Defensa legal privada:** Las personas que sean testigos de abuso animal podrían acudir a **abogados privados** o **grupos de derechos de los animales** que ofrezcan protección legal. En lugar de contar con un sistema estatal para imponer leyes contra el maltrato animal, se establecerían mecanismos contractuales y acuerdos privados que garanticen la defensa de los derechos de los animales. Estos mecanismos también incluirían la opción de tomar acciones legales si un individuo o empresa vulnera el bienestar animal.

6. Cría y consumo responsable de animales:

- **Prácticas agrícolas éticas:** En cuanto a la agricultura y la ganadería, las **granjas y empresas de producción de carne** operarían bajo principios de ética de mercado. Los consumidores y las empresas exigirían estándares de bienestar para los animales criados para consumo. El auge de las alternativas como la **carne cultivada en laboratorio** y las **dietas basadas en plantas** podría ofrecer más opciones a los consumidores preocupados por la explotación animal.

- **Innovaciones tecnológicas:** Las empresas innovadoras podrían invertir en tecnologías que **mejoren el trato a los animales**, como sistemas avanzados de monitoreo del bienestar de los animales, y métodos más humanos de sacrificio. Estas innovaciones podrían convertirse en una ventaja competitiva en el mercado, ya que más consumidores optarían por productos provenientes de empresas que adoptan estas prácticas éticas.

7. Controversia sobre la naturaleza de los derechos de los animales:

- **Diferencias filosóficas:** Un aspecto importante a considerar es que, en un sistema anarco-capitalista, no hay consenso general sobre los **derechos de los animales**. Algunas personas pueden ver a los animales como propiedad y no como seres con derechos inherentes, mientras que otras pueden considerarlos sujetos de derechos. La forma en que se gestionan estas situaciones dependerá de la visión ética de cada individuo o comunidad, pero los mercados reaccionarán a las demandas de los consumidores, lo que probablemente resultará en una mayor protección para los animales, especialmente si los consumidores priorizan el bienestar animal en sus decisiones de compra.

Conclusión:

En un sistema **anarco-capitalista**, la protección de los animales dependería de la acción voluntaria de individuos, empresas y organizaciones privadas. Sin una autoridad central que imponga leyes sobre el trato a los animales, la protección de los animales sería garantizada por **acuerdos contractuales**, **competencia en el mercado**, **sociedades de ayuda mutua** y **organizaciones voluntarias**. Las empresas que maltraten a los animales perderían clientes y reputación, incentivando prácticas más éticas. La **educación** y la **conciencia pública** jugarían un papel crucial para fomentar el bienestar animal, mientras que la **tecnología y la innovación** podrían ofrecer soluciones más humanas y responsables para el tratamiento de los animales.

93 Opinión sobre la Castración o Esterilización de los Animales:

En un sistema anarco-capitalista, el respeto por la propiedad privada, la libertad individual y el bienestar de los seres vivos es esencial. Como parte de este respeto, me opongo firmemente a la castración o esterilización de los animales por varias razones que considero fundamentales.

1. No es tu cuerpo, no es tu decisión:
En primer lugar, los animales, al igual que las personas, tienen un derecho sobre su propio cuerpo. La intervención para eliminar sus capacidades reproductivas no es una decisión que debería tomar nadie más que el propio ser en cuestión. La castración o esterilización es una forma de **coacción** que vulnera el derecho fundamental de un ser vivo a decidir sobre su cuerpo, y esto va en contra de los principios de libertad que defiende el anarco-capitalismo.

2. Los animales también tienen derecho a reproducirse:
Los animales tienen instintos naturales, y parte de esos instintos es el derecho a reproducirse. Este es un proceso natural que permite la continuidad de las especies. Si bien la sobrepoblación es una preocupación legítima, la solución no pasa por **impedirles a los animales** reproducirse de manera artificial, sino por crear sistemas de control éticos y naturales que no violen sus derechos.

3. Mito de la sobrepoblación de animales:
La idea de que hay una "sobrepoblación" de animales es una falacia que ha sido utilizada para justificar prácticas como la castración masiva. En realidad, **la Tierra tiene suficiente espacio** y recursos para albergar a millones de especies. La sobrepoblación que a menudo se menciona es más una consecuencia de la mala gestión humana y la destrucción de hábitats naturales. Además, los sistemas agrícolas y de cría industrializada pueden generar más presión sobre el equilibrio natural de las especies.

4. La castración o esterilización debe ser considerada un delito:
En mi opinión, la castración o esterilización de animales debería ser considerada un delito, ya que viola los derechos fundamentales de los seres vivos a decidir sobre su cuerpo y su vida. En lugar de aplicar soluciones coercitivas, debemos encontrar formas **voluntarias y éticas** de manejar la población animal, respetando siempre sus derechos naturales. Cualquier intento de intervenir de

manera forzada en la vida de un ser vivo debe ser tratado con la seriedad que merece, y las consecuencias de tales acciones deben incluir sanciones que protejan a los animales.

Conclusión:

Dentro del marco de un sistema anarco-capitalista, el respeto a la propiedad privada, los derechos individuales y la libertad deben extenderse también a los animales. La castración o esterilización forzada no solo es una violación de estos derechos, sino que también es una práctica que no responde a una necesidad real, sino a una falacia sobre la sobrepoblación. Es crucial que busquemos soluciones más éticas y respetuosas para el trato de los animales, basadas en la cooperación y el respeto mutuo, en lugar de imponerles medidas coercitivas que afectan su libertad y bienestar.

94 Crítica al Veganismo en un Sistema Anarco-Capitalista:

El veganismo ha ganado una considerable popularidad en los últimos años, promovido por la idea de que es una forma más "ética" y "sana" de vivir. Sin embargo, la realidad es mucho más compleja de lo que algunos defensores del veganismo creen, y su imposición, ya sea en el caso de niños o animales, es algo que no debería ser permitido, especialmente en un sistema anarco-capitalista.

1. El Veganismo No Siempre es Saludable:

Si bien algunas personas han logrado adaptarse a una dieta vegana y mantienen una salud relativamente buena, el veganismo no es para todos. De hecho, muchas personas que se someten a una dieta exclusivamente vegetal pueden sufrir de **desnutrición** o deficiencias vitamínicas, especialmente de nutrientes esenciales como la vitamina B12, el hierro, el calcio y las proteínas. Estos nutrientes son fundamentales para el funcionamiento del cuerpo humano, y su deficiencia puede llevar a consecuencias graves como **fatiga crónica**, **problemas de huesos**, **anemia**, entre otros problemas de salud.

El veganismo, si no se lleva a cabo de manera rigurosa y balanceada, puede terminar siendo **un suicidio a largo plazo** para muchas personas que no tienen el conocimiento o los recursos para suplementar adecuadamente su dieta. En un sistema anarco-capitalista, donde la **libertad individual** es clave, obligar a otros, especialmente a los niños, a seguir esta dieta sin considerar sus necesidades nutricionales es una violación de sus derechos y bienestar.

2. La Falacia del Veganismo como un "Estilo de Vida Superior":

Uno de los problemas más evidentes con la propagación del veganismo como algo "superior" es la **demonización** de quienes deciden consumir carne. Las personas que eligen una dieta carnívora no son inherentemente malas ni inmorales, como algunos veganos tratan de presentar. De hecho, muchas culturas han dependido de productos animales durante siglos como una fuente principal de nutrientes esenciales. La **cultura y la biología humana** nos han enseñado que la carne no solo es un alimento necesario, sino que es **parte integral** de nuestra evolución.

Promover el veganismo como si fuera el único camino hacia una vida saludable e intachable no solo es reduccionista, sino que también elimina la **pluralidad de opciones** y **derechos individuales**. Cada persona debe tener la **libertad** de decidir qué consumir, y no debería ser obligada a seguir una dieta específica solo por la ideología de otro grupo. En un sistema anarco-capitalista, el respeto por la libertad personal es crucial, y la coerción hacia otras personas, ya sea para comer carne o para evitarla, sería una violación de este principio.

3. El Veganismo Forzado a Niños y Animales:

El problema más grave con el veganismo es cuando se convierte en una imposición sobre **niños y animales** que no pueden tomar decisiones por sí mismos. En un sistema de respeto hacia los derechos individuales, un padre debería tener la libertad de criar a sus hijos de la manera que considere adecuada, pero no debería imponerles dietas que puedan poner en peligro su salud a largo plazo.

Obligar a los niños a seguir una dieta estrictamente vegana sin tener en cuenta sus necesidades nutricionales es una forma de maltrato. Los niños en desarrollo tienen **necesidades nutricionales** específicas que, si no se abordan adecuadamente, pueden llevar a **deficiencias graves** en su crecimiento físico y mental. Del mismo modo, obligar a los animales a seguir dietas veganas que no están adaptadas a su biología es una forma de abuso animal que debe ser condenada.

En el anarco-capitalismo, el bienestar infantil y animal es una prioridad, y cualquier práctica que ponga en peligro la salud o los derechos de estos seres debería ser considerada ilegal. Obligar a un niño o un animal a seguir una dieta vegana sin una justificación médica o ética sería una **violación de sus derechos naturales** y debe ser tratada como tal.

4. La Solución: Libertad y Responsabilidad:

En lugar de imponer dietas estrictas y dogmáticas, lo que se necesita es una **educación** que permita a las personas tomar decisiones informadas sobre su salud y bienestar. Las personas deben tener la **libertad de elegir** qué comer basándose en sus necesidades biológicas, sus creencias personales y sus valores. En lugar de obligar a los demás a seguir una dieta, el enfoque debe ser el respeto por la autonomía de cada individuo, y la creación de un sistema que garantice que la salud de todos se pueda mantener sin coerción.

Conclusión:

El veganismo, aunque pueda ser una opción válida para algunas personas, no es el camino único para todos, y menos aún debe ser impuesto sobre otros. En un sistema anarco-capitalista, **la libertad individual** y el derecho a decidir sobre la propia vida y el propio cuerpo deben ser fundamentales. Obligar a otros a seguir una dieta que podría poner en peligro su salud, ya sea en el caso de los niños o los animales, debe ser considerado inaceptable. Los padres, como cuidadores, tienen la responsabilidad de proporcionar una **dieta equilibrada** y adecuada, y la sociedad debe asegurarse de que esta responsabilidad no sea distorsionada por ideologías que no respetan la autonomía de los individuos.

95 Crítica a la Realeza en un Sistema Anarco-Capitalista:

En muchas monarquías y sistemas aristocráticos, la **realeza** ha jugado un papel crucial en la consolidación del poder, la influencia cultural y, en muchos casos, la perpetuación de ideologías y costumbres que buscan mantener ciertas **tradiciones** y **estructuras sociales**. Estas instituciones se han sustentado en la idea de una élite que, de alguna manera, tiene derecho a mantener su estatus, su poder y su linaje, promoviendo la exclusividad y, en muchos casos, la idea de una "raza pura" o un linaje superior. Sin embargo, en un sistema anarco-capitalista, las **dinastías reales** serían **los menos beneficiados** por su forma de operar.

1. La Perpetuación de una "Raza Pura" sería Incompatible con el Anarco-Capitalismo:

En muchas monarquías y familias reales, uno de los pilares es la idea de **"preservar la pureza de la raza"**, una noción que ha sido utilizada para justificar la exclusividad y el poder de ciertos linajes. Esto se basa en el concepto de que ciertas personas, debido a su origen o sangre, merecen gobernar o estar por encima de otros.

Sin embargo, el **anarco-capitalismo** promueve el **individualismo absoluto** y la **autonomía** de cada persona, sin importar su linaje, etnia o antecedentes familiares. En este sistema, no habría justificación para imponer estructuras de poder basadas en el linaje o la herencia, ya que cada individuo es dueño de su vida y sus decisiones. La idea de un "derecho hereditario" a gobernar o tener más privilegios se vería desmantelada por completo.

Las **familias reales**, que tradicionalmente han mantenido su poder bajo el argumento de una "raza pura" o un linaje superior, tendrían que enfrentarse a una sociedad en la que sus privilegios y su estatus no serían automáticamente válidos, sino que dependerían de su contribución al mercado y a la sociedad, como cualquier otro individuo. Ya no podrían seguir eligiendo quién está dentro de su círculo íntimo o quién forma parte de su "familia real" solo porque cumple con ciertas características raciales o de clase.

2. El Fin de las Tradiciones Extremistas y la Coerción Familiar:

Otro aspecto relacionado con la realeza es la **preservación de tradiciones** extremadamente conservadoras o incluso **opresivas**, que han sido transmitidas de generación en generación. Algunas de estas costumbres incluyen la obligación de que los miembros de la familia real mantengan un comportamiento **estrictamente controlado**, siguiendo reglas y códigos de conducta, y también la obligación de casarse dentro de un círculo específico para preservar el linaje.

En un sistema anarco-capitalista, la **coerción** dentro de una familia, o la obligación de seguir una serie de normas predefinidas por razones puramente tradicionales, simplemente no tendría cabida. En lugar de seguir ciegamente las reglas de una institución o una familia que dicta lo que cada miembro debe hacer, cada persona sería **libre de tomar sus propias decisiones** sobre con quién casarse, qué tradiciones seguir, o incluso si desea continuar con la estructura jerárquica familiar.

Si una familia real quisiera imponer reglas extremas, como la obligación de casarse con una persona de "la misma clase" o con características físicas específicas, esos intentos serían fuertemente criticados y desafiados por una sociedad que valora la **libertad personal** y el **respeto a la autonomía**.

3. La Incompatibilidad de la Monarquía con el Anarco-Capitalismo:

El **anarco-capitalismo**, como sistema político y económico, no tiene lugar para instituciones autoritarias o jerárquicas como la **monarquía**. Este modelo se basa en un mercado libre sin la intervención del Estado o de una clase dirigente que ejerza poder sobre los demás. Por lo tanto, las familias reales perderían sus privilegios, ya que no podrían sostenerse sobre las bases de la **coerción, el linaje o el derecho divino**.

La **realeza** y los sistemas de poder centralizados no tienen cabida en una sociedad en la que el individuo es soberano sobre su propia vida y propiedad. En un sistema donde las personas tienen el control total de sus vidas, las jerarquías basadas en el nacimiento o el estatus serían innecesarias y, de hecho, contraproducentes para una sociedad que valora la **igualdad de oportunidades** y la **competencia justa**.

4. Los Beneficios de una Sociedad Sin Realeza:

En un **anarco-capitalismo**, el papel de las personas en la sociedad se define por su **valor en el mercado** y su **contribución** a la comunidad, no por su estatus heredado. Esto permitiría que cualquier persona, independientemente de su origen o linaje, pudiera alcanzar el éxito según sus habilidades, trabajo y esfuerzos. Las personas con ideas innovadoras, los empresarios, los artistas o cualquier individuo con talento tendrían la oportunidad de **progresar sin las barreras de la nobleza hereditaria**.

La **igualdad** y la **autonomía personal** serían los pilares, donde las estructuras rígidas de poder, como la monarquía, serían reemplazadas por una economía basada en el respeto mutuo, la competencia justa y la colaboración voluntaria entre individuos.

Conclusión:

En un sistema anarco-capitalista, las **familias reales** y la **aristocracia** perderían gran parte de su poder y privilegios, ya que no podrían seguir utilizando la **herencia de poder** ni las **tradiciones extremistas** como base para su estatus. En lugar de ser los **beneficiados**, serían las personas que promuevan el **respeto por la autonomía individual** y el **valor de la competencia** quienes tomarían el protagonismo. Las jerarquías rígidas basadas en linajes o "razas puras" serían reemplazadas por una sociedad que valora la libertad de cada individuo para tomar sus propias decisiones y perseguir sus intereses sin ser limitado por estructuras impuestas desde el nacimiento.

96 Crítica a las Protestas Violentas y su Impacto en Propiedades Privadas y Públicas en un Sistema Anarco-Capitalista

Las protestas pueden ser una forma legítima de manifestar el descontento, sin embargo, muchas veces las **marchas violentas** y las **acciones destructivas** no solo **perjudican a las propiedades privadas** de los ciudadanos, sino que también pueden tener consecuencias mucho más graves en el contexto de un **sistema estatal**. Esto es particularmente relevante cuando se observan protestas que, en lugar de buscar soluciones constructivas, terminan por **dañar**

bienes públicos y privados y generan **mayores cargas económicas** para la sociedad en general.

1. Las Consecuencias de las Protestas Violentas en Propiedades Privadas:

Uno de los aspectos más preocupantes de las **protestas violentas** es el impacto que tienen sobre las **propiedades privadas**. En muchos casos, los participantes de las protestas no sólo buscan expresar sus puntos de vista, sino que destruyen o dañan propiedades de personas que no tienen ninguna relación directa con los temas que se están protestando. Esto incluye la **destrucción de vehículos**, **rompimiento de vitrinas**, y **daños a edificios** y comercios.

En un sistema anarco-capitalista, donde la **propiedad privada** es vista como un derecho fundamental y la base del **orden social**, la violencia contra la propiedad es considerada no sólo un crimen, sino una violación de los principios que permiten que la sociedad funcione de manera organizada. Cualquier acto de vandalismo o daño contra la propiedad privada no solo es injusto para el dueño de esa propiedad, sino que crea un ambiente de **inseguridad** y **desconfianza** que socava la estabilidad social.

2. El Aumento de los Impuestos por Daños a Propiedades Públicas:

Cuando las protestas no se limitan a afectar las propiedades privadas, sino que también destruyen bienes públicos, como edificios gubernamentales, oficinas del Estado o infraestructuras de transporte, las consecuencias son aún más graves. El daño a la propiedad pública no solo afecta a la comunidad en el corto plazo, sino que **aumenta la carga fiscal** para todos los ciudadanos. Los gobiernos, en un intento por reparar estos daños y restaurar el orden, suelen **subir los impuestos**, lo que genera una **mayor carga económica** sobre la población.

En un sistema estatal, este aumento de los impuestos para financiar la reparación de propiedades públicas destruidas por las protestas recae en todos los ciudadanos, incluso aquellos que no estuvieron involucrados en las protestas ni en los daños causados. Esto crea una **desventaja económica** para la población, que termina pagando por los errores y las consecuencias de las acciones de unos pocos.

3. Impacto de la Violencia en la Sociedad:

El hecho de que las protestas violentas busquen imponer un cambio a través de la **destrucción y el caos** genera un **ciclo de violencia** que solo sirve para **polarizar aún más a la sociedad**. Las personas que se ven afectadas por los daños no sólo sufren pérdidas materiales, sino que también se sienten más alejadas de los objetivos que se están promoviendo. Esto se debe a que muchas veces el daño y la violencia desvirtúan el mensaje de la protesta, volviéndolo **ineficaz**.

Además, las **acciones violentas** en una protesta pueden deslegitimar las demandas de los manifestantes. Mientras que el **diálogo y la negociación pacífica** pueden llevar a acuerdos más sostenibles y constructivos, la **violencia solo genera conflicto** y no resuelve el problema central. Las protestas de este tipo pueden terminar siendo contraproducentes, ya que desvían la atención de los temas importantes y afectan negativamente a la opinión pública.

4. Cómo el Anarco-Capitalismo Abordaría Este Problema:

En un sistema **anarco-capitalista**, los **daños a la propiedad privada** no serían tolerados y serían rápidamente solucionados a través de **mecanismos privados de justicia** y **seguridad**. Esto se logra mediante acuerdos entre los individuos, empresas de seguridad y agencias de arbitraje que ayudan a resolver disputas de manera rápida y efectiva. Las personas que dañan propiedades privadas o públicas serían **responsabilizadas directamente**, asegurando que no haya un impacto en la sociedad en general ni en las finanzas públicas. Las víctimas de los daños tendrían acceso a sistemas de arbitraje y compensación que permiten que se reparen los daños sin necesidad de un sistema de impuestos coercitivos.

5. Reemplazo de Protestas Violentas con Soluciones Constructivas:

En lugar de recurrir a la violencia y la destrucción, las personas en un sistema anarco-capitalista podrían **buscar soluciones constructivas** a través de sociedades de ayuda mutua, acuerdos voluntarios y asociaciones privadas. Los individuos que estén descontentos con el estado de las cosas podrían organizarse para formar movimientos que, lejos de destruir, **trabajen por soluciones reales** a los problemas sociales y económicos. Al no depender de un Estado centralizado para lograr cambios, los manifestantes podrían obtener resultados **sin recurrir a la violencia ni afectar a inocentes**.

Conclusión:

Las protestas violentas no solo tienen un impacto negativo en la **propiedad privada** y **pública**, sino que además perpetúan un ciclo de **violencia y desconfianza** que no contribuye a la resolución efectiva de los problemas sociales. En un sistema anarco-capitalista, la **responsabilidad individual** y la **resolución pacífica de disputas** serían esenciales para evitar que la violencia se convierta en una herramienta de cambio. La reparación de los daños causados por protestas violentas sería manejada por mecanismos privados y las personas serían **directamente responsables** de sus acciones, evitando que las consecuencias recaigan sobre aquellos que no tuvieron nada que ver con los hechos. De esta forma, se promovería una sociedad basada en la cooperación, el respeto a la propiedad y la paz, en lugar de la destrucción y el caos.

97 Cómo se Evitaría el "Bullying" en las Escuelas desde la Perspectiva Anarco-Capitalista

En un sistema **anarco-capitalista**, la educación no sería gestionada ni controlada por un Estado centralizado, sino que sería **voluntaria y descentralizada**. Esto significa que los padres y los estudiantes tendrían la libertad de elegir entre diferentes opciones educativas, ya sea **escuelas privadas**, **educación a distancia**, o incluso **home schooling**. La competencia y la **elección individual** jugarían un papel crucial en la mejora de la calidad educativa y en la creación de entornos más respetuosos y seguros.

1. La Libertad de Elección y la Competencia en la Educación:

La **competencia entre instituciones educativas privadas** permitiría que aquellas escuelas que no fomentan un ambiente saludable y respetuoso, en donde se promuevan valores de **tolerancia y respeto mutuo**, simplemente pierdan estudiantes en favor de otras opciones educativas que sí ofrezcan un ambiente adecuado para el desarrollo personal de los estudiantes. En lugar de una única opción educativa centralizada y muchas veces uniforme, los padres podrían elegir escuelas que tengan reglas y enfoques que fomenten el **respeto mutuo** y la **igualdad**.

El **"bullying"** tiende a prosperar cuando existe una falta de control o supervisión adecuada. En un sistema **anarco-capitalista**, las escuelas podrían implementar

códigos de conducta internos y **sistemas de arbitraje privados** que resuelvan disputas de manera rápida y justa. Además, en lugar de depender de un sistema de administración pública que suele ser lento e ineficaz, las escuelas privadas tendrían un **incentivo para mantener entornos seguros y sin violencia** para atraer y retener estudiantes.

2. La Educación a Distancia como Alternativa:

El "bullying" suele ocurrir en entornos donde las dinámicas sociales, la presión de grupo y la falta de supervisión pueden fomentar comportamientos negativos. En un sistema **anarco-capitalista**, la **educación a distancia** se presentaría como una excelente opción para aquellos que prefieren evitar el ambiente escolar tradicional, o que desean un **entorno educativo más personalizado** y libre de posibles abusos.

La **educación a distancia** en este contexto no solo evitaría el contacto físico y directo con agresores, sino que también ofrecería una **mayor flexibilidad** para que los estudiantes puedan estudiar a su propio ritmo y desde la comodidad de su hogar. Esto sería especialmente útil para aquellos que no se sienten cómodos en entornos tradicionales y que prefieren aprender sin las distracciones o presiones sociales que suelen ocurrir en las escuelas físicas.

Además, la **tecnología** y las **plataformas de aprendizaje en línea** permitirían que los estudiantes accedan a una variedad de programas educativos de alta calidad, **sin la necesidad de estar sujetos a los problemas de convivencia social** que a veces generan el bullying. También, esto les ofrecería acceso a una amplia gama de materiales educativos y expertos, sin la intervención o limitaciones de un sistema estatal de educación.

3. Intervención Privada y Mediación de Conflictos:

En el anarco-capitalismo, no existiría un sistema centralizado para lidiar con problemas como el **bullying**. Sin embargo, **agencias privadas de mediación** y **comités de arbitraje** serían responsables de abordar los conflictos. Por ejemplo, si un estudiante es víctima de bullying, él o sus padres podrían recurrir a una **empresa privada de mediación** que se especialice en resolver disputas dentro del entorno escolar.

Estas agencias privadas funcionarían en conjunto con las escuelas para abordar los conflictos de manera rápida, justa y sin la necesidad de intervenciones externas. **Los agresores** serían responsabilizados directamente por sus acciones y podrían ser sancionados con medidas como la **compensación a la víctima**, **expulsión temporal o definitiva**, o la **reubicación en otra escuela** para garantizar que el ambiente sea seguro.

4. Eliminación de la Coerción y Promoción de la Voluntariedad:

El **bullying** también es exacerbado por las estructuras de poder coercitivas presentes en muchos sistemas educativos, donde los estudiantes son **forzados a estar en el mismo espacio** y a **seguir las mismas reglas**. En un sistema **anarco-capitalista**, las escuelas no serían obligatorias, por lo que **los estudiantes no estarían obligados a estar en un ambiente donde no se sienten cómodos**.

Este modelo basado en la **voluntariedad** garantizaría que los estudiantes elijan las instituciones que más se alineen con sus valores, intereses y preferencias, lo que resultaría en una mayor armonía y menores conflictos. Si un estudiante siente que no está siendo tratado con respeto, tendría la libertad de cambiar de escuela, y las escuelas que fomentan un ambiente de respeto y paz serían más atractivas, creando así **un sistema de incentivos** para que se eliminen las dinámicas de bullying.

5. El Papel de los Padres y la Sociedad en la Prevención del Bullying:

Dado que la **educación sería opcional** y basada en elecciones individuales, los padres jugarían un papel fundamental en la prevención del bullying. Los padres serían los primeros en intervenir para garantizar que sus hijos se desarrollen en un entorno respetuoso y sin violencia. Si un estudiante fuera víctima de bullying, los padres podrían **intervenir rápidamente** y buscar soluciones a través de **arbitraje privado** o cambios de escuela.

Además, en este sistema, los valores de **respeto mutuo** y **no agresión** serían promovidos desde una edad temprana a través de **educación privada** y **sociedades de ayuda mutua**, en las que se enseñarían principios de resolución pacífica de conflictos, **autonomía individual** y **responsabilidad social**.

Conclusión:

En el anarco-capitalismo, el **bullying** se reduciría significativamente gracias a la **voluntariedad de la educación**, la **competencia entre escuelas privadas**, la **educación a distancia** y la **responsabilidad individual**. Los estudiantes tendrían más libertad para elegir el entorno educativo que mejor se adapte a sus necesidades y valores, mientras que las escuelas tendrían un **incentivo directo** para crear ambientes seguros y respetuosos, evitando la violencia y el acoso. Los padres jugarían un papel activo en la educación de sus hijos, garantizando que los principios de **respeto y autonomía** sean enseñados desde una edad temprana.

98 Como Funcionaria el mercado de el entretenimiento.

En un sistema **anarco-capitalista**, el mercado de entretenimiento funcionaría de manera muy diferente al modelo actual, especialmente considerando que no existirían **derechos de autor** protegidos por el Estado. En lugar de depender de leyes estatales para proteger la propiedad intelectual, el sistema estaría basado en **acuerdos contractuales** y en el mercado libre. Aquí hay algunas maneras en las que el mercado de entretenimiento podría funcionar en un sistema **anarco-capitalista**:

1. Acuerdos Voluntarios y Contratos Privados

Los creadores de contenido, como músicos, escritores, cineastas y artistas, podrían establecer acuerdos contractuales directamente con los consumidores o empresas para **garantizar que sus obras sean protegidas y remuneradas**. Estos contratos podrían especificar las condiciones bajo las cuales sus obras pueden ser utilizadas, distribuidas o reproducidas.

Por ejemplo:

- Un **músico** podría vender su música directamente a los consumidores a través de plataformas de pago, ofreciendo su trabajo a cambio de un porcentaje de las ganancias generadas.
- Un **cineasta** podría crear una película y ofrecerla exclusivamente en ciertas plataformas que paguen una tarifa por su distribución.

- Los **autores** podrían vender sus libros directamente a sus lectores, sin necesidad de una editorial que regule los derechos de autor.

Beneficio: Los creadores de contenido tendrían más control sobre cómo se distribuyen y monetizan sus obras, sin depender de la **intervención estatal** ni de intermediarios como editoriales o discográficas.

2. Sistemas de Licencias Privadas y Pagos Directos

En lugar de un sistema centralizado de derechos de autor, los creadores de contenido podrían usar **licencias privadas** para determinar cómo sus obras pueden ser utilizadas. Estas licencias podrían especificar las condiciones para la reproducción, distribución o modificación de sus obras.

Ejemplo:

- Un **artista de música** podría permitir que su música sea utilizada de forma gratuita en ciertos contextos (por ejemplo, en un video de YouTube) pero con una **tarifa para usos comerciales** (como en comerciales o películas).
- Un **desarrollador de videojuegos** podría ofrecer licencias de uso para su juego en diferentes plataformas.

Los consumidores o empresas interesadas en utilizar contenido tendrían que **pagar** a los creadores directamente, según los términos acordados.

Beneficio: La competencia entre plataformas y creadores permitiría que los consumidores elijan las opciones que mejor se adapten a sus necesidades, mientras que los creadores recibirían compensación directamente por el uso de su trabajo.

3. Reputación y Mercado Basado en la Confianza

Sin derechos de autor protegidos por el Estado, la **reputación** sería crucial en el mercado de entretenimiento. Los creadores de contenido tendrían que **cultivar** su **reputación** y construir una relación de confianza con su audiencia. Esto se podría lograr a través de la **autenticidad** de su trabajo y el **compromiso con sus fans**.

En este entorno:

- Las **plataformas de distribución** (como redes sociales, servicios de streaming, o sitios web) podrían funcionar como mediadores, permitiendo a los creadores conectarse directamente con su público.
- Los **consumidores** confiarían en la calidad del contenido que consumen, y las plataformas serían incentivadas a **verificar la autenticidad** de las obras y asegurarse de que los pagos lleguen directamente a los creadores.

Beneficio: La **transparencia** y la **reputación** serían esenciales en un entorno sin derechos de autor centralizados, promoviendo un mercado basado en la **confianza mutua**.

4. Alternativas a la Protección Estatal de los Derechos de Autor

Aunque el sistema **anarco-capitalista** eliminaría los derechos de autor estatales, algunos sistemas alternativos podrían surgir para proteger los intereses de los creadores. Por ejemplo, podría haber empresas privadas que se especialicen en la **protección de la propiedad intelectual** de forma voluntaria, sin intervención del Estado.

Estas empresas podrían ofrecer servicios como:

- **Verificación de autoría** para garantizar que los creadores reciban el crédito y pago correspondiente por su trabajo.
- **Gestión de licencias** y contratos entre creadores y consumidores, sin necesidad de intervención gubernamental.

Beneficio: Los creadores de contenido tendrían acceso a servicios de protección de propiedad intelectual sin la necesidad de un sistema de derechos de autor estatal, a través de contratos privados y empresas especializadas.

5. Modelos de Monetización Diversos

En lugar de depender de la protección de los derechos de autor, los creadores podrían utilizar diferentes modelos de monetización para obtener ingresos por su trabajo. Algunos ejemplos incluyen:

- **Micropagos**: Los usuarios pueden pagar pequeñas cantidades para acceder a contenido específico, como pagar por cada canción que descargan o cada capítulo de un libro que leen.
- **Suscripciones**: Plataformas como YouTube o Patreon ya ofrecen modelos de suscripción, donde los fans pagan de forma mensual a sus creadores favoritos a cambio de contenido exclusivo.
- **Publicidad voluntaria**: Los creadores podrían optar por permitir que sus obras sean utilizadas en contenido publicitario, recibiendo una parte de los ingresos generados por la publicidad.

Beneficio: Los creadores tendrían **más control** sobre cómo generan ingresos a partir de sus obras, sin depender de un sistema centralizado de derechos de autor.

6. Impacto de la Piratería

Sin derechos de autor, el concepto de **piratería** cambiaría radicalmente. En lugar de ser visto como un acto ilegal, la distribución no autorizada de contenido podría ser simplemente una violación de los acuerdos contractuales entre creadores y distribuidores.

Esto podría llevar a los creadores a adaptarse ofreciendo contenido gratuito o más accesible para todos, a la vez que se enfocan en ofrecer productos exclusivos o servicios relacionados con su contenido (como **conciertos**, **eventos privados** o **merchandising**).

Beneficio: La piratería podría convertirse en una **no preocupación central**, ya que el mercado estaría basado más en **las relaciones de valor** entre creadores y consumidores que en el control estricto de la propiedad intelectual.

Conclusión:

En un sistema **anarco-capitalista**, el mercado de entretenimiento cambiaría radicalmente sin la intervención estatal para proteger los derechos de autor. Los creadores de contenido tendrían que **gestionar la protección de su trabajo a través de contratos privados**, **licencias** y **reputación**. Aunque la falta de derechos de autor podría facilitar la **distribución no autorizada** de contenido, también abriría nuevas oportunidades de monetización y permitiría un sistema más dinámico y libre, donde la competencia y la oferta de valor serían las fuerzas principales que guiarían el mercado.

99 Seria legal la clonacion? Esto es muy debatible

En un sistema **anarco-capitalista**, la legalidad de la clonación, tanto de **animales** como de **humanos**, dependería en gran medida de los acuerdos voluntarios y los principios de **propiedad privada** y **libertad individual**. No existiría un **gobierno central** que imponga leyes sobre temas como la clonación, por lo que las decisiones en torno a estos asuntos serían determinadas principalmente por **empresas**, **individuos** y **comunidades**.

1. Clonación de Animales

La clonación de animales probablemente sería **legal** en un sistema **anarco-capitalista**, ya que sería vista como una actividad privada bajo el principio de **propiedad privada**. Los dueños de animales podrían decidir clonar a sus mascotas o animales de granja si así lo desean, siempre y cuando no violen el derecho de propiedad de otros o causen daños a terceros.

Algunas de las preocupaciones en torno a la clonación de animales podrían estar relacionadas con el **bienestar animal**, pero como las personas podrían formar asociaciones voluntarias o empresas privadas dedicadas a regular el tratamiento de los animales (por ejemplo, garantizando prácticas éticas), la clonación de animales podría seguir siendo una práctica permitida.

2. Clonación Humana

La clonación humana presenta más **complejidades éticas, biológicas y filosóficas**, por lo que en un sistema **anarco-capitalista**, su legalidad podría ser más controvertida y dependería de las decisiones de la **sociedad** y las **comunidades** involucradas. Aunque no habría un **gobierno central** que lo prohíba, algunas de las principales preocupaciones sobre la clonación humana podrían incluir:

- **Debilidad del sistema inmunológico**: Como mencionas, los clones humanos podrían nacer con un sistema inmunológico más débil debido a la clonación, lo que podría llevar a problemas de salud graves para los individuos clonados. La falta de diversidad genética en los clones podría hacerlos más susceptibles a enfermedades, lo que pondría en duda la ética de crear seres humanos de esta manera.
- **Derechos de los clones**: También surgiría la pregunta de si los clones humanos tendrían los mismos **derechos** que los seres humanos no clonados. ¿Serían tratados como individuos libres con derechos completos o como propiedad de los que los crearon? En un sistema **anarco-capitalista**, donde los derechos individuales son primordiales, sería necesario determinar si un clon tiene **autonomía** y **libertad** como cualquier otro ser humano.
- **Consentimiento**: Como los clones humanos no podrían consentir su propia creación (pues serían nacidos a través de un proceso tecnológico, no de una relación reproductiva natural), el tema del **consentimiento** también sería un asunto importante a debatir.
- **Mercado de clones**: En un escenario **anarco-capitalista**, si la clonación humana fuera legal, podría surgir un mercado privado para la creación de clones, lo que podría generar prácticas **comerciales** o **explotativas**. Algunos podrían ver a los clones como una forma de crear trabajadores a la carta, lo que podría ser problemático desde el punto de vista moral y ético.

3. Posibles Soluciones y Consideraciones

- **Empresas de salud y biotecnología**: Las empresas de salud podrían desarrollar tecnologías para mitigar los riesgos asociados con la clonación humana, como mejorar el sistema inmunológico de los clones o desarrollar tratamientos médicos preventivos para garantizar su salud.
- **Regulaciones privadas**: Aunque en un sistema **anarco-capitalista** no existiría un organismo estatal que regule la clonación, las **comunidades** o

asociaciones privadas podrían surgir para establecer **normas éticas** y principios que guíen la clonación. Las personas involucradas podrían firmar contratos que especifiquen las condiciones bajo las cuales los clones humanos serían creados y tratados, y esto podría incluir garantizar su **bienestar** y **derechos**.

- **Sistema de reputación**: Las empresas involucradas en la clonación podrían verse presionadas a adherirse a estándares éticos debido a la **presión del mercado** y la **reputación**. Las empresas que actuaran de manera irresponsable podrían perder la confianza del público y verse relegadas en el mercado.

4. Conclusión

En un sistema **anarco-capitalista**, la clonación de animales probablemente sería permitida, siempre que no haya daños a otros individuos o propiedades. Sin embargo, la clonación humana sería un tema mucho más delicado y, aunque no estaría prohibida por un gobierno central, la **ética**, la **salud** y los **derechos individuales** jugarían un papel crucial en las discusiones sobre su legalidad y práctica.

El sistema de **acuerdos voluntarios**, **propiedad privada** y **mercado libre** haría que la sociedad decidiera colectivamente cómo abordar estos problemas, lo que podría llevar a una variedad de enfoques según las preferencias y principios de las comunidades involucradas. Sin embargo, los riesgos de la clonación humana, junto con las posibles preocupaciones sobre la explotación de los clones y la salud de los mismos, serían temas importantes a considerar y debatir.

100 Como se podria llegar al Anarco Capitalismo ?

Para llegar al **anarco-capitalismo**, es importante comprender que este sistema se basa en principios de **libertad individual**, **propiedad privada** y la **ausencia de un estado coercitivo**. A diferencia de otros sistemas políticos, en el anarco-capitalismo no existe un gobierno central que regule la vida de las personas ni imponga leyes. En su lugar, se permite que los individuos y las empresas voluntariamente tomen decisiones sobre su vida y sus recursos. La transición a este sistema implicaría una serie de pasos que involucrarían tanto un cambio en la mentalidad colectiva como la transformación de las estructuras sociales, políticas y económicas existentes.

1. Desmitificación del Estado y la Centralización del Poder

Uno de los primeros pasos hacia el **anarco-capitalismo** es el **desmontaje** de la idea de que el estado es necesario para el funcionamiento de la sociedad. Muchos ciudadanos creen que el estado es esencial para garantizar la seguridad, el bienestar y la justicia, pero desde la perspectiva anarco-capitalista, estas funciones pueden ser desempeñadas por empresas privadas y organizaciones voluntarias. Para lograr esto, es necesario crear una conciencia colectiva de que el estado no es la única forma de garantizar el orden social.

En este proceso, se debe demostrar que las **instituciones privadas** pueden ofrecer servicios más eficientes, justos y sostenibles que el **estado**. La competencia en áreas como la seguridad, la justicia y la educación puede crear incentivos para mejorar la calidad de estos servicios, mientras que el estado no tiene los mismos incentivos debido a su monopolio del poder.

2. Rechazo de la Coerción Estatal

El anarco-capitalismo parte de la premisa de que **la coerción** es inherentemente destructiva para la libertad humana. El **impuesto** es visto como una forma de coerción, ya que el estado obliga a los individuos a contribuir económicamente bajo amenaza de sanciones. De esta manera, una de las primeras acciones hacia la transición a un sistema anarco-capitalista sería la eliminación de los **impuestos** y la **descentralización** de las funciones del gobierno.

Este proceso también incluiría el rechazo de las leyes que regulan de manera coercitiva la vida de las personas, como las leyes laborales, las leyes de propiedad y las leyes de regulación económica. La idea es reemplazar estas leyes por **acuerdos voluntarios** y **contratos privados** entre individuos y empresas.

3. Fomento de la Propiedad Privada y los Contratos Voluntarios

En el anarco-capitalismo, la **propiedad privada** es un principio fundamental. Cada individuo tiene el derecho de poseer y controlar lo que produce o adquiere, sin la interferencia del estado. Para llegar a este sistema, es necesario promover la idea de que **todos los bienes deben ser propiedad privada**, lo que incluye la tierra, los recursos naturales, las empresas y los servicios.

El concepto de **contratos voluntarios** también es esencial. En un sistema anarco-capitalista, las personas pueden establecer acuerdos contractuales para intercambiar bienes y servicios. Estos contratos serían la base para resolver disputas y garantizar el cumplimiento de las obligaciones entre las partes. Las personas pueden elegir libremente qué servicios desean contratar, como seguridad, educación, salud, transporte, etc.

4. Creación de Alternativas Voluntarias

A medida que el sistema se desenvuelve, las instituciones tradicionales del estado, como las **fuerzas armadas** y la **policía**, serían reemplazadas por **agencias de seguridad privadas** y **empresas de defensa**. En lugar de depender de un estado que use la fuerza para proteger sus fronteras o controlar el crimen, las personas y las comunidades contratarían compañías privadas para proteger sus bienes y resolver conflictos.

De la misma manera, el **sistema educativo** podría ser privatizado, permitiendo que las familias y las comunidades elijan la mejor opción educativa para sus hijos, sin la imposición de un currículum estatal. Las escuelas serían empresas privadas que compiten por ofrecer la mejor educación, lo que estimularía la innovación y la mejora continua en la calidad del servicio.

5. Eliminación de Subsidios y Regulaciones

En el camino hacia el anarco-capitalismo, también sería necesario eliminar los **subsidios estatales** a empresas y sectores específicos, como la agricultura, la energía o la tecnología. Estos subsidios crean distorsiones en el mercado y favorecen a ciertas empresas en detrimento de la competencia libre y justa.

Las **regulaciones** que limitan el emprendimiento y la innovación también serían eliminadas. En su lugar, el mercado libre determinaría las mejores prácticas y estándares para las empresas. Las regulaciones ambientales, por ejemplo, podrían ser gestionadas por acuerdos voluntarios entre las empresas y las comunidades locales, en lugar de ser impuestas por el estado.

6. Uso de la Tecnología para Facilitar la Transición

La **tecnología** juega un papel fundamental en la transición al anarco-capitalismo. El **internet** y las **redes sociales** ofrecen plataformas para que las personas se organicen, compartan ideas y promuevan el cambio. A medida que más personas se conectan y discuten sobre la viabilidad del anarco-capitalismo, es probable que surjan **comunidades** virtuales que trabajen juntas para eliminar gradualmente la influencia del estado.

Además, la tecnología puede facilitar la creación de **monedas digitales** y sistemas de pago que no dependan de los gobiernos. Las **criptomonedas** son un ejemplo de cómo las personas pueden escapar de la inflación y el control del dinero por parte del estado.

7. El Rol de las Comunidades y la Ayuda Mutua

En el anarco-capitalismo, la **solidaridad** y la **ayuda mutua** no dependen del estado. Las **comunidades** locales pueden organizarse para ayudar a los más necesitados sin la necesidad de intervención estatal. Las organizaciones de **beneficencia privada**, las **cooperativas** y las **sociedades de ayuda mutua** juegan un papel importante en este proceso.

El fomento de la cooperación voluntaria, en lugar de la coerción estatal, puede ayudar a las personas a solucionar problemas comunes, como la pobreza o el acceso a la salud. Las personas pueden contribuir de forma voluntaria a estas organizaciones, sabiendo que su dinero se utilizará de manera eficiente y dirigida a causas justas.

8. Descentralización del Poder y la Soberanía Individual

Un aspecto fundamental del anarco-capitalismo es la **descentralización del poder**. La idea es que las personas sean libres de vivir según sus propias reglas y principios, siempre y cuando no violen los derechos de otros. La **soberanía individual** es esencial, y cada persona debería ser libre de decidir sobre su vida sin la imposición de un gobierno.

La descentralización también implica que no habrá **grandes instituciones** o gobiernos centralizados con un control excesivo sobre las decisiones económicas, políticas y sociales. En lugar de un sistema jerárquico, habrá una red de **comunidades autónomas** que se organizan voluntariamente y gestionan sus propios asuntos.

9. Creación de una Cultura de Libertad

El último paso hacia el anarco-capitalismo es la creación de una **cultura de libertad**. A medida que más personas se dan cuenta de que pueden vivir sin la intervención del estado, comenzarán a adoptar principios de **autonomía**, **responsabilidad** y **propiedad privada**. Los individuos aprenderán a tomar decisiones informadas sobre cómo vivir, trabajar y relacionarse con los demás sin recurrir a la coerción estatal.

El anarco-capitalismo también requiere un cambio en la mentalidad de las personas hacia el **respeto mutuo** y la **cooperación voluntaria**. Las personas deberían entender que la libertad de uno termina donde empieza la de otro y que la sociedad funciona mejor cuando todos respetan los derechos de propiedad y la libertad individual.

El camino hacia el **anarco-capitalismo** no solo involucra la eliminación del estado y la promoción de la **propiedad privada** y la **libertad individual**, sino que también puede aprovechar varias otras ideologías y herramientas para ayudar en la transición. Algunas de estas incluyen **liberalismo**, **minarquismo**, **criptomonedas**, **algoritmos** y **reformismo**. A continuación se detalla cómo cada uno de estos conceptos podría contribuir al proceso.

1. Liberalismo y Minarquismo como Escuelas de Pensamiento

El **liberalismo** y el **minarquismo** son ideologías que comparten muchos principios con el **anarco-capitalismo**, aunque con algunas diferencias clave. El liberalismo en general promueve la libertad individual, el libre mercado y la propiedad privada, lo que lo hace compatible con el anarco-capitalismo. A pesar de que algunos liberales pueden creer en la necesidad de un gobierno limitado para proteger los derechos fundamentales, sus ideas sobre la libertad económica y la responsabilidad individual son fundamentales para el cambio hacia el anarco-capitalismo.

El **minarquismo**, por su parte, es una ideología que aboga por un estado mínimo cuya única función sería proteger los derechos de propiedad y mantener el orden. Aunque el minarquismo no rechaza completamente la existencia de un estado, comparte la creencia en la necesidad de limitar las funciones del gobierno. Los **minarquistas** pueden ser vistos como una etapa intermedia entre el estado actual y el anarco-capitalismo, ya que su visión permite que, eventualmente, el gobierno se disuelva a medida que se incrementan las capacidades del sector privado para manejar funciones como la seguridad y la justicia.

Ambas ideologías pueden servir como **puentes ideológicos** que ayuden a las personas a moverse de un sistema gubernamental centralizado hacia un sistema descentralizado, ya que comparten principios de **libertad** y **mercados libres**.

2. Las Criptomonedas como Herramientas de Descentralización Económica

Las **criptomonedas** juegan un papel crucial en la transición hacia el anarco-capitalismo, ya que permiten la creación de **sistemas financieros descentralizados** que no dependen del control de bancos centrales o gobiernos. Las criptomonedas, como **Bitcoin**, **Ethereum** y otras, están basadas en tecnologías de **blockchain** que permiten transacciones seguras y transparentes sin la necesidad de un intermediario centralizado.

En un sistema anarco-capitalista, las criptomonedas pueden ofrecer una alternativa al **dinero fiduciario** y a las políticas monetarias inflacionarias impuestas por los gobiernos. Al utilizar criptomonedas, las personas pueden:

- **Evitar la inflación** provocada por la emisión excesiva de dinero por parte de los gobiernos.
- **Garantizar la privacidad financiera** sin tener que depender de instituciones bancarias.
- **Realizar transacciones globales** sin las restricciones o controles impuestos por los gobiernos o las monedas tradicionales.

La **descentralización** de las criptomonedas también permite que las personas sean responsables de su propio bienestar financiero, sin depender de los bancos o de las políticas fiscales de los estados.

3. Algoritmos y Inteligencia Artificial como Herramientas de Gestión Descentralizada

En un mundo anarco-capitalista, **los algoritmos** y la **inteligencia artificial (IA)** pueden desempeñar un papel fundamental en la gestión eficiente de recursos y la organización de actividades económicas. En lugar de depender de decisiones centralizadas, los algoritmos pueden ser utilizados para optimizar procesos de manera descentralizada, con el objetivo de crear un mercado más eficiente y dinámico. Algunos de los roles que podrían desempeñar incluyen:

- **Optimización del mercado**: Los algoritmos pueden ayudar a predecir tendencias de consumo y producción, lo que permite una mejor asignación de recursos y evita el desperdicio. Las plataformas descentralizadas basadas en inteligencia artificial podrían ofrecer soluciones automatizadas para resolver conflictos y asignar bienes y servicios de manera eficiente.
- **Evaluación de riesgos y contratos**: Los **smart contracts** o contratos inteligentes, basados en algoritmos de blockchain, permitirían que las personas establezcan acuerdos de manera autónoma y segura, sin necesidad de un mediador. La IA también podría ayudar a asegurar que estos contratos se cumplan de manera justa.
- **Sistemas de seguridad descentralizados**: En lugar de depender de una policía centralizada, los algoritmos podrían ayudar a coordinar **sistemas de seguridad privada**. Por ejemplo, los sistemas de **videovigilancia descentralizada** basados en blockchain podrían permitir que las personas participen en redes de seguridad sin la necesidad de un monopolio estatal de la fuerza.

4. Reformismo como Proceso de Transición

El **reformismo** puede ser una vía pragmática hacia la consecución del anarco-capitalismo. A través de un proceso de reforma gradual, es posible que los gobiernos actuales adopten políticas que vayan en la dirección de la descentralización y la reducción de su poder. Algunas formas en las que el **reformismo** puede contribuir al avance hacia el anarco-capitalismo incluyen:

- **Reducción de impuestos y gasto público**: Las reformas fiscales que favorezcan la **reducción de impuestos** y el **recorte de gastos públicos** podrían ayudar a reducir la dependencia de los ciudadanos del

estado. A medida que el estado pierde recursos, las empresas privadas y los individuos ganan autonomía para gestionar sus propios asuntos.
- **Descentralización del poder**: Las reformas que promuevan la descentralización del poder político, como la delegación de más competencias a las comunidades locales y la eliminación de leyes centralizadas, pueden hacer que el estado sea más pequeño y menos invasivo, allanando el camino para el anarco-capitalismo.
- **Privatización de sectores públicos**: Reformas que busquen la **privatización de servicios públicos**, como la seguridad, la educación y la salud, permiten que estos servicios sean gestionados por el sector privado. Esto también aumenta la competencia y mejora la calidad de los servicios, lo que hace que las personas dependan cada vez menos del estado para su bienestar.

5. Cómo el Liberalismo, Minarquismo y Criptomonedas Convergen

El liberalismo y el minarquismo tienen una visión de **mercados libres**, **propiedad privada** y **libertad individual**, que se complementa perfectamente con la idea del anarco-capitalismo. La combinación de **educación liberal** y **política de mercados libres** puede crear una base sólida para promover la eliminación del estado y la transición hacia una sociedad más autónoma.

A través del uso de **criptomonedas**, las personas pueden comenzar a operar de manera más libre y privada, independientemente de las políticas monetarias gubernamentales. La aceptación de criptomonedas en un **mercado libre** también puede generar una mayor competitividad y eficiencia económica.

La **inteligencia artificial y los algoritmos**, junto con los principios del liberalismo y el minarquismo, podrían mejorar la toma de decisiones económicas y la organización social, garantizando que el **orden espontáneo** que defiende el anarco-capitalismo sea mantenido de manera eficiente y justa.

Conclusión

La transición hacia el **anarco-capitalismo** no tiene por qué ser un proceso abrupto o violento. Si bien puede requerir una transformación significativa en la mentalidad colectiva, herramientas como el **liberalismo**, el **minarquismo**, las **criptomonedas**, los **algoritmos** y el **reformismo** pueden facilitar una transición pacífica y gradual hacia un sistema sin estado. La clave estará en construir un mercado que se base en principios de **libertad individual**, **propiedad privada** y **cooperación voluntaria**, creando un entorno donde las personas puedan organizarse y vivir de acuerdo a sus propios valores y necesidades, sin la imposición de un gobierno centralizado.

En un sistema **anarco-capitalista**, las **escuelas** podrían jugar un papel fundamental al ofrecer una **educación alternativa** que permita a los estudiantes explorar diferentes perspectivas, incluidos los principios del anarco-capitalismo. Dado que la educación sería **voluntaria** y **descentralizada**, las **escuelas privadas** o las **comunidades educativas** tendrían la libertad de elegir el enfoque que consideraran más adecuado para fomentar la autonomía y el pensamiento crítico. A continuación, te explico cómo las escuelas podrían contribuir a la expansión del anarco-capitalismo, al mismo tiempo que brindan una **educación alternativa** a los estudiantes:

1. Elección de Materias: Educación Física y Anarco-Capitalismo

En lugar de imponer un currículo rígido, las escuelas podrían permitir a los estudiantes **elegir entre materias** según sus intereses. Esto se asemejaría a un modelo educativo más libre, donde los alumnos pueden tener la opción de estudiar temas como **educación física** o **anarco-capitalismo**, entre otras materias. Al hacerlo, las escuelas fomentan el **pensamiento crítico** y permiten que los jóvenes tomen decisiones sobre qué desean aprender, en lugar de ser forzados a seguir una estructura educativa impuesta por el estado.

- **Anarco-capitalismo** podría ser una materia opcional que se enseñe desde una **perspectiva histórica** y **filosófica**, de modo que los estudiantes comprendan las ideas detrás de esta ideología y los **principios de libertad individual, mercado libre** y **propiedad privada**. A través de esta materia, los estudiantes podrían entender cómo los gobiernos han influido en las sociedades y los mercados, además de desmentir los mitos y manipulaciones que los movimientos socialistas y estatistas suelen propagar.
- En lugar de una educación unidimensional, las **elecciones académicas** como estas permitirían a los estudiantes tomar decisiones sobre su propio

aprendizaje y orientarse hacia áreas que podrían ser más **relevantes** para sus intereses y valores, promoviendo la autonomía.

2. Charlas y Talleres sobre Anarco-Capitalismo

Las **charlas** y **talleres** sobre **anarco-capitalismo** podrían ser una forma excelente de **educar** a los estudiantes sobre los principios de esta ideología, proporcionando una **perspectiva real** sobre el funcionamiento de los sistemas sin estado y desmintiendo las narrativas que suelen ser enseñadas en los sistemas educativos tradicionales. Estas charlas podrían tener como objetivo:

- **Desmitificar los mitos socialistas**: Exponer las **falacias** y **manipulaciones** que los movimientos de izquierda han utilizado para desinformar sobre el anarco-capitalismo. Esto incluye contrarrestar la idea de que los sistemas sin estado conducen al caos o a la opresión. Al contrario, el **anarco-capitalismo** busca la creación de una **sociedad sin coerción estatal**, donde las personas viven de acuerdo con sus propios valores y necesidades.
- **Contar la historia real**: Ofrecer una narrativa sobre cómo **los sistemas estatales** han afectado la vida de las personas a lo largo de la historia, desde la **centralización del poder** hasta las **guerras** y las **políticas intervencionistas**. De esta forma, los estudiantes podrían aprender a identificar las fallas inherentes al sistema estatal y cómo el **anarco-capitalismo** ofrece una alternativa que respeta la libertad individual y promueve la **prosperidad** y el **orden espontáneo**.
- **Proveer ejemplos concretos**: A través de **estudios de caso**, los estudiantes podrían estudiar sociedades que han funcionado sin un gobierno centralizado (como ciertas comunidades autárquicas o modelos históricos de descentralización), y cómo esas sociedades han logrado sobrevivir y prosperar en entornos sin intervención estatal.

3. Crear un Debate Abierto y Pluralista

Una de las características más importantes de un sistema educativo anarco-capitalista sería la **libertad de expresión** y el **debate abierto**. Las escuelas podrían incentivar a los estudiantes a **intercambiar ideas**, tanto sobre el **anarco-capitalismo** como sobre otras ideologías, fomentando una cultura de **discusión constructiva** y **pensamiento crítico**. El objetivo sería formar

individuos autónomos que sean capaces de tomar decisiones informadas sobre su vida, y no simplemente aceptar las ideas que les son impuestas.

- **Foros de debate**: Las escuelas podrían organizar **foros de discusión** donde los estudiantes puedan debatir ideas políticas y filosóficas, no solo sobre el **anarco-capitalismo**, sino también sobre el **liberalismo**, el **socialismo** y otras ideologías. Al ofrecer un espacio para el **diálogo libre** y la **contradicción respetuosa**, las escuelas estimularían el **pensamiento independiente** y la **creatividad**.
- **Educación basada en el respeto mutuo**: Si bien el **anarco-capitalismo** podría ser uno de los temas ofrecidos, también podría haber clases que permitan a los estudiantes entender la importancia del **respeto por las ideas ajenas** y de cómo lograr una **coexistencia pacífica** en un mundo pluralista, sin necesidad de intervención o violencia.

4. Enseñanza de Principios de Libertad y Autonomía

Las **escuelas** en un sistema anarco-capitalista no solo enseñarán sobre el **anarco-capitalismo** de manera teórica, sino que también promoverán la **autonomía personal** y el **respeto por la propiedad privada**. Esto puede incluir:

- **Educación sobre el contrato voluntario**: Enseñar a los estudiantes sobre la **importancia de los acuerdos voluntarios** en las relaciones económicas y sociales. Estos contratos serían fundamentales en un sistema sin estado, donde los individuos operan bajo principios de **consenso mutuo**.
- **Empoderamiento financiero**: Promover el conocimiento sobre la **gestión financiera**, el **emprendimiento** y las **finanzas personales**, como una forma de garantizar que los estudiantes puedan ser **independientes** y gestionar sus propios recursos sin depender del sistema estatal.
- **Talleres de autodefensa y seguridad**: Dado que la **seguridad** en un sistema anarco-capitalista sería gestionada por el mercado, las escuelas también podrían ofrecer **talleres prácticos** sobre cómo protegerse a sí mismos y a sus propiedades, a través de **seguridad privada**, **autodefensa** o incluso sistemas de **seguridad descentralizados**.

5. Alternativas a la Educación Estatal

La educación en un sistema anarco-capitalista sería completamente **descentralizada** y **competitiva**. Los padres y estudiantes tendrían la libertad de elegir las **escuelas** o **instituciones educativas** que mejor se adapten a sus necesidades. Además, se fomentaría una mayor variedad de **enfoques pedagógicos**, incluyendo **educación a distancia, tutorías personalizadas** y el **aprendizaje autodirigido**.

- **Redes educativas privadas**: Las familias podrían crear y mantener redes de **escuelas privadas** que operen bajo principios de **libertad educativa**, brindando a los estudiantes la posibilidad de aprender sobre el **anarco-capitalismo** y otras ideologías sin la imposición de un currículo estatal.
- **Educación no formal**: Además de las clases tradicionales, existiría una gran variedad de **alternativas educativas**, desde **comunidades de aprendizaje** hasta **proyectos educativos autónomos**. Los estudiantes tendrían acceso a diversos recursos como libros, cursos en línea y charlas, y se les animaría a aprender de manera **flexible** y adaptada a sus intereses.

Conclusión

En un sistema anarco-capitalista, las **escuelas** serían instituciones **libres** y **voluntarias**, capaces de ofrecer una educación **diversa** que permita a los estudiantes elegir lo que desean aprender. Al incorporar **temas como el anarco-capitalismo** en su currículo, las escuelas podrían contribuir al **desarrollo de una sociedad más libre y autónoma**, donde los individuos sean **libres de explorar diferentes filosofías** y **tomar decisiones informadas** sobre su vida y su educación. De este modo, se promovería un entorno de **pensamiento crítico, tolerancia** y **respeto mutuo** en un marco donde la libertad y la autonomía son los valores centrales. Si mas personas empiezan a aprender sobre el anarco capitalismo quiza en un futuro lejano o sercano sea una realidad.

Para **comenzar con el anarco-capitalismo** y avanzar hacia una sociedad sin estado, un enfoque práctico podría ser la creación de **zonas libres de estado** en países liberales. Este tipo de iniciativa permitiría a las personas experimentar el anarco-capitalismo en un entorno controlado y, a partir de ahí, evaluar su viabilidad y efectos. Aquí te explico cómo se podría abordar el proceso:

1. Creación de Zonas Autónomas sin Estado (Zonas Libre de Estado)

Una de las formas más viables de empezar con el anarco-capitalismo es **establecer zonas autónomas** dentro de países existentes, como **zonas especiales** donde no se aplique la intervención estatal y las personas puedan operar bajo un sistema de libre mercado y propiedad privada. Estas zonas podrían funcionar como laboratorios sociales donde se pruebe cómo un sistema sin un gobierno central afecta la vida cotidiana de las personas.

- **Acuerdos legales y políticos**: Para establecer estas zonas, sería necesario un **acuerdo político** con el gobierno de un país liberal o semi-liberal que permita la creación de **zonas de autonomía**. En lugar de ser un proceso de revolución violenta, podría ser una **negociación legal** para establecer territorios donde el estado se retire y se permita que los individuos gestionen sus propios asuntos.
- **Zonas de Experimentación**: Estas zonas podrían ser similares a los **proyectos de ciudades autónomas** que ya existen en algunos países (por ejemplo, zonas económicas especiales en China), pero con un enfoque más radical hacia la libertad individual, la eliminación de impuestos y la creación de **mercados totalmente libres**.
- **Ejemplo de modelo**: Los países que tienen **zonas económicas especiales** podrían ser el punto de partida. Por ejemplo, en algunas partes del mundo, las **zonas de libre comercio** ya permiten un nivel de **autonomía económica** más alto. Estas áreas tienen más control sobre sus políticas económicas, permitiendo que algunas reglas del mercado sean más flexibles. Ampliar estos modelos y permitir la **eliminación total de las leyes del estado** podría ser un buen punto de partida.

2. Desarrollo de una Infraestructura Alternativa

En un sistema anarco-capitalista, la infraestructura no sería controlada por un gobierno central, sino por entidades privadas que competen por ofrecer los mejores servicios. Para hacer esto, se necesitaría una **base sólida de empresas** privadas que ofrezcan servicios básicos como:

- **Seguridad**: En vez de policías estatales, las zonas autónomas podrían contratar empresas de seguridad privada que operen bajo contratos voluntarios. Estas empresas de seguridad competirían entre ellas para proporcionar el mejor servicio de protección para las personas y sus propiedades.
- **Sistema Judicial Privado**: En lugar de tribunales estatales, podrían existir **tribunales privados** o **arbitraje privado** que resuelvan disputas entre individuos, basados en acuerdos contractuales previamente establecidos. Las empresas de arbitraje podrían ofrecer servicios para resolver conflictos de manera rápida y eficiente sin intervención estatal.
- **Servicios Públicos**: La electricidad, el agua, las telecomunicaciones y otros servicios públicos serían proporcionados por empresas privadas que operen sin subsidios estatales, lo que fomentaría la competencia y reduciría los precios.

3. Implementación de Criptomonedas y Nuevas Formas de Dinero

Un elemento clave del anarco-capitalismo sería la **eliminación del dinero estatal** (como el fiat) y su sustitución por **criptomonedas** o cualquier forma de dinero digital descentralizado. Las zonas autónomas sin estado podrían comenzar a implementar **criptomonedas** como forma de pago, lo que permitiría a las personas realizar transacciones sin tener que depender de un banco central.

- **Promover criptomonedas y contratos inteligentes**: Las criptomonedas como **Bitcoin** o **Ethereum** permitirían transacciones seguras y privadas sin intervención de bancos o gobiernos. Los **contratos inteligentes** podrían usarse para crear acuerdos automatizados que se ejecuten sin la necesidad de un intermediario.
- **Evitar la inflación**: Al eliminar el control gubernamental sobre la moneda, las zonas autónomas podrían evitar la **inflación** provocada por los bancos centrales, lo que incentivaría el ahorro y las inversiones a largo plazo.

4. Educando a la Sociedad sobre el Anarco-Capitalismo

Para que el anarco-capitalismo tenga éxito, es fundamental **educar a la población** sobre sus principios, beneficios y cómo funcionaría el sistema en la práctica. Las **escuelas privadas** y las **universidades** en las zonas autónomas podrían ofrecer **programas educativos** en economía de mercado, filosofía política y teoría anarco-capitalista.

- **Charlas y conferencias**: Las universidades o centros educativos podrían ofrecer **charlas y debates** donde se discutan las ideas del anarco-capitalismo y cómo se aplican en la vida cotidiana.
- **Medios de comunicación independientes**: Los medios de comunicación en las zonas autónomas podrían ser privados y descentralizados, lo que permitiría a las personas acceder a información sin la intervención de un gobierno central.

5. Creación de una Comunidad Internacional de Zonas Autónomas

A medida que las zonas autónomas crecen y demuestran su eficacia, podrían unirse para formar una red de **comunidades autónomas**, creando un sistema **internacional** de zonas que operan sin intervención estatal. Estas comunidades podrían cooperar entre sí, comerciar sin aranceles y defender sus derechos sin necesidad de un gobierno central.

- **Diplomacia sin Estado**: En lugar de depender de embajadas o representantes gubernamentales, las zonas autónomas podrían formar **alianzas voluntarias** y cooperar en defensa de la **libertad individual** y la **propiedad privada**.

6. Uso de Nuevas Tecnologías para Organizar y Coordinar

En el mundo digital de hoy, la **tecnología** podría ser un factor clave para la **expansión del anarco-capitalismo**. Usar **blockchain**, **smart contracts**, **organizaciones autónomas descentralizadas (DAO)** y otras innovaciones tecnológicas podría ayudar a organizar y coordinar las actividades dentro de las zonas autónomas sin necesidad de intervención estatal.

- **DAO**: Las organizaciones autónomas descentralizadas pueden coordinar actividades económicas, sociales y políticas sin la necesidad de una estructura jerárquica o burocrática.
- **Blockchain y contratos inteligentes**: La tecnología de **blockchain** y **contratos inteligentes** podrían ser utilizados para garantizar transacciones seguras, transparentes y sin la intervención de intermediarios.

Conclusión

Para empezar con el anarco-capitalismo, la creación de **zonas libres de estado** en países liberales puede ser una forma efectiva de probar sus principios en un entorno real. Estas zonas ofrecerían un espacio para experimentar con un sistema basado en el **mercado libre, propiedad privada, contratos voluntarios** y **defensa descentralizada**. A través de la educación, el uso de criptomonedas y nuevas tecnologías, y la cooperación internacional entre zonas autónomas, podríamos dar los primeros pasos hacia un **futuro anarco-capitalista**, sin la necesidad de una revolución violenta, sino más bien a través de un proceso pacífico y voluntario. Y asi algun dia nos veremos en un lugar pasifico y anarco capitalista sin estados malvados que nos controlen.

101 El Futuro del Anarco-Capitalismo en la Era Digital .

El futuro del anarco-capitalismo en la era digital es un tema fascinante y muy relevante. En esta era, las **tecnologías emergentes** están transformando todos los aspectos de la sociedad, y el anarco-capitalismo podría aprovechar muchas de ellas para ofrecer una alternativa viable y funcional al sistema estatal tradicional. Aquí te dejo algunos puntos clave que podrías incluir sobre este tema:

1. Criptomonedas y Blockchain: Eliminando al Estado Intermediario

Una de las mayores revoluciones tecnológicas de la era digital es el **blockchain**, la tecnología detrás de las **criptomonedas**. Desde la creación de **Bitcoin** en 2009, las criptomonedas han demostrado ser una alternativa viable a las monedas controladas por el estado. En un sistema anarco-capitalista, las criptomonedas pueden desempeñar un papel central en el sistema económico al permitir transacciones **descentralizadas**, **seguras** y **anónimas** sin la necesidad de intermediarios como los bancos o gobiernos.

Ventajas:

- **Descentralización**: Las criptomonedas no están controladas por un gobierno central, lo que las hace perfectamente compatibles con los principios del anarco-capitalismo.
- **Accesibilidad global**: Las criptomonedas permiten transacciones internacionales sin la necesidad de una moneda centralizada o de procesos burocráticos que intervengan en el comercio.
- **Protección contra la inflación**: Al estar descentralizadas y tener una oferta limitada, las criptomonedas como **Bitcoin** pueden proteger a los individuos de la inflación causada por la emisión de dinero por parte del gobierno.

2. Contratos Inteligentes y la Desaparición de la Coerción Estatal

Los **contratos inteligentes** son contratos autoejecutables que funcionan mediante **blockchain**. Estos contratos permiten a las personas realizar acuerdos sin la intervención de autoridades externas. Los **contratos inteligentes** son una herramienta poderosa para los anarco-capitalistas, ya que permiten a las partes establecer acuerdos de manera directa y automatizada, sin que un gobierno o una autoridad tenga que hacer cumplir dichos acuerdos.

Ejemplo práctico:

- Una empresa y un trabajador pueden firmar un contrato inteligente que garantice el pago por un servicio prestado en función de condiciones específicas. El contrato se ejecuta automáticamente, asegurando que ambas partes cumplan con sus compromisos, sin la necesidad de un tercero.

Ventajas:

- **Eliminación de la burocracia estatal**: Los contratos inteligentes hacen innecesarias las instituciones gubernamentales para asegurar el cumplimiento de acuerdos.

- **Reducción de fraudes**: Dado que estos contratos se ejecutan automáticamente según lo acordado, se reducen las posibilidades de fraude.

3. La Digitalización del Trabajo: Nuevas Oportunidades y Flexibilidad

La **era digital** ha dado lugar a un cambio en el mundo laboral. Las plataformas de trabajo en línea, como **freelancing**, **teletrabajo** y otras oportunidades basadas en la tecnología, ofrecen a las personas la posibilidad de trabajar desde cualquier lugar, sin depender de empleadores tradicionales o del sistema de trabajo centralizado. Esta **flexibilidad** es un pilar fundamental del anarco-capitalismo, que promueve la autonomía y la libertad individual.

Ventajas:

- **Libertad laboral**: Las personas tienen más control sobre su tiempo y sus ingresos, eligiendo el tipo de trabajo que desean realizar.
- **Reducción de la dependencia del estado**: Los trabajadores pueden operar independientemente, sin depender de un sistema estatal para obtener empleo.

4. El Auge de las Comunidades Autónomas Digitales

En un mundo digitalizado, la **autonomía** no tiene que estar vinculada a una ubicación física. El concepto de **comunidades autónomas** puede expandirse a través de **plataformas en línea**, donde los individuos pueden establecer sus propias reglas y normas, sin la intervención de un gobierno central. Estas **comunidades digitales** podrían operar bajo principios anarco-capitalistas, donde el **mercado** y las **interacciones voluntarias** definen las normas sociales y económicas.

Ejemplo práctico:

- Plataformas como **DAO (Decentralized Autonomous Organizations)** permiten a las personas formar comunidades en línea con decisiones democráticas y gobernadas por contratos inteligentes.

Ventajas:

- **Autonomía digital**: Las personas pueden crear sus propias comunidades con reglas basadas en principios del mercado libre y sin la necesidad de la intervención de un estado.
- **Interacción voluntaria**: Al operar bajo un sistema voluntario, las personas que no estén de acuerdo con las reglas pueden abandonar la comunidad sin consecuencias legales.

5. Descentralización de la Energía y los Recursos

Otro aspecto importante del futuro del anarco-capitalismo en la era digital es la **descentralización** de los recursos, especialmente en el ámbito de la **energía**. Las **energías renovables** y la **tecnología digital** podrían permitir a las personas generar, compartir y comerciar energía de manera independiente, eliminando la necesidad de grandes corporaciones o gobiernos que controlen el acceso a recursos.

Ejemplo práctico:

- Plataformas descentralizadas de **energía compartida** permitirían a los usuarios generar su propia energía (por ejemplo, con paneles solares) y venderla a otros, sin necesidad de una autoridad central.

Ventajas:

- **Independencia energética**: Las personas y comunidades pueden ser autosuficientes, produciendo y distribuyendo su propia energía sin depender de gobiernos o monopolios energéticos.
- **Reducción de la huella de carbono**: Al promover energías renovables y descentralizadas, se fomentaría una mayor sostenibilidad.

6. Protección de la Privacidad en la Era Digital

La **privacidad** es un tema crucial en la era digital. Los anarco-capitalistas defienden el derecho a la **autonomía** y la **privacidad** personal, y las **herramientas digitales** como las **VPNs**, el **software de encriptación** y las **criptomonedas** pueden ayudar a proteger estos derechos en un mundo cada vez más vigilado. En un sistema anarco-capitalista, la privacidad sería

fundamental y las empresas ofrecerían servicios que protejan la información personal sin la intervención del estado.

Ventajas:

- **Autonomía sobre la información personal**: Los individuos tendrían el control total sobre sus datos y cómo se comparten, sin la intervención de gobiernos o empresas que exploten esta información.

Conclusión:

La era digital ofrece una oportunidad única para que el anarco-capitalismo se materialice de manera más eficiente y viable. La descentralización, la automatización mediante contratos inteligentes, la expansión de los mercados libres a través de criptomonedas, y la proliferación de comunidades autónomas son solo algunas de las formas en que la tecnología puede ayudar a implementar un sistema basado en la libertad individual y el libre mercado.

A medida que la tecnología continúa evolucionando, las bases de un mundo sin estado son más posibles que nunca. Sin embargo, esta transición requerirá tanto una adopción masiva de nuevas tecnologías como un cambio cultural en las percepciones sobre el papel del estado en nuestras vidas.

Este es un momento emocionante para el anarco-capitalismo, ya que las herramientas digitales pueden allanar el camino hacia un mundo más libre, más autónomo y más próspero para todos.

102 Una Pregunta Provocadora.

¿Es realmente necesario un gobierno central para garantizar la seguridad y el bienestar de las personas, o es el mercado libre y la cooperación voluntaria suficiente?"

En este apartado, se profundiza en la necesidad de un **gobierno central** para garantizar **seguridad** y **bienestar**, en contraste con la idea de que el mercado libre y la **cooperación voluntaria** pueden ser suficientes para cubrir estas necesidades.

Defensores del gobierno central:

- **Seguridad pública**: Muchos argumentan que un **gobierno central** es esencial para **garantizar la seguridad** de los ciudadanos, proteger el orden público y evitar el caos. Un sistema judicial centralizado y la existencia de fuerzas policiales permiten manejar de forma organizada los delitos y los conflictos.
- **Bienestar social**: La administración de programas sociales y de salud pública a nivel gubernamental asegura que incluso los ciudadanos más vulnerables tengan acceso a servicios básicos. Los defensores del gobierno central creen que, sin una autoridad central que implemente políticas públicas, la **desigualdad** y el **acceso desigual** a los recursos crecerían de manera descontrolada.
- **Regulación económica**: Sin un gobierno que regule el mercado, los críticos del anarco-capitalismo temen que surjan monopolios y que **los más ricos** puedan controlar el mercado y explotar a los trabajadores o consumidores. Un gobierno central puede intervenir para **proteger a los ciudadanos** de las injusticias del mercado y evitar el abuso de poder.

Defensores del mercado libre y cooperación voluntaria:

- **Sistema descentralizado de seguridad**: Los anarco-capitalistas argumentan que, sin un gobierno central, el mercado y las **instituciones privadas** podrían asumir la responsabilidad de la **seguridad**. En lugar de tener una policía estatal, las personas podrían contratar servicios privados de seguridad, que competirían para ofrecer el mejor servicio, reduciendo la corrupción y mejorando la calidad de la protección.
- **Justicia privada**: En cuanto a la **justicia**, en un sistema anarco-capitalista, las disputas entre individuos podrían resolverse a través de **tribunales privados** o de **arbitraje**. Esto permitiría un enfoque más flexible y eficiente en la resolución de conflictos, sin la necesidad de un sistema judicial estatal que puede ser lento, costoso y burocrático.
- **Bienestar a través del mercado libre**: En lugar de depender de programas gubernamentales, el mercado libre fomentaría la **competencia** en los sectores de salud, educación y servicios sociales. Las empresas privadas y las **organizaciones sin fines de lucro** podrían ofrecer estos

servicios, lo que fomentaría la **innovación** y una mayor **calidad** en comparación con el sistema estatal.
- **Descentralización y cooperación**: La idea de que la **cooperación voluntaria** reemplazaría al gobierno se basa en la premisa de que los individuos, cuando actúan sin la coerción del Estado, pueden colaborar de manera más eficiente y productiva. En lugar de imponer soluciones unilaterales a los problemas sociales, los individuos y las comunidades pueden llegar a acuerdos mutuos que respeten los derechos de todos.

Conclusión:

La respuesta a la pregunta de si seríamos **más libres** y prosperaríamos más sin el Estado depende de los valores y las creencias que uno tenga sobre el papel del gobierno y el libre mercado. Los defensores del anarco-capitalismo creen firmemente que el **mercado libre** y la **cooperación voluntaria** pueden proporcionar todos los servicios necesarios para garantizar la seguridad, el bienestar y la prosperidad de los individuos, sin la necesidad de un gobierno centralizado.

Sin embargo, también existen argumentos válidos sobre la necesidad de un gobierno que regule ciertos aspectos fundamentales de la sociedad, como la seguridad y la justicia, para garantizar que los derechos de los individuos sean protegidos de manera equitativa.

Este debate sigue siendo un tema central en la filosofía política y económica, y será interesante ver cómo las **tecnologías emergentes** y el **cambio social** podrían influir en la creación de un mundo sin un gobierno central, donde las personas puedan vivir libremente y cooperar en un sistema basado en el mercado y la autonomía.

103 Reflexión Final sobre la Libertad Individual

El **anarco-capitalismo**, en su núcleo, es una defensa apasionada de la **libertad individual**. Es la creencia de que cada persona tiene el derecho inalienable de **controlar su propia vida**, tomar sus propias decisiones y disponer de sus propios bienes, sin la intervención coercitiva de un Estado o cualquier otra autoridad. En este sistema, las relaciones y acuerdos entre individuos se basan en el **consenso mutuo**, y las interacciones sociales son voluntarias, lo que significa que las personas actúan en libertad, sin ser obligadas por ninguna fuerza externa.

La **libertad individual** es vista como el motor esencial que impulsa el anarco-capitalismo. No solo se trata de la **autonomía personal**, sino de la **capacidad de cada individuo para determinar su propio destino**, libre de las restricciones impuestas por el gobierno. En este contexto, el Estado es percibido como un obstáculo para el **progreso humano** y la **creación de valor**. El anarco-capitalismo sostiene que al eliminar la interferencia del gobierno, las personas pueden **prosperar** de manera más efectiva, encontrar soluciones a sus problemas a través del mercado y contribuir a un mundo más justo y libre.

El Estado, en su forma tradicional, es visto como una institución que **coacciona** y **somete** a los individuos bajo un marco de leyes impuestas, muchas veces sin el consentimiento explícito de las personas a las que afecta. Desde esta perspectiva, el gobierno se convierte en una **opresión institucionalizada**, que limita la capacidad de las personas para tomar decisiones que favorezcan su bienestar, su desarrollo y su felicidad. Las **regulaciones**, los **impuestos** y la **fuerza** que emanan del Estado son herramientas de control que impiden a los individuos disfrutar de la **plena libertad**.

Al eliminar estas estructuras coercitivas, el anarco-capitalismo busca devolver a las personas el poder que tradicionalmente ha sido tomado por el Estado. Las personas, al ser las responsables directas de su bienestar, se verían empoderadas para tomar decisiones que reflejen sus deseos y necesidades personales. Los recursos, la propiedad y la producción estarían bajo el control de los individuos, quienes, a través del libre intercambio en el mercado, podrían crear una sociedad más equitativa y **próspera**.

El Empoderamiento a Través de la Libertad

El **empoderamiento individual** es uno de los beneficios más significativos del anarco-capitalismo. En este sistema, no existe la **opresión gubernamental** que frena el crecimiento personal y colectivo. Los individuos serían dueños de sus **decisiones**, sin la interferencia de un Estado paternalista que imponga normas sobre qué es lo mejor para ellos. Esta libertad les permitiría **crear**, **innovar** y

colaborar con otros de manera voluntaria, generando un entorno donde la competencia y la cooperación pueden coexistir de manera armoniosa.

El mercado, al ser el espacio donde se permiten los intercambios libres, proporciona una plataforma para que las personas encuentren las soluciones más efectivas a sus necesidades, sin la necesidad de que un gobierno decida por ellos. Las instituciones privadas de seguridad, educación, justicia y bienestar social serían creadas en respuesta a la demanda de la gente, asegurando que **cada individuo** pueda acceder a los servicios que elija, sin que nadie lo obligue a adoptar un modelo predeterminado.

El Estado y la Oposición a la Libertad

La historia ha demostrado cómo las estructuras de poder tienden a concentrarse en manos de unos pocos, y cómo el Estado, aunque puede haber comenzado con la intención de servir al pueblo, a menudo se convierte en una maquinaria que **limita la libertad** y **aumenta el control**. El principio de coerción inherente al gobierno —su capacidad para usar la fuerza para implementar sus políticas— se contrapone directamente con el principio de libertad que defiende el anarco-capitalismo.

El anarco-capitalismo no es simplemente una teoría política, sino una afirmación de la dignidad humana, un llamado a eliminar las **jerarquías opresivas** que subyugan a las personas y a reconocer que la **autonomía** de cada ser humano es el fundamento sobre el que se debe construir cualquier sociedad. Al eliminar el poder central, las personas pueden vivir en un mundo donde **el respeto mutuo**, el **consenso** y la **libertad de elección** sean los principios que guían las interacciones sociales.

Conclusión: El Futuro de la Libertad Individual

En última instancia, la idea de un sistema **anarco-capitalista** es una invitación a imaginar un futuro en el que las personas, libres de las imposiciones del Estado, sean las encargadas de dar forma a sus propios destinos. Es un llamado a una **sociedad libre**, sin coerción, donde las relaciones humanas se basan en la cooperación voluntaria y la confianza mutua. El anarco-capitalismo, al defender la libertad individual como su principio fundamental, nos ofrece una visión audaz de cómo una humanidad verdaderamente libre podría prosperar, no a través de la imposición de leyes externas, sino a través de la capacidad de cada individuo de **tomar control de su propia vida** y de **vivir según su propia voluntad**.

Este futuro, aunque desafiante de imaginar en un mundo acostumbrado a la autoridad estatal, abre las puertas a una **sociedad más justa, próspera** y, sobre todo, **libre**. Sin la opresión del Estado, la **cooperación voluntaria** se convierte en el principio central de nuestras relaciones, y la libertad individual, al fin, se materializa en su forma más pura y auténtica. En última instancia, la **autonomía** personal no es solo una teoría filosófica, sino un **derecho** fundamental que debe ser defendido y protegido, para que todos podamos vivir como los **dueños** de nuestras vidas.

104 Conclusión

El anarco-capitalismo es una propuesta radical y profundamente transformadora que defiende la **libertad individual** como su piedra angular. En este sistema, la idea central es que los individuos deben ser completamente **dueños de sus vidas** y de sus decisiones, sin la intervención o coerción de un Estado que, históricamente, ha ejercido poder sobre las personas en nombre del orden y el control. Esta libertad, que es el motor del anarco-capitalismo, no solo busca eliminar la figura del gobierno central, sino también abrir las puertas a un mundo donde el **mercado libre** y la **cooperación voluntaria** sean las bases que estructuran las relaciones humanas.

Al enfocarse en la eliminación del poder coercitivo, el anarco-capitalismo aspira a crear una **sociedad sin opresión**, donde las personas puedan interactuar libremente, intercambiar bienes y servicios, y vivir según sus propios principios sin la interferencia de leyes impuestas. Los individuos, empoderados por su autonomía, pueden tomar las decisiones que consideren más apropiadas para su bienestar, creando una sociedad basada en el **consenso** y el respeto mutuo.

A lo largo de esta discusión, hemos explorado cómo, al despojarse de las estructuras de poder del Estado, las personas pueden alcanzar un nivel más alto de **prosperidad** y **justicia**, en el que se valora la **responsabilidad personal** y el **intercambio libre**. El anarco-capitalismo no solo se presenta como una alternativa viable a los sistemas actuales, sino como una invitación a imaginar un futuro en el que **cada individuo** pueda vivir de acuerdo con sus propias reglas, sin ser sometido a la tiranía de la autoridad.

Sin embargo, como toda idea radical, el anarco-capitalismo también presenta retos significativos. La transición hacia un sistema basado en la **cooperación voluntaria** requeriría una transformación profunda de la mentalidad colectiva y de las instituciones actuales. Aunque la idea de un mundo sin Estado pueda parecer utópica, su realización podría abrir la puerta a nuevas formas de **organización social** y **economía** donde la **creatividad**, la **innovación** y la **solidaridad** sean las fuerzas dominantes.

En última instancia, el anarco-capitalismo plantea una pregunta fundamental: **¿Es posible vivir en una sociedad sin un gobierno central?** Para muchos, la respuesta es sí, porque el verdadero motor del progreso humano no está en la autoridad impuesta, sino en la libertad de elección, en la capacidad de los individuos para forjar su propio destino sin la opresión de un Estado que dictamine sus vidas. En este sentido, el anarco-capitalismo no solo es una teoría política, sino una **afirmación de la dignidad humana**, un llamado a la libertad absoluta, y una visión de cómo podríamos construir un mundo en el que cada persona sea verdaderamente libre para vivir según su propia voluntad.

Quiero Compartirles una reflexion personal y es que esta sociedad solo nesecita 4 pilares Livertad individual Derecho a vivir Justia y ley y Voluntarismo

105 Fin

Espero que hayan disfrutado de este viaje a través del anarco-capitalismo, una filosofía que busca la **libertad individual** y una sociedad donde las personas sean verdaderamente dueñas de su destino. Al explorar sus principios, retos y posibilidades, hemos tratado de ofrecer una visión más clara y accesible de este sistema, demostrando cómo puede contribuir a la **prosperidad** y la **justicia** en el mundo. Antes de terminar permitanme hacerles una corta promocion sobre un navegador privado y unico!

Libertad Digital: La Importancia de Tor

En un mundo donde la vigilancia estatal y corporativa es cada vez más invasiva, proteger nuestra privacidad en línea es fundamental. El navegador Tor es una herramienta poderosa que permite a las personas navegar por Internet de forma anónima, evitando la censura y el rastreo masivo. Usar Tor no solo ayuda a proteger tu identidad, sino que también apoya la lucha por una Internet libre y descentralizada. Al adoptar tecnologías como Tor, los individuos pueden resistir el control de los gobiernos y las grandes corporaciones, promoviendo la libertad de información y la privacidad digital. Si queremos un futuro donde la autonomía individual sea respetada, es crucial apoyar y difundir el uso de herramientas que nos protejan de la vigilancia.

Si este libro les ha sido útil o interesante, no duden en compartirlo con más personas. La **información y el entendimiento** sobre el anarco-capitalismo pueden ayudar a resolver muchas dudas y abrir los ojos a nuevas perspectivas. Es importante que sigamos explorando, aprendiendo y, sobre todo, **debatiendo ideas** que puedan transformar nuestro futuro hacia una sociedad más libre y justa.

Gracias por tomarse el tiempo de leer y reflexionar sobre estas ideas. Espero que este libro haya sido una herramienta útil para todos los que buscan **construir un mundo mejor** basado en la **libertad** y el **respeto mutuo**.

Y bien quiero mostrarles unas cuantas sociedades de ayuda mutua que no se identifican con el anarco capitalismo pero han echo mas que el estado.

- **Estados Unidos**: *Food Not Bombs*
- **México**: *Cooperativa Tosepan Titataniske*
- **Guatemala**: *Asociación de Desarrollo Integral Tineco*
- **El Salvador**: *Asociación Cooperativa de Producción Agropecuaria Los Pinos*
- **Honduras**: *Cooperativa Mixta de Mujeres Emprendedoras de La Paz*
- **Nicaragua**: *Cooperativa de Servicios Múltiples Sacaclí*
- **Costa Rica**: *Asociación de Productores La Amistad*
- **Panamá**: *Cooperativa de Servicios Múltiples Juan XXIII*
- **Cuba**: *Cooperativa de Producción Agropecuaria Vivero Alamar*
- **República Dominicana**: *Cooperativa Las Productivas*
- **Puerto Rico**: *Turismo Patrimonial*
- **Colombia**: *Cooperativa Multiactiva Agropecuaria y de Servicios del Cauca (COOMAGSC)*

- **Venezuela**: *Cooperativa Cecosesola*
- **Ecuador**: *Cooperativa de Ahorro y Crédito Jardín Azuayo*
- **Perú**: *Uniones de Crédito y Ahorro (Únicas)*
- **Bolivia**: *Cooperativa Integral Agropecuaria "El Churqui"*
- **Paraguay**: *Cooperativa Manduvirá*
- **Chile**: *Cooperativa de Trabajo Centro Alerta*
- **Argentina**: *Cooperativa La Juanita*
- **Uruguay**: *Cooperativa de Vivienda por Ayuda Mutua (COVIAM)*
- **Canadá**: *La Siembra Co-operative*

Estas organizaciones operan de manera autónoma, promoviendo la autogestión y la cooperación comunitaria, sin depender del Estado. Aunque no todas se identifican explícitamente con el anarco-capitalismo, muchas de sus prácticas se alinean con principios de independencia económica y ayuda mutua.

¡Nos vemos en la próxima

FIN :D

Anarco Capitalismo Ruta a la Paz © 2025 by Keony Carrasquillo is licensed under Creative Commons Attribution-NoDerivatives 4.0 International (CC BY-ND)

Made in the USA
Monee, IL
25 April 2025